반사회적 가족

The Anti-Social Family

Michèle Barrett & Mary McIntosh

First published by Verso 1982
Copyright © Michèle Barret and Mary McIntosh 1982, 1984, 1985, 1987, 1990, 1991, 2015
Korean Translation Copyright © 2019 by Narumbooks
All rights reserved

This Korean edition published by arrangement with Verso and Milkwood Agency

이 책의 한국어판 저작권은 밀크우드 에이전시를 통해 Verso사와 독점 계약한 나름북스에 있습니다.
저작권법에 의해 한국 내에서 보호를 받는 저작물이므로 무단 전재와 복제를 금합니다.

The Anti-Social Family

반사회적 가족

미셸 바렛, 메리 맥킨토시 지음 | 김혜경, 배은경 옮김

나름북스

차례

초역판 역자 서문(1993)

이 책은 영국의 대표적인 여성해방 이론가인 미셸 바렛 Michèle Barrett**1**과 메리 맥킨토시Mary McIntosh의 *The Anti-social Family*(London: NLB, 1982)를 완역한 것이다.

제목 그대로 안정과 보호의 상징인 가족이 사회 전체적 차원에서 보면 오히려 반사회적 특성을 갖는 기구일 수 있다는 매우 파격적인 이야기를 담고 있다. 바렛과 맥킨토시는 가족제도가 부와 빈곤을 세습시키며, 사생활권이라는 미명 아래 개인의 개성과 인권을 억누르고, 끝없이 반복되는 가사노동에 여성을 묶어두는 것과 같은 근본적인 문제가 있음에도 불구하고, 사랑과 모성애, 휴식의 공간, 직장의 조직 논리에서 벗어나 자기만의 내면세계를 구축할 수 있는 유일한 공간으로 신비화되는 모순을 역설한다. 가족에 관한 이러한 이데올로기가 미디어, 학교제도, 결혼제도, 법률에 의해 보호받거나 오히

---

1   바렛은 *Women's Oppression Today: Problem in Marxist Feminist Analysis*(Verso, 1980)로 한국 여성계에도 많이 알려진 인물이다.

려 강화되는 현실을 문제시하는 것이다.

그러나 이들이 가족의 존재 자체를 부정하는 것은 아니다. 다만 그들은 사랑과 보호에 대한 기대처럼, 인간의 기본적 욕구들을 가족제도가 독점함으로써 가족의 역할은 신성화되는 반면, 사회는 그러한 가족의 기능을 보호하기 위해 대항해야 할 황폐화된 어떤 곳으로 격하되고 있는 모순을 지적한다. 그나마 그러한 보호와 사랑의 역할도 특정 계층이나 특정 형태의 가족에게만 가능한 사실임에도 불구하고, 마치 전체 가족의 모습이 그러한 듯 오도된 채.

바렛과 맥킨토시는 진정한 보호와 사랑이 특정한 가족이 누리는 특정한 혜택에 한정되어서는 안 된다고 말한다. 또한 좀 더 많은 계층의 가족과 좀 더 다양한 형태의 결혼방식을 선택하는 가족이 진정한 의미의 보호와 사랑을 누릴 수 있으려면, 더 이상 가족과 사회와의 대립적인 이분법이나 특정 형태의 가족만을 옹호하는 편협함은 폐기되어야 한다고 주장한다.

이 책에는 실천적 관심에 대한 언급도 많은 비중을 차지한다. 저자들은 가족의 문제와 구조에 관한 이론적인 분석 외에도 그것이 현실 속에서 가동되고 대중적인 설득력을 가질 수 있도록 많은 노력을 기울이고 있다. 그러므로 그들은 그간 소위 진보적 가족 이념의 주창자임을 강변해왔던 입장들, 주로 마르크스주의자들(저자들이 사회주의자라고 언급하는)과 (급진주의)여성해방론자들의 가족이론을 신랄히 비판한다. 저자들은 그간의 여성해방론이 가족이 갖는 유인력은 간과한 채 여성억압성만을 일방적으로 강조하고, 그 결과 분리주의적 가족관, 즉 레즈비언 가구를 핵심적인 대안으로 제시하는 경향이 있음을 지적한다. 그리고 이와 같은 '반가족과 반남성의 극단주의'로는 더 이상 설득력 있는 분석을 제공하기 어렵다고 주장한다. 바렛과 맥킨토시는 그러나 여성해방론보다는 마르크스주의자들의 이론적·실천적 대안을 더 날카롭게 비판한다. '여성의 공적 노동 참여와 가사노동의 사회화'라는 기본 명제만을 갖고 있던 마르크스와 엥겔스의 이론적 그늘 아래서 그간 사회주의는 여성해방론적 가족 정립을 위한 뚜렷한 분석을 해오지 않은 것이 사실이다. 그 결과 서구 사회주의자들은 매우 일관성 없는 가족정책을 취해왔으며, 특히 신보수주의 세력이 증대하는 1970년대 후반 이후로 좌익의 가족정책은 우익적 입장과 구분하기조차 어렵게 되었다고 비판한다. 바렛과 맥킨토시는 일관된 가족이론 정립의 필요성, 그리고 현사회에서 상대적으로 진보적 가족이론 집단이라 할 수 있는 여성해방론자들과 마르크스주의자들 간의 통일적인 가족 분석의 필요성 및 상호 간의 이론적·실천적 동의의 중요성을 지적한다.

저자들의 가족에 대한 관점은 그것이 한편으로는 생계의 단위, 경제적 단위인 동시에 다른 한편으로는 경제의 논리로만 환원될 수 없는 이데올로기적 성격을 갖는 사회기구라는 것이다.[2] 그러므로 저자들은 가족의 변화를 위해서는 가족이 처한 경제적 조건을 바꾸려는 노력과 함께, 가족의 이데올로기적 성격을 분석하고 대안적 가족 관념을 형성해가는 작업이 필수적이라고 강조한다. 그 결과 이 책에서는 가족의 경제적 불평등을 완화할 수 있는 제도적 변화를 한 축으로, 다른 한 축으로는 가구 형식을 다양화하거나 사생활 영역의 선택 폭을 넓히는 것과 같은 생활양식의 정치학life-style politics이 필요하다고 역설한다.

저자들의 가족에 대한 이러한 입장은 이들이 개진해온 가

---

[2] 저자들의 이런 관점은 단지 가족이론에만 한정되는 것이 아니다. 바렛은 여성억압을 이론화하기 위해서는 경제적 관계만이 아니라, 이데올로기를 분석해야 한다고 보는 입장이다. 그녀는 특히 이데올로기를 왜곡된 관념이나 현실의 반영이 아니라, 경제적 층위로부터 상대적인 독자성을 갖는 실천으로 본 알튀세의 입장에 동조한다. 그러므로 바렛은 여성문제에 대해서도 한 사회에서의 성별gender 이데올로기 구축 과정을 분석하는 작업을 중시한다. 바렛의 이와 같은 여성해방론은 소위 정통 마르크스주의 입장으로부터는 '관념론자'라는 딱지를, 또한 일체의 총체성이나 경제 우위적 분석을 거부하는 후기구조주의나 포스트모더니즘 입장으로부터는 바로 그들이 거부하는 이론의 흔적을 강하게 가지고 있다는 점에서 공격받기도 한다.

족이론의 연장선상에 있다. 독자들의 이해를 돕기 위해 바렛이 다른 글에서 정리한 가족론[3]을 간략히 소개한다. 바렛은 가족이론을 기능주의적·마르크스주의적·여성해방론적 입장으로 나누어 살펴본다. 우선 기능주의적 입장에서는 가정 내의 성별 역할 분업을 남녀의 생물학적·인성적 차이의 기능적인 결과로 본 사회학자 탈코트 파슨스Talcott Parsons식의 접근이 성별분업에 대한 보수적 시각이며, 가정 내의 경제적 생산 기능을 무시했다는 점에서 비판한다. 또 마르크스주의에 대해서는 가족을 생산관계의 결과로서만 보려 했다는 점을 비판한다. 바렛은 이 두 입장이 공통적으로 자본주의에서의 부르주아 가족의 상을 일반적인 가족상으로 전제하는 고정관념('the family'의 관념)을 갖고 있으며, 현사회적 조건과 가족형태와의 정합성을 가정하는 기능주의적 성격을 갖는다는 점을 비판한다. 또한 마르크스주의적 접근 가운데서 가족의 경제적 측면보다는 심리적 측면을 강조한 일라이 자레츠키Eli Zaretsky류의 가족이론에 대해서도, 오늘날 가족의 특성을 개인 생활과 프라이버시가 강화된 점에서 찾으면서도 그러한 변화의 원인을 일방적으로 자본주의적 사회관계의 형성에서 찾고

---

3   Michèle Barrett, "Women's Oppression and 'the Family'", 위의 책.

자 하는 결정론적인 색채를 띠고 있다고 지적한다.

한편 여성해방론적 가족이론에서 저자들이 주목한 경향은 슐라미스 파이어스톤Shulamith Firestone이다. 그러나 이 입장은 가족의 여성억압성을 출산에서 찾는 생물학적 결정론의 한계를 가지며, 동시에 남성 생계부양자와 그에 의존하는 아내로 구성된 전형적인 중산층 핵가족의 모델을 일반화했다고 비판된다. 여성해방적 가족이론 분야에서 저자들이 이론적 가능성을 발견하는 입장은 바로 정신분석학적 접근이다. 이 입장들은 파이어스톤식의 생물학적 결정론의 극복 가능성을 보여주며, 남녀의 심리적 정체성(여성성과 남성성)이 가족 내의 사회화 과정을 통해 구축되는 과정을 부각시키는 장점을 가졌다는 것이다.

저자들은 이와 같은 기존의 가족이론에 대한 비판적 검토를 기초로, 가족을 가족에 관한 이념적 측면으로 구성된 가족family과, 경제적 역할의 측면으로 구성된 가구household의 두 측면의 복합체로 파악하는 독특한 입장을 제시한다. 그러므로 바렛과 맥킨토시는 가족을 단순히 가족이라고 부르는 대신에, '가족-가구 체계family-household system'로 부르기를 제안한다.[4] 왜냐하면 '가족'이란 명칭에는 이미 특정한 형태의 가족,

---

4   이 책의 의도가 애초 이론적 분석이 목표가 아니었던 탓에 여기서는 자신들의 '가족-가구 체계' 개념에 대한 설명이 제시되어 있지 않으나, 책 속 여러 곳에

즉 백인, 중산층, 이성애 가족이 표상되기 때문이다. 이들의 이와 같은 이론적 입장은 이 책에서도 상당 부분 그대로 적용된다. 예를 들어 3장 '당대 사회의 분석'의 전반부에서는 가족 개념을 가족에 대한 관념이나 이데올로기(family), 혹은 경제적 역할(household)이라는 두 가지 중 어느 하나에 한정함으로써 발생하는 이론적 문제들을 자신의 새로운 개념을 적용해 재해석하고 있다. 예컨대 전前산업사회의 가족형태가 핵가족이냐 확대가족이냐 하는 문제, 국가의 복지 역할 확대에 따라 가족은 쇠퇴하는가라는 주제를 둘러싼 논쟁을 재해석한 점이 그것이다.

그러나 이 책에서는 가족-가구 체계라는 가족 개념 중 특히 가족의 측면, 즉 가족의 이데올로기적 차원에 대한 분석이 강조된다. 저자들은 우리 사회가 가진 가족에 대한 고정관념이 교육체계나 결혼제도, 미디어, 각종 어린이 보호시설 등의 사회기구를 통해 어떻게 심화되는가라는 문제에 관심을 기울인다. 저자들이 3장 후반부에서 후기구조주의의 방법론을 가

서 이같은 개념에 근거한 설명방식이 많이 보인다. 그러므로 저자들의 가족 개념을 좀 더 자세히 알고 싶다면, 앞서 언급한 저자들의 논문을 참조하면 좋을 것이다. 한편 가족을 경제적 특징이나 거주 양식의 측면인 가구(household)와 가족성원 간의 관계성을 규정하는 이데올로기(family)로 구분하는 관점은 1980년대 이후 발전한 가족이론의 특징이기도 하다(Myra Marx Ferree, "Beyond Separate Spheres", *Journal of Marriage & Family*, Vol. 52, 1990 참조)

족 연구에 적용해 기존 가족 연구가 갖는 본질주의적 경향성에서 벗어날 가능성을 제시한 바 있는 동즐로의 저술이나, 정신분석학적 방법론을 활용한 라쉬의 저술을 길게 인용하고 비판하는 이유도 바로 그러한 관심의 결과다.

저자들이 두 차원의 가족 개념 중에서도 이데올로기와 관련한 가족의 특징을 중점적으로 서술하고자 한 점은 가족중심주의famism와 가족주의familialism 이데올로기라는 개념의 구분을 강조한 대목에서도 드러난다.[5] 전자는 가족을 옹호하거나 강화하고자 하는 보수주의자의 입장이며, 후자는 가족은 어떠어떠해야 한다는 가족 관련 가치에 준거한 이데올로기라고 규정한다. 예컨대 모든 사람은 가족 속에서 살아야 하는 것으로 생각되는 경향이 있으며, 국가 정책상으로도 기본 수혜 단위는 가족으로 상정되어 가족의 유지와 보호가 주요 정책 방향이 된다. 텔레비전 등 각종 미디어에서도 가족생활은 가장 자연스러운 삶의 모습으로 그려진다. 학교나 시설양육기관에서도 가족에서의 부모역할이나 형제간의 역할을 본뜬 모델이 만들어진다. 즉 가족주의 이데올로기는 이제 가족 영역에 한정된 이념이 아니라, 사회생활 일반을 지배할 정도로 확

5　이 책 1장의 각주27 참조.

산됐다는 것이다(저자들은 이러한 현상을 사회의 가족화a familization of the society라고 부른다). 이렇게 볼 때 오늘날의 사회는 사회행위의 기본 단위는 개인이라는 일반적 인식과는 달리, 가족을 기본 단위로 설정해 운영된다고 할 수 있다.

각 장의 내용을 살펴보면 다음과 같다. 1장('가치에 대한 질문')에서는 다른 어느 사회집단도 갖지 못한, 가족만이 갖는다고 생각되는 고유한 가치라는 인식에 대해 문제를 제기한다. 즉 가족은 가장 훌륭한 정서적 안정감의 제공 장소라거나, 사람은 결혼해서 가족을 이루고 살게 되어 있고 그것이 가장 자연스러운 일이라는 생각 등, 가족이 대중에게 갖는 호소력과 가족의 가치들을 분석한다. 이와 같은 가족이 갖는 강력한 호소력은 여성해방론자와 사회주의자 같은 소위 진보적 사회집단의 가족이론 정립에도 영향을 끼쳤다고 한다. 그 결과 두 집단 모두에서 무비판적인 대중추수주의 경향이 나타나는 등 혼란스러운 양상이 보인다는 것이다.

2장('반사회적 가족')에서는 문자 그대로 가족이 갖는 반사회적이기조차 한 가족의 문제들을 분석한다. 부와 가난의 세대적 재생산 문제라거나, 사생활권 보장이라는 명분 아래 가족이라는 담장 안에서 벌어지는 여러 갈등들이 은폐되고 있는 현실, 여성의 가사노동과 모성역할에의 속박, 남성들이 가정에서 갖는 권위와 사회적인 권력구조 간의 관계, 여전히 남성에게만 유리한 성해방이라는 것의 현실, 이런 논의들을 통해 결국 가족이 가졌다고 생각되는 권리와 가치가 전사회적 차원에서 보면 손실이 될 수 있음을 언급한다.

이론적 분석이 중심인 3장('당대 사회의 분석')의 내용을 조금 자세히 언급하면 다음과 같다. 이 장은 본질주의나 생물학주의, 기능론 같이 가족 연구의 지배적인 관점들이 갖는 한계를 극복했다고 평가되거나, 혹은 정신분석학적으로 새롭게 가족문화에 대해 접근했다고 하는 최근의 두 저서를 비판적으로 검토한다. 먼저 동즐로의 『가족의 감호』[6]는 가족 연구 방법론의 새 장을 열었다고 평가되기까지 하는 저서다. 동즐로는 가족이 그 생물학적 기초로 인해 절대적 정당성과 자연성을 갖는 초역사적인 고정된 실체라는 본질주의적 가정을 뒤엎는다. 그는 18세기 이후의 역사적 분석을 통해 가족은 사회와의 상호작용을 통해 만들어진 '구성된 실체'라는 점을 강조한다. 바렛과 맥킨토시는 가족과 사회와의 교차라는 접근을 통해 동즐로가 시사한 가족 속의 사회(가족 속에서 사회적인 것이 구축되는 방식)라는 관점에 상당히 공감하며, 동시에 사회 속

---

[6]   *La Police des Familles*, Paris 1977; *The Policing of Families*, New York 1979; London 1980. 이 책에서 인용한 것은 런던판이다.

으로 확대되어가는 가족의 이데올로기를 강조함으로써 바로 가족의 사회화, 사회의 가족화라는 분석을 제시한다.

그러나 이러한 긍정적 평가에도 불구하고, 바렛과 맥킨토시는 동즐로의 저서가 18세기 이래 현대가족의 형성 과정(혹은 자기충족적인 전통가족의 소멸 과정)에서 주부들이 수행한 역할에 대한 비난을 함축한다는 사실을 지적하면서, 동일한 소재를 다루면서도 전혀 다른 설명을 하는 여성해방론자들의 저술과 비교한다.

동즐로보다 심한 비판의 대상이 된 것은 바로 라쉬다. 사회주의자로서는 매우 드물게 베스트셀러를 내고 일약 스타덤에 오른 소위 사회주의자 라쉬의 두 저서가 과연 그만한 영향력에 걸맞은 올바른 분석을 제시하는가는 의문이라는 것이다. 『삭막한 세상의 안식처: 포위된 가족』[7]과 『나르시시즘의 문화: 기대치 감소 시대의 미국적 삶』[8]이 바로 그 책들이다. 책제목이 보여주는 대로 라쉬에게 과거의 가족은 그 어느 것으로도 대체하기 어려운 지고한 가치를 가진, '삭막한 세상의 안

---

[7]   Christopher Lasch, *Haven in a Heartless World: The Family Desieged*, New York 1977.

[8]   *The Culture of Narcissism: American Life in an Age of Diminishing Expectations*, New York 1979.

식처'였다는 것이다. 또한 엄격한 가부장의 영향 아래서 자녀(남아)들은 오이디푸스기를 적절히 경험함으로써 강인한 남성으로 성장할 수 있었던 반면, 가부장적 전통이 붕괴된 오늘날 자녀(남아)들은 이제는 (여자처럼) 자기도취에 빠져버리는 나약한 인물이 되었다고 한다.

바렛과 맥킨토시는 이 연구의 반여성적(남아 중심의 설명)·전통회귀적(전통가족에 대한 향수)·비과학적(엄밀한 역사 자료에 근거하지 않음) 논술을 문제시하면서도 여전히 가족 연구에서 정신분석적 접근이 갖는 중요성을 강조한다. 왜냐하면 현재 가장 문제가 되고 있는 거의 고정화된 여성적 주체성subjectivity과 남성적 주체성의 형성 과정에는 어릴 때의 사회화 경험이 절대적인 비중을 차지하기 때문이다.

마지막 4장은 제목 그대로 '변화를 위한 전략'이다. 이 장의 특징은 가족 관련 사회보장제도나 주택정책, 이혼 시 양육문제, 가족법 등 제도적·정책적 차원의 변화 전략과 함께 개인적 선택의 다양성을 통한 변화라는 두 차원의 대안을 함께 중시한 점에 있다. 저자들은 이전의 마르크스주의자들이 개인적 선택이나 생활양식의 정치학 차원을 간과한 점을 한계로 지적하며, 그간 급진주의 여성해방론자 등이 계발해온 일상생활과 문화적 차원의 해방이라는 전략의 가치를 적극적으로 수용해내야 함을 강조한다. 구체적으로는 독신, 생활공동체, 동성가구와 같은 다양한 가구형태 등이 후자의 예가 될 것이다. 저자들의 이러한 주장은 1장에서 지적한 바 있는 가족이 갖는 현실적인 호소력과, 경제제도 차원만으로는 접근하기 어려운 이데올로기적·정서적 요소 등 복합적인 성격을 갖는 가족의 변화에 대한 고민의 산물이라고 보이며, 상당한 설득력과 현실적용성을 가진 듯하다.

이 책에서 바렛과 맥킨토시는 뚜렷한 자기 대안을 제시하지는 않는 것처럼 보인다. 애초에 이론서를 목적한 바가 아닌 탓인지 가족의 개념도 이 책만으로는 충분히 드러나지 않는 것도 사실이다. 그러나 인내심을 갖고 차분히 각 장을 읽다 보면, 독자들은 이 두 명의 여성해방론자들이 나름의 확고한 분석틀과 실천적 대안을 갖고 있음을 발견할 것이다. 그들은 보호에 대한 기대나 정서적 교류 욕구, 경제적 충족방식을 독점함으로써 자신만을 특권화하고 사회는 방어 대상으로 격하시키는 가족과 가족에 대한 고정관념을 비판하는 것이다. 그러므로 그들에게 가족의 변화란, 다양한 가구형태와 결혼방식, 그리고 그러한 다양성을 가능케 하는 경제적·이념적·제도적 변화를 포함한다.

최근 한국의 가족제도는 많은 혼란을 겪고 있다. 극소수이긴 하지만 레즈비언 가구를 비판적으로만 보는 시각에 문제를 제기하거나, 독신과 이혼이라는 결코 쉽지 않은 삶의 방식을 절실하게 고려하기 시작하는 젊은 층도 늘고 있다. 한편 평균수명 연장과 핵가족제도 선호 속에서 노인(가구)보호 문제는 날로 가족제도에 대한 관심을 증폭시키고 있으나, 그럼에도 불구하고 이제 더 이상 며느리의 효 규범에 대한 강조만으로 그 문제를 해결하기는 어려운 현실이다. 이러한 시점에서 독신이나 공동체 가구를 포함하여 가족이라는 개념 자체를 확장해서 이해하려는 저자들의 노력은 우리에게도 시사하는 바가 있다. 더욱이 노사관계에도 가족적 위계 원리가 적용되며, 혈연주의·연고주의 같은 각종 변형된 가족주의적 가치들이 강한 사회구성 원리로 남아 있는 한국 사회의 경우, 사회의 가족화 현상을 분석하는 이 책의 설명방식은 매우 설득력있게 다가온다.

특히 가족의 변화와 관련해 이 책에서 제시하는 집단주의와 개인의 선택권(사생활권의 다양성) 확대라는, 얼핏 보면 상반되는 두 가치는 앞으로 가족이론이 포괄해내야 할 과제다. 그리고 이는 여성해방론이 그간 강조해온 전형적 가족관으로부터의 탈피 및 마르크스주의자들의 가족관이 강조해온 가족변화를 위한 물질적 기초 마련이라는 과제와 연결되는 것이기도 하다. 최근 사회이론의 패러다임에서 일정한 자기 목소리를 갖고 있는 포스트모더니즘적 경향에서 보면, 이 책의 시도는 또 하나의 총체적인 여성이론과 가족이론을 구축하고자하는, 어찌 보면 복고적인 노력으로 보일 수도 있다. 그러나한국에서 가족제도가 가진 막강한 위력, 그리고 좀 더 다양한가족적 선택을 불가능하게 하는 우리 삶이 처한 물질적 조건의 열악성은 바렛과 같은 노력이 우리에게는 더 필요한 것일수 있음을 시사한다. 더욱이 그간 한국에서의 가족이론과 실천의 불모성에 비추어보면, 이제 가족에 대한 우리의 논의는바로 이러한 지점에서부터 시작해가는 것이 필요하다.

끝으로 서투른 번역에 대해 약간의 양해를 구해야 할 듯싶다. 애초에 두께도 얇고 문장도 짧은 데다, 그간 믿을 만한 논의들을 산출해낸 바 있는 이들의 저서라 별 망설임 없이 뛰어들었는데, 결과적으로 저자의 의도를 충분히 전달하는 번역이 되었는지 걱정스럽다. 그러나 실천 전략에 부심하고 있는이 책의 성격상 영국의 정치적 상황과 연관된 가족 문제가 자주 등장한 점이라든가, 충분한 설명도 없이 반어법과 은유를사용해 자신들의 주장을 개진하는 저자들의 불친절(?)을 빌어 솜씨 없는 번역에 대한 변명을 달고자 한다. 책이 나오기도전에 훌륭한 서평을 써주신 김현주 선생과 이 책을 가지고 같이 공부했던 한국여성연구회 가족분과 회원들에게 감사를 보낸다.

1993년

김혜경

저자 서문

　마르크스와 엥겔스가 『공산당 선언』*Communist Manifesto*의 논쟁적인 수사학에서 요구한 것은 가족의 폐지였을 수도 있다. 그러나 마르크스주의자들 대부분은 지금껏 이 말을 유토피아적 상상으로 여겨왔다. 가족 폐지는 정통 사회주의가 제시한 것 중 가장 인기없는 주장으로, 이 주제를 지배하고 있는 것은 결코 편치 않은 휴전 상태였다. 그러나 때때로 이 고요함에 동요가 발생하기도 하는데, 가족정치학은 그저 휴면 상태에 머물 수만은 없는 문제이기 때문이다. 초창기 여성해방운동은 가족 생활에 대한 격렬한 비난을 드러냈으며, 오늘날 좌파가 직면하고 있는 신우익의 찬贊가족 입장도 그에 못지않게 격렬하다. 우리는 사회주의자들과 페미니스트들이 언젠가는 가족에 관한 정치적 합의점을 도출해야 한다고 믿으며, 우리가 서 있는 지점에 대한 더욱 개방적인 토론이 이를 위한 전제 조건이라 믿는다.

　그러나 '**가족**the family'이란 쉽게 손에 잡히지 않는 현상이기 때문에 이러한 작업은 어려움에 봉착한다. 이 책은 '**가족**the family'을 다음의 두 가지 의미로 이해해야 한다는 관점을 취한다. 첫째, 가족은 사회적·경제적 제도다. 오늘날 가족제도는 대체로 가구household가 근친관계에 기초해 조직된다고 간주한다. 나아가 현재의 가족제도에서 가구란, 생계 담당자(남자)와 주요 양육자(여자) 간의 분업에 기초해 조직된 것으로 가정된다. 이는 분명 *가정假定*이지만, 또한 가족의 구성 부분이다. 왜냐하면 바로 이 가정이야말로 여성과 남성의 고용 조건, 임금 수준, 조세와 복지 급여를 결정하는 핵심 요소가 되기 때문이다.

페미니스트들은 사회제도로서의 가족–가구family-household 형태가 일반적으로 생각되는 것보다 보편적이지 않다고 지적해 왔다. 오늘날 영국에서 전형적인 핵가족은 대략 전체 가구의 1/3 수준에 불과하다. 그러나 미디어는 마치 전 인구가 이런 가족형태로 사는 것 같은 인상을 사람들에게 심어준다. 우리가 '**가족**the family'에 대해 말할 때 고려해야 할 두 번째 차원은 이러한 이유에서 이데올로기로서의 가족이 된다. 물론 제도와 이데올로기는 상호 강화하며, 호혜적으로 다양하게 연결되어 있다. 그러나 가족 이데올로기는 그 자체만으로도 우리가 생각하는 것보다 훨씬 강력하다. 가족생활의 모델이 공적 제도를 포함해 사회 전반에 너무나 널리 퍼져 있기에, 가족의 쇠퇴를 운위하는 것은 현재 상황에 전혀 맞지 않는다. 오히려 우리가 논의해야 할 것은 사회의 가족적 성격 그 자체다.

'**가족**the family'이 이런 이중적 성격을 갖고 있기 때문에 가족 분석은 그렇게도 어려운 일이 된다. 이 책의 독특한 집필 전략은 상당 부분 이에 기인한 것인데, 즉 각각의 장은 불가피하게도 별개의 주제와 분석처럼 보이는 것에 초점을 맞추고 있다. 이 책에서 가족은 현재 그것이 충족시킨다고 여겨지는 필요들needs이라는 관점에서 서술될 수도 있고, 가족이 문화적으로 어떻게 재현되는지, 여성성과 남성성의 획득에 대해 사람들은 어떻게 이해하는지, 국가정책과 법은 무엇을 해야 하는지라는 관점에서 서술될 수도 있다. 이러한 이슈들 중 일부는 '변화를 위한 전략'이란 이름으로 개진될 수 있다. 이 책의 마지막 장에서 우리가 토론하는 것은 실질적인 차원의 가능성들이다. 이것들만이 쟁취해야 할 가장 중요한 변화라거나 유일한 대안이라고 할 수는 없겠지만, 적어도 우리는 이것들을 구체적이고 가능성있는 투쟁 목표들로 본다. 미디어와 모든 공적 담론에서 가족주의 이데올로기를 철저히 불식해내는 일과 같은 더 일반적인 변화 방향은, 이 책의 전반적인 논의에서 어렵지 않게 추론될 수 있을 것이다.

이 책에서 다루지 못한 두 가지 중요한 문제에 관해 설명이 필요하겠다. 먼저, 우리는 이 책의 분석이 영국에 거주하는 다양한 종족집단ethnic groups의 가족형태들에도 적용되는지, 아니면 주류 '백인' 가족에만 한정되는지를 분명히 하지 않았다. 이들 다양한 가족형태들은 독특한 호소력, 구속력, 그리고 긴장감을 갖는데, 이는 그 가족형태가 해당 가족 구성원에게 적대적인 환경 속에서 그에 대처하기 위한 종족적 연대의 형태로 존재하기 때문에 더욱 강화된다. 그러나 우리는 그럼에도 불구하고 우리가 제시한 비판적 분석의 원칙이 조금은 일반적으로 적용될 수 있다고 믿는다. 비록 그 원칙이 취할 구체적 형태를 서술하는 것은 백인 페미니스트가 할 수 있는 몫이 아니겠지만 말이다. 우리가 제안하는 변화 전략 중 어떤 것들은 그가 어느 종족 출신이건 간에 모든 사회 성원에게 새로운 기회를 열어줄 수 있을 것이다.

또 한 가지 다루지 못한 것은 가족과 성적 선호sexual preference의 관계다. 우리 두 필자가 우리 문화에서 헤게모니를 장악하고 있는 이성애주의를 재생산한다고 비난받은 것은 아이러니다. 그러나 실제로 우리는 어느 정도 이성애주의를 재생산했을 수 있다. 왜냐하면 오늘날의 가족 이데올로기가 너무나도 이성애에 기울어 있어서, 현실적으로 가족주의familialism 이데올로기와 싸우려면 적어도 그 프레임 안에서 토론할 수밖에 없다고 생각했기 때문이다.

우리는 이 책이 결코 쓰기 쉽지 않은 책이었음을 이제야 깨닫고 있다. 그리고 바로 그런 이유로, 우리를 도와준 여러 분들께 특별한 감사를 표하고 싶다. 프란시스 뮬런Francis Mulhern은 많은 조언과 격려를 해주었고, 캐서린 홀Catherine Hall은 초고 전체에 대해 코멘트해주었다. 미국 친가족주의자들의 로비에 대한 정보를 제공해준 데이비드 플로트케David Plotke, 4장을 읽고 도움을 준 안젤라 와이어Angela Weir에게도 감사한다. 또한 이 책의 많은 아이디어가 여성운동의 토론과 캠페인 덕분이라는 사실을 밝혀두어야 할 것이다. 특히 정책 제안과 관련해 우리는 〈여성권리회Rights of Women〉와 〈'제5 요구'(법률적·재정적 독립)〉 그룹의 활동으로부터 커다란 도움을 받았다.

이 책을 쓰기가 어려웠던 이유를 밝히는 것은 힘들지 않다. 가족이란 이론異論이 많고 감정이 개입되기 쉬운 주제이며, 고통스럽지만 우리 가족과 친구들 중 많은 이가 우리 주장에 동의하지 않을 것임을 안다. 우리는 비인칭의 문체로 서술했지만, 어떤 저자나 독자도 이러한 주장이 갖는 사적私的 함의로부터 완전히 분리될 수는 없을 것이다. 사생활은 우리 자신이 살아낸 경험-그것의 가장 깊은 곳에 자리한 동기와 보상, 좌절-의

27

서사인 동시에, 특정한 역사적 계기와 특정한 사회 구조의 산물이다. 그렇기에 우리 두 필자도 주관적 경험과 정치적 분석 사이에서 괴리를 겪기도 했다. 우리는 가족이 갖는 막강한 호소력을 인정하고, 그것이 주는 현실적 만족감을 인지하면서, 우리의 경험을 기반으로 이 책을 서술했다. 이 책이 개인적 경험과 사회적 필요를 조화시키고, 주관성에 대한 정치적 이론화를 힘들게 하는 양면성과 모순들을 다루는, 결코 쉽지 않은 작업에 기여할 수 있기를 희망한다.

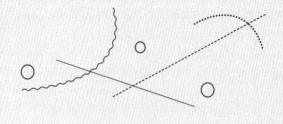

1장
가치에 대한 질문

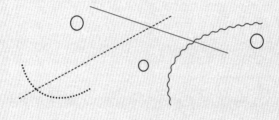

1. 정치적 맥락

가족은 오랫동안 논쟁적인 주제였지만, 이를 둘러싼 최근의 정치적 갈등은 그 논쟁에 견고한 표지석이 세워지고 있음을 보여준다. 프랑스 스트라스부르에서 열린 유럽평의회The Council of Europe에 참가한 한 대의원은, 인공수정artificial insemination과 같은 '이교도적이고 무신론적인' 실천이 널리 받아들여지고 있는 현실을 개탄하면서, 이는 곧 '사회의 근본 단위인 결혼과 가족을 붕괴하려는 캠페인'이 '세계적 규모로' 벌어지고 있음을 의미한다고 단언했다.9 하지만 만일 그런 종류의 국제적 음모가 실재해서 가족의 통합성을 침식하고자 체계적인 투쟁을 벌이고 있다면, 분명 격렬한 반격에 부딪히고 있어야 할 것이다.

가족 붕괴 시도를 경고하는 이런 선동은 다양한 방식으로

---

9 *Gay News*, 227, October 1981, p. 7.

정당화된다. 유럽의회The European Parliament에서의 최근 움직임은 하나의 예가 될 수 있다. 유럽의회는 자신들이 개발 중인 가족정책이 모든 회원국의 가족'제도' 지지를 목표로 삼는다고 천명한다. 결의안 도출을 위해 제출된 토론용 보고서는 하나같이 경고성 어조를 띠는데, 이는 EEC의 공식 입장인 성평등 gender equality 옹호와는 현격히 다르다. 가령 카산맥나고 세레티 M.L. Cassanmagnago Cerretti가 제출한 장문의 보고서는 우리가 처한 상황의 위험성에 대해 다음과 같이 경고했다.

> 가족이 사회의 핵이라는 관념의 광범한 해체, 동거·이혼의 확산 및 가족관계의 불안정성 증대, 여성들의 새로운 *사회적 지위와 일에 대한 열망*, 전통적인 도덕 가치의 위기, 그리고 인구 대체 수준에 겨우 근접하거나 그보다 낮게 하락하는 출산율. 이는 놀랍게도 정도의 차이가 있을 뿐 모든 유럽 나라들에 공통적으로 나타나는 경향이다. 이 나라들의 미래와, 어쩌면 생존 그 자체가 위기에 처해 있다.

보고서가 제시한 수많은 제안에는 '다양한 유럽 가족 단체들'과의 접촉을 늘리라는 것이 포함되어 있는데, 그럼으로써

정책이 '보통 사람들grassroots'에게 좀 더 민감해질 수 있다는 이유에서였다.[10]

　가족은 영국에서 하나의 정치적 축구경기가 되어왔다. 진 커즌즈Jean Coussins와 안나 쿠트Anna Coote가 묘사한 대로 노동당과 보수당 정치인들은 서로 자기가 가족의 이해관계를 대변한다며 경쟁하는 볼썽사나운 모습을 보여왔다.[11] 이런 현실은 대처 정부의 가족정치학he politics of the family이 한층 더 복합적임을 말해준다. 정부 각료인 패트릭 젠킨Patrick Jenkin이 "만일 신이 평등을 원했다면 남자와 여자를 창조하지는 않았을 것이다"라는 막말을 한 악명 높은 사건도 물론 있었다. 이른바 대처주의Thatcherism는 어린이, 노인, 환자, 장애인을 매일 돌봐야 하는 것은 가족들─이라 쓰고 '여성들'이라 읽는다─이라는 이데올로기를 사실상 성문화했다. 다양한 종류의 복지 삭감으로 여성들의 가사 부담이 증대했고, 많은 여성들이 실업 상태에 노출되어야 했다. 현 정부의 정책과 여러 공식 발표들은 가족이 국가 지원을 거의 필요로 하지 않는 자기충족적 기업이 되어야 한다는 시각을 제시하고 있다.

10　European Parliament, Committee on Social Affairs and Employment, Working Document PE 70:147 'Family Policy in the EEC'(강조는 필자들).

11　NCCL/CPAG, *The Family in the Firing Line*, London 1981.

그러나 이런 종류의 가족중심주의famism[12]는 더 넓은 정치적 수사학의 일부에 불과하다. 이는 정부의 경제정책에 가짜 '상식'에 근거한 정당성을 부여하기 위한 메타포다. 재무장관은 정부도 보통의 주부들이나 구멍가게 주인들처럼 수지 타산을 맞춰야 하고, 그렇기에 보육시설이나 병원에 돈을 댈 여유가 없다고 말한다. 이 메타포의 이데올로기적 의미는 상당하다. 그러나 대처 정부의 성명서들이 이처럼 끊임없이 가족의 중요성을 제기한다 해도 그것이 곧 대처 정부가 '여성들을 가정 안으로 들여보내는' 직접적인 정책을 추구함을 뜻하는 것은 아니다. 계급 간 이해관계와 대처 정부의 가족정책이 갖는 계급적 성격은 불가피하게 여성들에 대한 정책 효과를 복합적으로 만든다. 탈숙련화와 저임금화가 일어나는 노동시장에서, 한편에서는 상대적으로 값싼 임금의 여성 노동자들이 너무 요긴해 없어선 안 될 존재로 여겨지는가 하면, 다른 한편에서는 정부의 조세정책이 -그 퇴행적 성격과 궤를 같이하여- 고임금 여성에 노골적으로 유리하게 설계되기도 한다. 또 다른 한편에서는 대처수상이 강간과 성폭력문제에 대한 개인적 언

---

12 〔역주〕 저자들은 familism과 familialism을 엄격히 구분해 사용한다(자세한 설명은 각주27 참조). 이 책에서는 저자들의 의미를 충실히 반영하기 위해 familism을 가족중심주의, familialism을 가족주의라 구분해 번역한다.

급을 통해 여성은 길거리에서 안전하다고 느낄 수 있어야 한다고 강조함으로써, 법질서만 강조했던 그간의 표준적 입장에 놀랄만한 변곡점이 생기기도 한다. 이 사례들은 모두 당대 영국의 가족정치학에 예측 가능하지만 새롭게 고려해야 할 여러 지점이 발생하고 있음을 보여준다.

대처주의가 직접적으로 친가족적pro-family, 반페미니즘적Anti-feminist 입장을 취한다고 보는 사람들의 생각과는 달리, 대처 정부가 실제로 취한 입장은 「비버리지 보고서」와 전후 수십 년간 개발된 개혁조치 및 복지정책들의 근간인 고정관념적 핵가족 지원보다는 훨씬 더 다양한 방식으로 모순적인 모습을 보인다.13

가족 가치family values에 대한 전통적 옹호가 대처주의에 의해 힘을 받기는 하지만, 분명하고 일관된 노선이 추구되는 것 같지는 않다. 노동당도 가족에 대해 다른 입장을 갖고 있다고 말하기 어렵다. 빈곤 관련 로비의 많은 요청 사항은 명백하게 가족중심주의적인 용어로 표현되고, 이는 노동당과 보수당 양쪽의 개혁 세력으로부터 지지받는다. 이런 의미에서 가족에 대한 영국에서의 정치적 논박은 가족과 성정치를 둘러싼

---

13   Elizabeth Wilson, *Women and the Welfare State*, London 1977을 볼 것.

쟁점들이 공적 논쟁에서 가장 첨예한 대중적 이슈가 되고 있는 미국에서보다는 확실히 덜 날카롭다.

이런 문제들에 훨씬 더 노골적으로 호전적인 이른바 레이건주의Reaganism 입장을 여기서 다시 논의할 필요는 없을 것이다. 미국의 사회주의자들과 페미니스트들은 이른바 거듭난 기독교주의born-again christianity, 즉 임신중단권abortion rights을 공격하기 위해 중절시술 클리닉들에 폭력을 행사하고 안전한 임신중단을 위한 재정 지원을 삭감하는 반동주의, 도덕주의 물결과 오랜 시간 힘겹게 싸워왔다. 반동성애 운동이 대중적 지지세력을 키워오면서 몇몇 불편한 승리를 거두기도 했다. 이런 흐름들에 기대어 미국 '뉴라이트'는 여성운동과 동성애자 인권운동이 얻어낸 자유와 권리에 대해 노골적이고 전투적인 가족중심주의적 공격을 쏟아붓고 있다. 그러나 이보다 중요한 것은 이런 가족주의 물결에 *미국 좌파*의 일부 정파가 응답하고 있다는 사실이다. 가장 먼저 이뤄진 시도는 논란의 여지없이 명백하고 분명한 권리인 임신중단권을 지지 여부가 결정되어야 할 논쟁거리로 만드는 것이다. 『오늘날』*In These Times*이라는 사회주의 잡지가 게재한 이른바 '논쟁*debate*'은 페미니스트들과 다른 여러 사람들의 격렬한 반발을 불러일으켰다. 요지는 그 '논쟁'이 '당대 사회주의 페미니스트들의 가장 근본적이고 타협 불가능한 요구 중 하나인, 모든 여성이 자기 신체를 통제할 자유롭고 평등한 접근권을 무시'함으로써 '여성해방에 대한 사회주의자들의 기본적 무관심'을 다시 한번 확인시켰다는 것이다.**14** 『오늘날』은 임신중단을 '논쟁'거리로 만들었을 뿐 아니라 찬반 양측을 모두 사회주의적 입장으로 취급받게 했다.**15** 미국 출판계에 나타난 이러한 모습은 임신중단에 대한 선택반대anti-choice 입장이 좌파와 '진보 진영'에서도 힘을 받기 시작했으며, 심지어 (상당수 우익 낙태 반대론자마저도 유보하는) 강간과 근친상간 피해 여성들의 임신중단권마저 부인하는 지경에 이르렀음을 드러낸다.**16**

임신중단 이슈는 하나의 지표가 될 수 있다. 거칠게 말해 임신중단은 페미니즘과 사회주의 시각이 종교와 가족중심주의 세력에 맞서 얼마나 버틸 수 있는지를 가늠하는 리트머스

---

14   Judy Stacy and others, *In These Times*, 4 April 1980, p. 15.

15   『오늘날』 편집자들은 "임신중단권 반대론자들은 생명의 신성함에 대한 종교적인 또는 도덕적인 관심에서 그렇게 한다. 사회주의자들은 그러한 관심을 공유하며, 그들의 프로-라이프 확신을 존중한다"라고 썼다. 한층 더 공격적인 것은 낙태 반대론자들이 독자들에게 호소력을 갖기 위해 임신중단이 비특권 여성들underprivileged women을 해치기 위해 사용되는 것처럼 도구적 논의를 전개했다는 점이다. *In These Times*, 28 February 1980에 실린 '자유로운 임신중단은 빈곤층과 소수자를 상처입히는가?(Does Free Abortion Hurt the Poor and Minorities?)'를 보라.

16   "Why Young Progressives Join the Right to Life Movement?", *Tribune*, 15 October 1980, p. A-17.

시험지다. 임신중단에 대한 페미니스트 입장은 여성이 '선택' 할 권리의 강조이며, 따라서 페미니스트들은 개별 여성들이 자기 선택에 부여하는 근거가 무엇인지와 무관하게 낙태할 권리뿐 아니라 낙태하지 '않을' 권리까지도 옹호한다. 그러므로 낙태반대 입장은 사실 선택반대 입장이며, 특정한 신념을 모든 여성들에게 강요하거나 혹은 강요하고자 시도하는 것에 불과하다.

임신중단 이슈의 근저에는 가족중심주의 부활에 사회주의자들이 어떻게 대처해야 하는지를 둘러싼 더욱 광범한 문제가 깔려 있다. 미국에서는 가족을 억압적 제도로 보고 공격하기보다는 *사회주의 고유의 가족*을 보는 시각을 전개해야 한다는 주장이 좌파의 로비로 제기되어왔다. 이들은 가족에 대한 거대한 대중적 지지를 주어진 조건으로 간주하며, 가족을 이타주의 및 진보적 관계맺음의 장소로 비준하고, 심지어 우파보다 좌파가 더 '진정으로' 가족 가치를 대변할 수 있다고까지 말한다. 이런 시각은 〈가족의 친구들Friends of The Family〉이라는 단체의 창립 취지 책자에 여실히 드러난다.**17** 이 책자의 저

---

17 Michael Lerner, Laurie Zoloth and Wilson Riles Jnr, 'Bringing it All Back Home: a Strategy to Deal with the Right' Mimeo, Friends of the Family, Oakland, California.

자들-러너Lerner, 졸로스Zoloth, 라일즈Riles-은 단체 출범이 가족중심주의의 진보적 전유를 뜻한다고 주장하며, 그렇게 미디어에 소개될 것으로 믿는다. 그들은 사람들이 개인생활과 가족생활에서 경험하는 다양한 문제가 소외된 노동과 경쟁시장의 산물이라 주장한다. 또한 가족에 대한 지지는 더 나은 삶에 대한 지지이며, 사회주의는 명백하게 더 나은 삶을 제공하므로, 사회주의와 친가족 입장 간에는 자연스러운 공감대가 존재한다고 본다. 그들이 이런 주장을 강경하게 제시함으로써 (가령 '일터의 인간화'와 같은) 사회주의적 발상들이 좀 더 대중성을 얻기도 했고, 대중적인 가족중심주의 이데올로기들에 진보적 성격이 조금은 깔려 있음을 드러냈다고도 할 수 있다. 그러나 예상하다시피 〈가족의 친구들〉을 구성하는 핵심 회원들은 종교적 부흥을 극단적으로 존중하는 사람들이며, 애초부터 안티페미니스트였다.18

이 입장에서 가장 이상한 것은 그들이 가족을 개인적 관계들personal relations과 모호하게 동일시하면서 이에 의존해 논의를 펼친다는 점이다. 그들은 이렇게 쓴다. "사람들이 서로를 돌보

18　"뉴라이트와 궤를 같이하는 종교 조직 참여자들은 도덕적이고 올바르다. 진보가 실제로 무엇인지에 대한 어설픈 희화화만 멈춰진다면, 그들의 종교적 비전은 그들을 좀 더 진보적인 정치로 이끌 수 있다(p. 8)." 저자들은 "남성 쇼비니즘이라는 유구한 유산"을 일터에서의 소외에 대한 하나의 보상으로 간주한다(p. 13).

고 지속적인 사랑과 친밀성을 제공하기 위해 장기적으로 감정적·재정적 상호 헌신을 만드는 곳 어디서나, 우리는 가족 배치family arrangement의 발전을 보게 된다."19 그들은 한부모 가족에서 동성 결혼까지 모든 것이 가족일 수 있으며, 따라서 모든 사회적 이슈들은 **가족**the family과의 관련 속에서 제기될 수 있다고 주장한다. 가령 이런 식이다. 집에 강도가 드는 것은 가족에게 좋은 일이 아니므로 범죄는 가족문제다, 공장 폐쇄는 가족에게 불행한 결과를 초래하므로 나쁜 일이다, 가족은 질병이나 사망에 의해 파괴될 수 있으므로 더 나은 보건체계가 필요하다. 그들은 이런 불행이 1인가구로 사는 사람들에게도 일어날 수 있다는 사실을 인식하지 못하는 것 같다. 이런 논의는 가족이란 어떻게 규정되든 진보적이고 인간적인 가치를 대변한다고 단순하게 선언해버림으로써 가족에 대한 대중적 지지에 영합한다. 이 입장은 곧 통렬한 비판에 부딪혔지만,**20** 이런 감상적이고 반동적인 시각이 관심을 끌었다는 사실 자체가 좌파가 가족에 대한 사회주의적 입장을 발전시키는 데 실패했음을 보여주는 하나의 징후다.

---

19 위의 책, p.13.

20 Kate Ellis, 'Can the Left Defend a Fantasized Family?', for the best of these, *In These Times*, 9 December 1981, p. 17을 볼 것.

페미니즘 또한 미국의 친가족 운동과 관련해 상당히 불편한 반응을 보여왔다. 베티 프리단Betty Friedan의 최근 발언은 단적인 예다. 그녀는 평등권 확보를 위한 헌법개정운동이 길을 잃었다고 평가하면서, 이는 페미니즘이 가족반대anti-family 입장과 동일시되고 페미니스트 정치학이 임신중단과 동성애 권리 이슈로 오염됐기 때문이라고 말했다. 프리단이 미국 페미니즘 발전에 두드러진 역할을 한 인물이기에 이 발언은 더욱 논란이 되고 있다. 프리단은 임신중단이나 동성애 권리 이슈를 일종의 '훈제 청어red herring'21로 간주했다. 그녀는 페미니스트들이 임신중단 이슈를 다룬 방식이 '생명에 대한 경외심을 결여'하고 있다고 지적했으며, 대부분의 여성들이 가족에게 헌신한다는 사실을 잊지 말아야 한다고 강조했다. 프리단은 '가족'이란 말이 '보수파를 위한 상투어'가 되긴 했지만, 가족이 꼭 그런 것은 아니라고 말한다. 가족은 사실 어떤 "최후의 공간에 대한 상징"으로서, 그 속에서 "사람들은 자기 운명을 통제하고, 인간의 기본 욕구를 충족하며, 광대한 비인격적 제도들과 통제 불가능한 기업 및 정부 관료제에 늘 위협당하는 인

---

21 〔역주〕 사람의 주의를 중요한 곳에서 다른 곳으로 끌기 위한 속임수 미끼. 북유럽에서 여우 사냥을 위한 사냥개 훈련에 냄새가 강한 훈제 청어를 사용한 데서 유래한 표현이다.

간다움의 핵심에 자양분을 얻는다는 희망을 품을 수 있다"는 것이 그녀의 주장이다.**22** (이런 그녀의 주장에는 크리스토퍼 라쉬 Christopher Lasch의 그림자가 드리워져 있는데, 그의 논의는 추후 상술한다.) 나아가 프리단은 페미니즘의 '두 번째 단계'는 남성과 적대하는 것이 아니라, 그들과 함께 일하는 단계가 될 것이라고 선언했다. 그녀는 우리가 '노동조합, 교회, 회사'에서 남성들과 동맹을 맺을 것이며, '가족을 평등과 다양성이라는 새로운 관점에서 포용하게 될 것'이라고 결론짓는다.

베티 프리단의 이러한 발상은 미국의 사회주의나 페미니즘 서클에서 거의 받아들여지지 않고 있다. 그러나 이것이 미디어에 널리 공표되고, 급진파들 사이에 토론과 논쟁을 불러일으켰다는 사실은 여전히 불편하다. 우리가 이 문제들을 언급하는 것은 영국과 미국의 차이를 보여줌으로써 상대적인 만족감을 느끼려는 것이 아니다. 우리는 영국 좌파들이 그와 같은 반동적 입장들에 대해 미국에서처럼 많은 지지와 관심을 보이지는 않으리라 믿는다. 그러나 이는 영국 사회주의 페미니즘이 좌파의 동의를 얻을 만한 신뢰성 있는 정치적 대안을 개발했기 때문이 아니다. 단지 영국은 미국과 달리 사회주의자

---

22 *The Second Stage*, New York 1981.

들과 페미니스트들을 모욕하는 대중화된 가족중심주의 정치학의 거대한 물결과 맞닥뜨리지 않았기 때문이다.

린다 고든Linda Gordon과 앨런 헌터Allen Hunter는 '뉴라이트'를 다룬 흥미로운 글에서 미국 좌파가 이런 상황에 적절히 대처하지 못한 이유로 다음 몇 가지를 들었다.

> 사회주의자들은 (⋯) 노동계급에 속한 사람들이 섹스나 가족 이슈들에 대해 '하나의 계급으로서' 보수적인 시각을 갖고 있음을 근거로 이 이슈들을 무시해왔다. 우리는 이런 평가를 두 가지 이유에서 수용하지 않는다. 첫째, 사회주의자들은 노동계급이 백인 가부장들로 구성되었다는 상상을 그만둘 때가 되었다. 둘째, 우리는 사회주의자들이 여성의 권리들에 대해, 요즘 인기없는 사회주의적 원칙들에 대해서보다 더 쉽게, 더 기꺼이 타협해야 할 이유를 발견할 수 없다.[23]

이런 논평과 비판은 영국 좌파들에게도 똑같이 적용될 수

---

[23] *Sex, Family and the New Right: Anti-feminism as a Political Force*, Somerville, Mass., n.d., p. 10(reprinted from Radical America, November 1977-February 1978).

있다. 사실 사회주의 전통에서도, 페미니스트 전통에서도 우파들과 투쟁하기 위해 꼭 필요한 가족에 대한 정치적 합의는 아직 개발되지 못했다. 페미니즘과 사회주의는 무신경하고 냉담하게도 가족 폐지만을 한목소리로 외친다고 여겨진다. 다양한 정치적 시각에서 가족 폐지 요구를 반대하는 사람들은 이 문제에 대해 사회주의 및 페미니스트 사상이 동의하는 정도를 과장하는 경향이 있다. 좌파에 가족에 대한 급진적 비판의 전통이 있었다는 것은 분명하지만, 그것은 가족 옹호자들의 인식보다 훨씬 경쟁적이고 다기多岐한 쟁점이다. 가족을 향한 전면적 공격은 유토피아 사회주의나 자유지상주의적libertarian 혹은 무정부주의적 사회주의와 같은, 현재는 주변적인 전통에서만 찾아볼 수 있다. 엠마 골드만Emma Goldman의 구습파괴적 무정부주의–페미니즘 시각이 좌파에서 보편적 신뢰를 얻고 있다고는 결코 말할 수 없다. 마르크스와 레닌은 부르주아 가족을 비판함으로써 약간의 이론적 강점을 확보했지만, 그렇다고 과학적 사회주의가 가족생활에 대한 철두철미한 거부를 이론화했다고 할 수는 없다. 실제로 이 주제에 관한 모든 주요 저자, 즉 마르크스, 엥겔스, 베벨, 레닌, 트로츠키, 제트킨, 콜론타이의 주장은 많든 적든 다음의 내용을 함축했다. 여성이 남성과 평등하게 임금노동에 참여하고 가사노동이 사회화되면, 우리는 '프롤레타리아적이고 이성애적인 연속적 일부일처제'라는 열반의 경지에 도달하리라는 것이다. 부르주아 가족에 대한 이런 사회주의적 비판의 많은 요소들은 물론 극도로 진보적이었고, 지금도 진보적이다. 엥겔스의 주장 이래 마르크스-레닌주의적 전통에서 널리 받아들여진 "섹슈얼리티가 여성의 재정적 의존상태로부터 해방되어야 한다"라는 주장은 가사노동이 사회화되어야 한다는 레닌의 인식이 그랬던 것처럼 중요한 한걸음이었다. 우리는 이러한 요구들의 진보적 성격을 과소평가하고 싶지 않다. 그러나 이 요구들에는 가족에 대한 적절한 비판이 결여됐다. 특히 여성성과 남성성의 이데올로기적 구성에 제대로 도전하는 데 실패하고, 이성애적 사랑을 새로운 '사회주의적' 가족의 기초로 보는 낭만적 개념화에 의존했다는 점에서 그러하다.

맥신 몰리노Maxine Molyneux가 지적했듯이, 여성해방을 위해 사회주의 프로그램 제도화를 시도했던 사회들의 공식적인 가족 사상은 마르크스와 엥겔스 시각의 (설령 약간 유토피아적이라 할지라도) 좀 더 급진적인 요소들을 역사적으로 망각했다.[24] 사회주의 사회들은 엥겔스와 레닌의 저서로부터 좀 더 보수적인

---

24 'Socialist Societies Old and New: Progress Towards Women's Emancipation', *Feminist Review*, no. 8, summer 1981.

요소들만 끌어와 엄격하게 성문화한 정책들을 승인해왔고, 성별분업 문제나 섹슈얼리티, 부모역할 등의 문제는 건드리지 않았다.

다른 서구 자본주의 국가들에서처럼 영국 사회주의자들 역시 가족을 전적으로 비판하기란 불가능하다는 사실을 깨달았다. 19세기와 20세기 동안 영국 노동운동은 이 가장 인기있는 노동계급제도를 보호하기 위해 끊임없이 투쟁해왔으며, 이를 위해 필요하다면 여성 노동자들의 이익을 희생시키는 일도 불사했다. '가족을 분쇄하자'는 요구는 어떤 것이든 낭만적 무정부주의로 여겨졌을 뿐 아니라 노동계급의 명백한 선택을 무시하는 전위주의적 오만으로 비난받기 일쑤였다. 이 선택에 대한 비판은 '허위의식'이라는 불쾌한 수사법의 남용으로 칭해졌다. 당대 계급투쟁의 현실정치*real politik*는 가족에 대한 비타협적 공격이라는 사치를 허용하지 않는다는 것이었다.

영국의 당대 사회주의자들은 최근 들어 (가족에 대해) 조금은 비판적인 입장을 채택하는데, 이는 대부분 페미니즘의 영향을 받은 것이다. 여성해방운동은 핵가족의 담장 뒤에 숨겨져 있던 폭력성과 저급함, 그리고 이와 연관된 더 넓은 사회적·경제적 불평등을 가시화해왔다. 이런 논의는 페미니즘 사상의 오랜 전통에 속하는 것으로, 여성의 성적 대상화와 아내·어머니의 착취에 관해 지속적으로 가져온 관심을 반영한다.

그러나 페미니즘의 역사는 이 문제에 대해 수많은 모순을 드러냈다. 마가렛 월터스Margaret Walters가 울스턴크래프트Wollstonecraft, 마르티노Martineau, 시몬 드 보부아르Simone de Beauvoir 등을 언급했듯이,**25** 많은 페미니스트들은 여성성이 사회적으로 구성된다는 자신의 지식과, 본인이 스스로를 여성으로서 발견하게 되는 여러 모순적 상황들을 화해시키는 것이 무척 어렵다는 사실을 깨달아왔다. 이 주관적 긴장이, 페미니즘의 역사에 특유한 두 개의 전략적 접근의 되풀이된 갈등 속에 재생산된다. 페미니스트들은 남성과 여성이 사회생활에서 '분리된 영역'에 있음을 인정하고, 여성이 가족 안에서 수행하는 일과 책임에 관한 적절한 감사와 인정, 그리고 비공격적인 '여성적' 원칙들의 재평가를 요구해야 하는가? 아니면 이 인위적이고 사회적으로 구성된 분리를 거부하고, 차이 속의 평등equality in difference이 아닌 평등 그 자체equality tout court를 요구해야 하는가? 페미니즘 사상과 실천의 역사는 이 두 시각이 지배해왔으

25　'The Rights and Wrongs of Women: Mary Wollstonecraft, Harriet Martineau, Simone de Beauvoir', in J. Mitchell & Oakley, eds., *The Rights and Wrongs of Women*, Harmondsworth 1976.

며, 현재의 논쟁 역시 그러하다. 이 두 시각은 페미니즘 안에서 가족이 처한 곤란한 위치를 이해하기 위해서도 중요하다. 많은 페미니스트들이 가족을 여성억압의 일차적 장소ᵃ primary site –비록 억압의 절대적이고 유일한 일차적 장소는 아닐지라도–로 보고, 가족 폐지를 추구한다(앞서 언급한 '세계적 캠페인'이 가리키는 것은 의심할 바 없이 이 흐름이다). 그러나 다른 많은 페미니스트들은 여성 대다수가 가족이라는 덫에 무력하게 갇혀 있는 것이 아니라 오히려 결혼과 아이, 가족을 자신의 행복과 기꺼이 동일시한다는 사실을 페미니즘이 인정해야 한다고 주장하며, 그런 의미에서 페미니즘이 현실적합성을 좀 더 높여야 한다고 본다.

가족에 대한 비타협적 도전을 주장하는 페미니즘이 부딪히는 더 심대한 문제는 여성들이 계급이나 민족, 세대에 따라 다른 가족 유형으로 분리된다는 점이다. 백인 페미니스트들이 무슨 권리로 영국에 사는 아시아 공동체의 가족 관행을 비판할 것인가? 부르주아 여성이 무슨 권리로 많은 노동계급 여성들이 지지하는 노동조합의 '가족임금' 정책을 비판할 것인가? 젊은 페미니스트들이 그들의 어머니들에게는 선택권조차 없던 가족형태를 단념하는 것을 여성들 사이에 알력을 일으키는 분열주의로 봐야 할 것인가? 이런 질문은 대단히 심각하며, 그 결과 페미니스트들은 가족의 기존 구조나 이데올로기에 얼마나 비판적이건 간에, 전략적 요구나 정책, 행동에서 합의점에 도달하기 어렵게 된다. 페미니즘에도 사회주의처럼 가족 폐지에 대한 통일된 요구가 존재하지 않는다. 가족 폐지가 페미니스트들과 사회주의자들이 공통적으로 요구하는 보편적 과제라고 보는 사람들은 순전히 그들이 상상한 바의 합의에 대해 말하는 것이다.

2. 가족의 호소력

사회주의와 페미니즘의 가족에 대한 양가적 태도는 가족의 대중성을 과소평가해선 안 된다는 교훈을 준다. 가족중심주의는 지배계급이나 가부장적 이데올로기가 대중이 원하지 않는데도 억압적으로 이식한 가치가 아니다. 만약 우리가 가족중심주의를 이데올로기로 본다면, 우리에게 필요한 것은 사람들을 수동적 소비자가 아니라 참여자로 다루는 이데올로기 이론이다. 프랑크푸르트학파는 일찍이 이데올로기를 허상illusion의 동의어로 보는 가정의 위험성을 지적한 바 있다. "모든 지당한 이데올로기가 그렇듯, 가족 역시 단순한 거짓 이상의 그 무엇이다."**26**

우리는 가족을 '허위적 욕구'에 대한 인위적인 해결책으로 보지 않는다. 그 욕구가 소비주의나 국가 통제 혹은 다른 무

---

26 'The Family', *Aspects of Sociology*, London 1973, p. 138.

엇 때문인 것으로 이론화되든 간에 말이다. 가족에 대한 투자
는 우리 사회가 그것에 부여하는 물질적 이데올로기적 특권
을 고려할 때 쉽게 이해될 수 있고, 또 실로 합리적인 선택일
수 있다. 비록 우리가 현재 가족 안에서 충족되는 많은 -비록
모든 것은 아니더라도- 욕구들이 역사적으로 구성된 것임을 논
하려 하지만, 그럼에도 불구하고 그 욕구들에 아무런 근거가
없다고 주장하려는 것은 아니다.

이제 가족을 '단순한 거짓 이상의 그 무엇'으로 그려보자.
우리는 이 제도(=가족)에 반대함으로써 제기될 수 있는, 그리
고 실제로 너무도 빈번히 제기된 많은 논의들을 살펴볼 것이
다. 가족의 호소력은 무엇으로 구성되는가? 이런 질문을 통해
생각을 전개해보려는 시도는 주관주의 혹은 특정한 인상의
일반화라는 혐의를 받기 쉽지만, 그런 위험부담을 감수할 가
치는 충분하다.

(1) 정서적 안전

첫째, 가족은 현존하는 사회관계의 어떤 조직에서도 얻기
힘든 정서적·경험적 만족을 제공하는 것으로 보인다. 친족
유대는 귀속적이기에 우리는 친족으로 관계맺을 특정 개인
을 고를 선택권을 갖지 못한다. 이는 물론 사람을 구속하는

느낌을 줄 수 있지만, 다른 한편 친족 유대는 바로 그 때문에 다른 관계로부터는 발견될 수 없는 단어 정의 그대로의 안전성security을 제공한다. 오그덴 내쉬Ogden Nash의 유명한 말처럼, "집home이란, 당신이 가야 할 때면 언제나 당신을 받아들여야 하는 곳이다." 친족관계가 아무리 현대 핵가족 안에서 약해졌더라도 그것은 여전히 이런 수준에서 작동한다. 당신은 자신이 좋아하지 않는 친척들을 무시할 수 있지만 완전히 치워버릴 수는 없다.

이러한 선택권 결여는 많은 어려움을 일으키지만, 다른 곳에서는 발견하기 힘든 일정 수준의 안전성을 제공한다. 친족 사이의 관계는 다른 어떤 곳에서도 나타나지 않는 권리들과 의무들의 요소를 가진다. 부모, 특히 어머니가 자녀에게 감정적으로 의존한다는 것은 널리 인정되지만 아이들, 특히 성인이 된 자녀의 부모에 대한 의존은 훨씬 덜 알려져 있다. 비록 잘 표현되지 않고 조금은 구식으로 간주되지만, 성인 자녀가 오래전에 떠나온 가정의 해체 소식을 듣고 절실한 불편함을 느끼거나 부모의 죽음 앞에서 크나큰 슬픔을 경험하는 것은 사실 의존-안전의 전제-을 나타내는 기호다. 자녀가 부모의 집을 거부할지라도 부모는 대개 계속해서 그들에게 집을 제공하고 싶어 한다. 그것이야말로 그들이 성인 자녀에게 줄 수 있는 최소한의 안전성이라 생각하기 때문이다. 이런 당연시된 안전성이 일반적인 의미에서 가족이 갖는 호소력의 일면을 구성한다.

이것과 관련된 것은 단적으로 말하자면, 익숙함이 주는 기쁨이다. 가족 구성원은 각자의 개별적 특성이 충분히 예측 가능하게, 그래서 상호 확인 가능한 방식으로 드러난다는 사실을 알고 있다. A는 술을 너무 마시고, B는 잘 울고, C는 말을 무뚝뚝하게 하고, D는 언제나 호감을 사고 일 처리를 부드럽게 한다는 등이 그것이다. 사람들의 이런 속성은 우리에게 익숙하다. 이 익숙함이 대를 이은 것임이 확인될 때, 즉 이런 개별적 행동 양태가 부모에게 물려받은 것이거나 가족 대대로 내려온 것임을 알게 될 때 기쁨은 더욱 커진다. 가족끼리 얼마나 닮았는지에 대한 관심이 그토록 규칙적으로 흔하게 나타난다는 사실은 이를 가장 잘 보여주는 예가 될 것이다. 아이가 아빠 눈을 닮았다거나 엄마 손을 닮았다거나 혹은 오래전에 돌아가신 삼촌과 습관이 비슷하다는 따위의 말을 하고 싶은 마음, 이 욕망이 의미하는 바는 무엇인가? 유전자 계승은 분명 충분히 매혹적인 주제지만, 이것이 드러내는 바는 그보다 훨씬 더 크다. 그것은 (예컨대 합스부르크 왕가의 유명한 턱 모양과 같은) 왕가의 혈통 상속에서 기인하는 유사성의 추구가 아니다. 그것은 비슷함과 익숙함, 소속감을 나타낼 외적 징표에 대한 욕망이다.

또한 가족은 결혼제도에 부여된 특정한 의미에서, 다른 곳에서는 정당화되지 않는 감정적 욕구 표현의 기회를 제공한다. 결혼이라는 공유된 친밀성과 공동 투자를 위해서는 얼마간의 의존성과 취약성이 자연스럽고 적절한 것으로 간주되는데, 이는 여성들뿐 아니라 남성들에게도 마찬가지다. 어린아이 같은 욕구의 표현, 어른답지 않게 드러내는 취약성의 표출은 오래 지속한 결혼의 특징인 상호의존적 결합을 공고히 하는 것으로 여겨진다. 사별이나 별거, 이혼 등으로 결혼이 끝난 사람들은 물리적 지원이나 친밀성이 사라진 것 못지않게 일상적 불안이나 사소한 경험을 공유할 수 없는 것이 힘들다고 말한다. 그런 욕구를 다른 방식으로는 표현할 수 없게 하는 사회적 압력, 즉 (결혼관계 이외의) 모든 상황에서 유능하고 자기 충족적인 태도를 유지해야 한다는 압력이 강하게 존재하는 사회에서, 이런 명백한 감정적 욕구들의 충족 수단으로서 결혼이 갖는 위력은 더욱 강해진다.

이렇게 결혼이 갖는 지지적인 친밀성supportive intimacy을 떠올리다보면, 그것이 이데올로기적인 것인지 실제 경험인지 구분이 불가능해진다. 어떤 결혼은 착취적이고 파괴적이지만, 또 다른 결혼은 지지적이고 보람차다. 우리가 후자와 같은 결혼을 비난하는 것은 아니다. 오히려 안온함과 상호의존을 얻을 기회라는 것이야말로 결혼과 가족생활이 갖는 호소력의 주된 요소라고 본다. 그러나 그런 모든 욕구가 결혼으로만 집중되는 것은 확실히 문제다. 그것은 결혼에 대한 지나치게 높은 기대-그런 기대는 너무 자주 실망으로 끝난다-를 낳고, 좁게 규정된 이성애적 남녀 결합 이외의 관계맺음과 그 정서적 가치를 격하하며 정당성을 박탈한다. 이런 특권화된 의미가 결혼에만 부여된 사회적 상황에서 사람들이 결혼을 위해 너무나 많은 것을 투자하는 건 놀라운 일이 아니다.

(2) 아이들

가족이 갖는 호소력의 두 번째 측면은 가족이야말로 아이를 낳고 기르는 가장 지지적이고 보람찬 수단이라는 주장에 있다. 이 주장은 몇몇 상이한 수준에서 작동한다. 가장 물질적인 수준에서, 결혼한 부부가 자녀에게 제공할 수 있는 삶의 질은 대부분 한부모 가정보다 훨씬 높다는 것은 사실이다. - 현재의 사회체계, 즉 남성 생계부양자를 지속적으로 특권화하고 그에게 재정적으로 의존하는 아내에게 자녀돌봄의 일차적 책임을 지게 하는 시스템을 '주어진' 것으로 간주한다면 말이다. 이런 의무와 특권은 고용에서의 성별분업과 국가 지원체계에 내장되어 있다. 이런 상황에서는 핵가족 안에서 자녀를 키우는 사람들의 생활수준과 자녀돌봄의 질이 한부모로 일하거나 국가 지원을 받아 생활하는 사람들보다 훨씬 높을 수밖에 없다.

이런 명백한 재정적 유리함에 더해, 아이들에게는 '두 명의 부모가 필요하다'는 느낌이 주는 누적된 힘이 보태진다. 이 느낌에 부착된 사회적·이데올로기적·문화적 무게는 엄청나다. 가족 안의 있을 자리*in situ*에 두 명의 부모를 갖지 못한 아이들은 동정의 대상이자 불안의 원천이다. 이런 아이들은 물질적으로 박탈당한 상태일 뿐만 아니라 안정성도 안내자도 없기 쉽고, 주말에 작은 위로를 얻을 곳도 마땅치 않기 마련이다. 엄마가 없는 아이들이 적절한 돌봄을 받기 어려운 것은 사실일 것이다. 그러나 사람들이 표명하는 우려 아래 깔린 진정한 걱정은, 동성의 부모를 갖지 못한 아이는 만족스럽게 성장할 수 없다는 생각이다. 사람들은 별 근거 없이 모호한 느낌으로 이런 생각을 하면서도 그것을 확신한다. 바로 그 때문에 엄마 없는 여자아이, 아빠 없는 남자아이가 가장 큰 걱정거리가 된다(무서운 꿈을 꿨을 때 아빠의 남자다운 농담을 듣지 못하고, 생리통을 겪을 때 엄마의 적절한 안내를 받지 못하는데, 이들이 어떻게 적절한 '삶의 진실'을 배울 수 있을 것인가?).

이런 확신들의 힘은 결핍이 발생했을 때 필요한 치유책을 찾으려는 노력에서도 발견된다. 사생아에 대한 낙인이 약화되고, 결혼 해체 시에 자녀 후견권이 어머니에게 주어지는 경향이 늘어나면서, 그리고 독립에 대한 여성의 기대가 높아지면서, 아버지 없는 가족이 흔해졌다. 그러면서 '한부모 가족' 문제는 대체로 여자 혼자 자녀를 키우는 가족의 문제가 되었다. 런던의 한 지역에서는 이런 가족들을 돕기 위한 계획을 마련했다. 〈큰 친구, 작은 친구Big Friend, Little Friend〉라는 그럴싸한 이름을 가진 이 계획은, 아빠 없는 아이들에게 방과 후나 주말을 같이 보낼 멋진 성인 남성을 보내 대리 아버지나 삼촌 역할을 하도록 하는 결연 프로젝트다.

아동 위탁 관련 기관의 관행들은 하나같이 이런 발상을 반영한다. 최근 극도로 까다로워진 입양기관들은 결혼한 젊은 부부 이외의 다른 사람들을 양부모로 고려하는 것 자체를 일종의 스캔들로 간주한다. 아동에 대한 후견권은 일반적으로, 특히 아이가 아주 어릴 경우에는 어머니에게 주어지기 마련이지만, 재혼 후 아이에게 정상적인 가정을 제공할 수 있는 아버지는 친모보다 훨씬 우세하게 대응할 수 있다. 최근 이혼 시 재산이나 후견권이 어머니에게 주어지는 것을 두고 여성의 불길한 승리가 이어지고 있다고 선언하면서 이를 뒤집고자 애쓰는 단체들 중 하나가 스스로에게 〈가족은 아버지를 필요로 한다Families Need Fathers〉라는 이름을 붙인 것은, 이런 현상에 편승해 단체의 종파적 이익을 극대화하기 위함이다.

친부모든 양부모든 상관없이 부모 두 명을 기반으로 만들어진 아동양육 시스템이 바람직하다고 여기는 경향은 점점 커졌고, 이제는 아이들이 친족 손에서 양육되는 시스템보다 낫다고 여겨지게 되었다. 19세기까지만 해도 사생아로 태어나거나 고아가 되거나 혹은 버려질 경우, 아이들은 사촌집에 입적되거나 할머니 혹은 독신의 이모·고모·삼촌에게 길러지는 등 친족 구성원에 의해 양육되었다. 19세기 소설에서 이런 아이들은 종종 착취당하거나 구박받으며 자라지만, 종국에는 반드시 사회적·도덕적 가치의 표상이 되는 것으로 그려진다. 이는 당시의 양육 시스템이 분명 규범적 구속 아래 있었음을 드러낸다. 『돔비와 아들』Dombey and Son 에 나오는 솔로몬 길즈Solomon Gills는 요즘 기준으로 보면 매우 부적절하고 이상한 부모 자원이었지만, 그가 키운 월터Walter 는 걸출하게 훌륭한 인물로 자란다. 『맨스필드 파크』Mansfield Park 에 나오는 패니 프라이스Fanny Price 역시 부자 친척인 버트램가에서 많은 박탈을 견디며 성장했지만, 진정한 미덕과 도덕성의 전형으로 등장한다. 그러나 오늘날에는 성공적인 아동양육을 위해 더 중요한 것은 친족의 생물학적 유대보다는 이데올로기적으로 올바른 부모됨과 가족의 표상이라고 인식된다. 이런 의미에서 오늘날 우리는 아동양육에 관한 한, 가족 그 자체보다 가족주의 이데올로기에 더 많은 무게를 둔다고 할 수 있다.[27] 이런 변화를 정신분석 이론의 사회적 확산과 이와 관련한 광범한 오해에 연결하기는 어렵지 않다. 사람들은 어머니모델mother-figure이나 아버지모델father-figure 없이 자라는 아이들이 동일시 대상을 찾지 못해 적절한 젠더 정체성을 학습하지 못하거나, 완전히 성숙한 인격을 발달시킬 수 없을까봐 두려워하는 것 같다. 이런 생각은 인격 발달이 오이디푸스 콤플렉스의 해결, 즉 동성 부모와의 동일시를 통한 부모와의 갈등관계 초월과 연관된다는 프로이트 이론에 기초한다. 아이의 사회화를 위해서는 개인적인 롤모델이 꼭 필요하며, 만일 없다면 그를 대신할 사람이라도 구해줘야 한다는 생각은 여기서 나온다. 그러나 이는 프로이트

---

[27]   이 책 전체를 통틀어 우리는 familism/familization이라는 용어와 familialism/familialization이라는 용어를 구분해 사용한다. familism과 familization은 정치저으로 친가족적인 발상들을 선전하는 것, 가족 그 자체를 강화하는 것을 의미한다. familialism과 familialization은 가족 가치라고 여겨지는 것들을 모델로 만들어진 이데올로기들과 다른 사회 현상들을 가족들과 비슷하게 보이도록 그리는 것을 말한다. (역주: 이 책에서는 familism을 가족중심주의, familialism을 가족주의라 번역한다.)

저작을 극히 축자적으로 읽은 것으로, 오히려 그 이론의 설득력을 떨어뜨린다. (우리는 이 책 3장에서 정신분석과 가족에 관한 좀 더 일반적인 질문을 다룰 것이다.)

(3) 자연적인 것the natural의 호소력

가족에 대한 투자가 극단적으로 중요해지는 세 번째 수준은 애정과 생식에 관련된 것인데, 지금까지 우리가 다룬 주제들보다는 얼마간 더 추상적이다. 간단히 말해 가족은 언제나 자연적으로 주어졌다고 간주되며, 사회적·도덕적으로도 바람직한 것으로 받아들여진다. 우리가 가족에 대해 갖는 느낌과 생각에서처럼 '자연적' 영역과 사회적–도덕적 영역이 뒤엉키고 혼동되는 곳은 없다. 다른 많은 문제들에서 두 영역은 엄격하게 분리된다. 굶주림, 질병, 잔인함, 살인 등은 자연적인 세계에서 언제나 규칙적으로 발생하지만, 그것을 제거하려는 노력은 문명 진보의 표식으로서 명백하게 인간적인 것으로 여겨진다. 그러나 문제가 가족이 되면 상황이 역전된다. 가족에 대한 도덕적·사회적·정치적 주장들의 많은 부분이 가족을 사회적 질서라기보다는 생물학적 단위로 보는 가정 위에서 제시된다.

'자연스러운' 것의 경계들을 정의하고 그 바깥에 있는 것들, 즉 근친상간이나 독신의 금욕생활 또는 동성애 등을 부자연스러운 것으로 비난하기 위해 많은 사회적 노력이 투여된다. 낭만적 사랑의 어법들conventions은 달빛과 나이팅게일의 '자연적인' 속성에 호소하는 방식에 푹 젖어 있다. 이런 호소는 종종 신뢰성의 한계를 넘어서는데, 가령 시인 버디 홀리Buddy Holly 같은 이는 자연사自然事에까지 예술적 파격을 적용해 "새들도 벌들도 인생의 신비를 둘이 함께 나눠요 / 당신은 그걸 아나요 / 한번 생각해보세요"라고 행복하게 외쳐댄다.

자연the natural에 대한 호소가 우리를 가장 강하게, 집합적으로 매혹하는 곳은 젠더, 섹슈얼리티, 결혼, 가족의 영역이다. 이 영역에서 습속의 변화는 특정한 관행이 공고화됨으로써 일어나는데, 어떤 것은 신성시되고 또 어떤 것은 비난받으면서 그렇게 된다. 현재의 지배적인 가족형태는 자연적인 것, 생물학적으로 결정된 불가피한 것으로 간주되지만, 실제로는 독특한 사회적·도덕적 힘에 침윤되어 있다. 왜냐하면 그것이 특정 사회의 관행적 습속이 아니라 일반적인 인간적 가치의 구현으로 간주되기 때문이다. 현대 사회의 가족 이미지는 자연적인 것과 도덕적인 것의 조합에 크게 의존한다. 가령 어머니됨motherhood의 특징은 특히 모성 본능, 종족 번식을 위한 자기희생, 현세적 자기 이익에 우선하는 가치로운 것이라는 의미를 함축한다.

가족에 대한 많은 사회학적 설명들은 현대 사회의 천박한 금전적 결합으로부터 초연한, 동떨어진 작은 세계라는 아우라_aura_를 가족에 씌워주었다. 실제로 가족은 자주 전前자본주의적 가치들의 보고寶庫로 묘사된다. 사회학에서 '공동체'와 '사회'의 구분을 최초로 정식화한 페르디난트 퇴니스_Ferdinand Tönnies_의 경우, 어머니의 자연적인 (그리고 동시에 영적으로 숭고한) 자질에 관해서는 서정적인 표현으로 일관한다.[28] 크리스토퍼 라쉬는 초월을 낭만적으로 환기해서 이 자연/도덕 관계의 중요한 차원을 부상시켰다.

> 이전 시대 가족이 아이들에게 지배적 가치를 전수하는 동시에, 불가피하게 그 가치를 초월한 세계에 대한 깨달음을 모성애의 풍부한 이미지에 응축해서 제공했다면, 후기자본주의는 이 모순을 아예 제거했거나 혹은 적어도 완화했다.[29]

전통적인 가족의 도덕적 자질은 다음과 같은 프랑크푸르트

---

28   F. Tönnes, *Community and Society*, New York 1963(최초 발행 1887).

29   *Haven in a Heartless World*, New York 1977, p. xvii.

학과의 설명에서 명료하게 요약된다.

> 아버지의 압력을 받는 상황에서 아이들은 자신의 실패를
> 사회관계의 인과성 속에서 파악하지 못하고 개인적 측면
> 에서 인식하며, 절대적으로 죄의식·부적합성·인격적 열
> 등함이라는 관점에서 바라보게 된다. 그러나 만일 아버
> 지의 압력이 가혹하지 않고, 무엇보다 모성적 부드러움에
> 의해 순화된다면, 스스로 자기 내면의 실패를 분석할 수
> 있는 인간이 형성될 수 있다. 그런 인간은 아버지의 사례
> 를 통해 독립심, 자유로운 처신, 내적 자기 규제 속에 기
> 쁨이 있다는 것을 배우게 된다. 또한 자유는 물론 권위
> 도 표상할 수 있고, 그것을 실천할 수도 있다. 이런 과제
> 에 적합한 가족이라면, 아이들은 그 속에서 양심과 사랑
> 의 능력, 일관성을 습득할 것이다. 이는 분명히 생산적이
> 고 진보적이다.[30]

사회학자들이 여타의 가족형태를 분석할 때 기준으로 사

---

[30] "The Family", p. 141. 대단히 흥미로운 이 에세이는 크리스토퍼 라쉬의 주된 논
의를 요약한 형태로 보여주는데, 이런 가족형태가 갖는 -특히 여성과 어린이에 대
한- 착취성과 야만성을 당연하게 인정한다는 부가적인 장점도 있다.

용하는 이념형인 19세기 중반의 가족형태가 오늘날의 이데올로기에 담긴 표준적 가족과 똑같은 것은 우연의 일치가 아니다. 욕망이자 신화인 가족은 확대가족 가구원에 대한 가부장의 야만적 지배도 아니고, 얼굴 없고 무력한 개인들의 집적도 아니다. 거기에는 남편과 아내의 질서정연한 성별분업이 있고, 아이들의 미래를 위한 엄하지만 자상한 양육 스타일이 있다. 이것이 오늘날 육아서, 자동차 광고, 보험정책, 학교의 공식 커리큘럼과 '숨겨진' 커리큘럼, 육아용품 카탈로그, 여행안내서 등 어디에나 나타나는 19세기 부르주아적 이상의 등가물이다. 하지만 이것이 완전히 잘못됐다거나 그것을 바라는 사람들이 이데올로기에 세뇌당했다는 뜻은 아니다. 우리가 말하려는 것은 오히려 그 반대다. 누구도 자기 자식이 일탈자·부적응자·비행 청소년·자살자가 되기를 바라지 않는다. 그런데 우리 사회에서는 이 가족의 모델만이 아이를 —실제로 성공적으로 실현될 수 있는지는 차치하고— 유능하고 안전하며, 안정적이고 자기충족적인 사람으로 키워내는 가장 설득력 있는 시스템을 제공한다는 것이다. 이런 맥락에서 가족은 불가피하게 신화, 꿈, 희망 그 이상의 것, 즉 유의미한 신화, 즐거운 꿈, 합리적인 희망이 되고 있다.

3. 가족화된^{familialized} 사회

오늘날 가족의 위기와 쇠퇴를 개탄하는 사람들은 가족의 이미지를 부서진 짐마차나 희미한 옛 시절의 그림자처럼 그리지만, 이는 전적으로 잘못된 것이다. 2장에서 살펴보겠지만, 가족은 여전히 계급 배치의 강력한 기관이자 젠더 불평등을 생산하고 전수하는 유효한 메커니즘으로 남아 있다. 나아가 오늘날 가족을 이해할 때 중요한 것은 이 제도가(즉 가족이) 사회 전체에 울려퍼지는 일련의 이데올로기의 핵심 포인트라는 점이다. 이데올로기화된 가족생활의 이미지들은 사회적 삶의 다양하게 얽힌 구조에 스며들어 그것들을 하나로 통일시키는, 대단히 중요하고 지배적인 사회적 의미의 복합체를 제공한다.

이것은 가장 일반적인 수준에서, 가족 내의 분업과 유급 고용에서의 분업이 서로 조응한다는 사실에서 발견될 수 있다. 많은 페미니스트들은 여성들이 임금노동에서 하는 일이 그와는 전혀 다른 맥락에서 이뤄지는 가사노동과 별로 다르지 않다는 사실을 지적해왔다. 음식을 만들고, 청소하고, 환자를 돌보고, 어린아이들을 신경쓰고 가르치며, 바느질하고, 남성들에게 봉사하고, 매력적인 모습을 보여야 하는 그 모든 곳에 여성들이 있다. 이 패턴은 병원이나 학교 등 어떤 제도에서도 쉽게 관찰된다. 직무분리 구조는 가사노동에서의 분업 패턴에 밀접하게 조응한다. 비서들은 업무를 준비하고 정리하며, 보스에게 약속을 상기시키고, 사무실 분위기를 부드럽게 만드는 등 대부분의 시간을 보스의 편안한 생활을 위해 사용한다. 간호사들은 환자의 더럽고 아픈 몸을 만지며 그들의 이런저런 문제를 취급하지만, 의사들은 기록을 검토하고 결정을 내린다. 여성들은 순종하기, 명령 받들기, 남자의 요구에 자신을 맞추기 등과 같은 일들을 하도록 요구받는다. 거의 모든 공적 영역에서 같은 종류의 이야기가 적용될 수 있다. 예컨대 1981년 프랑스 사회당이 대통령 및 국회의원 선거에서 극적으로 승리한 후 정부 요직에 더 많은 여성들이 임명됐지만, 그녀들은 오직 가족부, 여성부, 소비부에만 배치됐다.

안타깝게도 자기가 태어난 가족 속에서 자랄 사정이 못 되는 20세기 아동들은 보호시설에서 생활하더라도 가족생활을 무척 닮은 일종의 시뮬레이션 속에서 키워진다. 19세기 보육시설 자료에 나타나는 거대한 관리체제mass regime와 수많은 아이들이 늘어선 끔찍한 모습, 예컨대 어린 제인 에어Jane Eyre가 로우드 학교Lowood School에 갔을 때 엄청난 숫자의 사람을 보고 느낀 강렬한 인상 같은 것은 이제 모두 사라졌다.

> 우리는 여러 목소리가 윙윙거리는 곳에 도착했다. 많은 테이블이 있는 크고 긴 방이었는데, 테이블 양 끝에는 한 쌍의 양초가 켜져 있었다. 마주보는 긴 의자에는 아홉 살 혹은 열 살에서 스무 살까지, 나이도 각양각색인 소녀 무리가 나란히 앉아 있었다. 그들의 수는 실제로 80명을 넘지 않았지만, 희미한 양초 불빛 아래여서인지 내게는 수도 없이 많은 것처럼 보였다.[31]

오늘날에는 열 살 남짓한 어린이가 지역 인가 어린이집부터 공립 기숙학교까지 어느 기관에든 들어가게 되면, 의도적으로 설계된 부모역할의 어른들과 유사 형제들이 있는 '가족 단위' 조직 형태를 만나게 된다. 아이의 올바른 성장을 위해서는 재창조된, 혹은 유사하게 구축된 가족생활의 에토스가 꼭 필요

---

31   Charlotte Brontë, *Jane Eyre*, Harmondsworth 1966, p. 76.

하다는 교양인들의 의견 때문이다.

보통 생각하는 것과는 반대로 기숙학교가 아닌 일반적인 인증기관도 가족생활 모델을 직접적으로 반영한다는 점 역시 주목할 만하다. 이런 곳에도 지휘하고 훈육하는 교장과, 아이들을 사목하고 매개 역할을 하는 여자 교감 사이의 구분이 있다. 이런 직위에 대한 담당 교사의 임명 절차들은 명시적으로 권위와 돌봄이라는 부모역할의 명백한 성별분업이 바람직하다고 선언하며, (점차 남녀 분리 학교를 대체해가고 있는) 남녀공학에서 규범이 되어가고 있다.

이런 예들은 '사적私的인' 가족과는 전적으로 대비된다고 (잘못) 여겨지는 다양한 '사회적' 제도의 조직과 에토스에도 가족생활의 구조와 가치들이 중요한 역할을 한다는 것을 보여준다. 가족과 사회의 대립이란 존재하지 않는다. 가족이 사회적으로 구성되어왔듯이, 사회도 가족화되어왔다. 당대 자본주의 사회에서 지배적인 사회적 의미틀set of social meanings 하나를 들라면, 실로 정확히 가족주의 이데올로기라고 할 수 있다. 가족생활의 의미는 이른바 '함께 사는 가까운 친족'이 결혼하고 아이를 키우는 구체적인 가구household의 경계를 넘어 훨씬 넓게 확대되고 있다.

미디어나 광고, 대중적인 엔터테인먼트들이 가족주의 이데올로기에 침윤되어 있음은 굳이 지적할 필요도 없다. 독신자 아파트에 사는 싱글 남녀가 시트콤에 그토록 자주 등장하는 이유는, 거실의 편안한 의자에 앉아 이 기괴한 사람들을 보는 평균적인 남녀 시청자들이 세탁실까지 빨랫감을 끌고 내려가는 남자의 모습이나 전구를 갈아 끼우려 애쓰는 여자의 모습을 우스꽝스럽게 생각할 것이라는 전제가 있기 때문이다. 텔레비전이나 라디오에서 가장 인기있는 시리즈물들은 본질적으로 안정성과 변화의 미묘한 균형이 조심스럽게 봉합되는 가족생활을 극화한 것이다. 〈교차로Crossroads〉32에서 소프Soap33에 이르기까지 드라마마다 세련화 수준은 다양하지만, 가족 가치의 회복이라는 점은 공통으로 나타난다. 프로그램들이 방영될 때 앞뒤나 중간에 끼어드는 광고들도 마찬가지다. 광고를 특히 젠더 구성이라는 관점에서 비판적으로 다루는 연구들은 이미 꽤 나와 있다.34 가루비누나 아침식사용 시리얼에

---

32 〔역주〕 1964-1988년까지 인기리에 방영된 영국 TV 연속극 Crossroads Motel. 버밍햄 외곽의 작은 마을에 사는 자매들의 결혼과 갈등, 가족사를 다뤘으며, 부유한 언니가 운영하는 모텔 이름이 교차로다.

33 〔역주〕 주부를 주대상으로 아침이나 낮에 방송되는 미국식 TV 연속극 소프 오페라Soap Opera를 일컫는다.

34 Trevor Millum, *Images of Women*, London 1975; Erving Goffman, *Gender Advertisements*, London 1979; Judith Williamson, *Decoding Advertisements*, London 1978.

69

관한 관습적인 광고들에서 우리는 완벽한 가족이라는 진부하고도 반복적인 테마를 발견한다. 광고는 세월이 흘러도 똑같은, 혼인관계나 부모되기의 만족에 대한 이미지들을 순간의 양식 속에서 만들고 또 만들어낸다.

가족주의가 대중성을 갖는다는 점은 의심의 여지가 없다. 예를 들어보자. 당대 영국에서 군주제는 매우 인기있는 제도이며, 이를 둘러싼 감정은 미디어에 영합하고 있다(어떤 이들은 미디어가 그런 감정들을 조율한다고 말한다). 그러나 실제로 군주제가 인기있는 것은 아니다. 영국 시민들은 신성한 통치자나 왕가 혈통 혹은 왕관의 유일한 주인에 특별한 환상이 없다. 인기를 끄는 것은 군주제 자체가 아니라 로열패밀리, 즉 왕실 가족이다. 영국의 군주제는 에드워드 8세가 이혼녀를 왕비로 맞는 것에 반대하는 세력 때문에 왕위를 포기했을 때 심한 위기를 겪었으나, 수십 년간 불굴의 왕실 가족생활을 유지함으로써 오늘날과 같은 대중성을 확보했다. 로열패밀리 구성원들은, 동화 속 이야기 같지만 아주 친숙한 세계 속에서 움직인다. 황홀한 허구와 보통 집안에서 일어나는 것 같은 일상생활의 간극이 허구와 현실의 끊임없는 상호작용에 의해 메꿔진다. 이상화됐지만 결함이 있고, 완벽하지만 개인적 흠이 있는 왕가의 가족생활은, 가족생활이란 모름지기 그래야 한다고 들어온 것과 실제로 자주 경험하는 가족생활 사이의 모순을 우리가 다루는 방식을 재현한다.

여기서 미디어의 음모이론을 설파하는 것은 소용이 없다. 분명한 것은 개선의 기미가 없는 어린이 권장도서의 고정관념이나 인기있는 로맨스 소설이 담고 있는 가족 이데올로기가 대다수 사람들이 살아가는 현실 가족과는 거의 관련이 없다는 사실이다. 재닛과 존Janet&John35의 이상적 세계에서 설거지를 돕는 아빠는 발견할 수 있지만, 현실에 존재하는 엄마, 즉 직장에서 일하는 엄마는 찾을 수 없다. 미디어에 재현되는 가족의 이미지가 현실에 존재하는 가족의 가구 구성과 일치한다면, 영국 인구 대다수가 아이들과 그들의 부모로 이뤄진 핵가족으로 살고 있어야 할 것이다. 그러나 1971년도 인구센서스를 믿는다면, 그런 구성은 영국 가정의 1/3도 되지 않으며, 단지 1/10만이 아버지가 생계를 전담하고 어머니가 전업주부인 규범적 유형임을 인정해야 한다.

우리는 부단히도 '평균적 가족average family'이 등장하는 사회에 살고 있다. 좌파나 노동운동도 다른 집단과 다를 바 없이, 우리를 평균적 가족에 속한 사람들로 선언한다. 최근 군축

---

35   [역주] 중산층 가정 어린이들이 등장하는 대중적인 아동 도서의 주인공들 이름.

포스터에 등장한 문구를 예로 들어보자. "평균적인 영국 가족은 작년 1년간 무기 구매에 주당 16파운드를 썼습니다." 그리고 당연한 듯이 미니어처 미사일과 생필품이 담긴 슈퍼마켓 수레를 밀고 가는 전형적인 가족 이미지가 그려져 있다. 방위비로 지출되는 세금에 대한 통제권을 상실한 개인 납세자들의 모습은 왜 그려지지 않을까? 그 이유는 '**가족**the family' 이 훨씬 더 공감을 사는 이미지이기 때문이다. 이 포스터는 가정성domesticity과 가족 가치, 그리고 평화주의를 결합하려 애쓴다. 우리는 가정의 신성한 단란함을 군국주의가 침략한다는 것에 경악한다. 그러나 이 메시지를 가족주의 담론에 실어 유포하는 것은 독신자들도 핵전쟁이 일어나면 죽기 마련이라는 사실, 그리고 우리가 군비 지출에 항의하는 것은 시민 자격으로 하는 일이며 우리가 가족이기 때문은 아니라는 사실을 은폐한다.

기억해야 할 것은 현재의 지배적 가족모델이 영원한 것도, 모든 문화에 통용되는 것도 아니라는 점이다. 이 모델은 19세기 부르주아 가족의 특정한 유형을 반영한다. 마크 포스터Mark Poster는 이 유형이 중세 이래 서유럽에 존재한 네 가지 형태의 가족 중 하나라고 지적하면서, 이 특정한 가족형태가 전체 사회계급으로 확산한 과정에 주목했다.**36** 이 헤게모니적 가족형태는 당대 가족생활에 부여된 속성을 이상화된 방식으로 비추는 강력한 이데올로기적 거울이다. 이는 동거가족이나 경제적 단위로서의 가구 조직과는 빈약한 관계만을 가지며, 친족의 사회적 조직에 지배되지 않고 오히려 그것을 지배한다. 오늘날 영국에서 **'가족**the family'이 갖는 주된 유용성은 이데올로기적이다. 케이트 엘리스Kate Ellis는 미국 좌파들에 대한 친가족 로비를 비판하면서 이 점을 분명하게 지적했다.

> 질문은 이것이다. 기혼이든 독신이든, 이성애자든 동성애자든, 남성이든 여성이든, "착한 사람"이든 "나쁜 사람"이든, 우파든 좌파든 할 것 없이 모두가 가족으로부터 원하는 무엇인가가 과연 있는가? 나는 이렇게 대답하겠다. **'가족**the family'이 특정한 (따라서 대체 가능한) 생활의 배치 living arrangement로 인지되지 않고 오히려 우리의 모든 사회적·개인적 질병을 치유하는 유일한 제도로 인지되는 한,

---

36 *Critical Theory of the Family*, London 1978. 이 모델이 헤게모니를 가지면서 '확산'하는 현상은 최근 일어나는 로열패밀리의 이데올로기적 부르주아화 *embourgeoisement*라는 매혹적인 스펙터클에서 여전히 볼 수 있다. 버킹엄궁은 아이와 어머니의 배타적인 유대에 전통적인 귀족적 경멸을 고수하면서 왕실 아기들의 돌봄을 하인에게 맡기곤 했으나, 아기를 동반하는 짓이 허용되지 않는다면 1983년에 계획된 장기간의 해외여행에 나서지 않겠다는 황태자비Princess of Wales(역주: 1981년 결혼 후 첫아기를 출산하고 당시 영국뿐 아니라 전 세계에서 인기몰이를 하던 다이애나 스펜서비를 가리킨다)의 주장을 당면하고 있다.

그것은 얼마간 공적이면서 사적인 잃어버린 파라다이스
에 대한 은유일 뿐이다.[37]

'**가족**the family'의 신화적 특성이야말로 그것이 갖는 이데올
로기적 지배력의 본질적 요점이다. 문화적 보편성과 생물학
적 영원성에 대한 호소는 극단적인 억지 주장이다. 제인 콜리
어Jane Collier와 미셸 로잘도Michelle Rosaldo, 실비아 야나기사코Sylvia
Yanagisako가 지적했듯이, 가족을 금전적 결합에 대한 안티테제
로 보는 이데올로기적 구성은 오직 자본주의 사회에서만 성립
한다.[38]

---

37 'Can the Left Defend…?', p. 17.

38 "언제 어디서나 사람들이 공유하는 **가족**the family의 보편적 관념에 대해 말하기
란 어렵다. 왜냐하면 언제 어디서나 사람들이 시장관계에 참여한 것은 아니기 때
문이다. 사람들은 시장관계로부터 그것에 대비되는 가족이라는 관념을 구성해왔
다." ('Is There a Family? New Anthropological Views", Barrie Thorne and Marilyn
Yalom eds., *Rethinking the Family: Some Feminist Questions*, New York 1982, p. 35.)

4. 자연에 맞서다?

가족의 근본적인 재조직화 혹은 폐지라는 목표에는 어떤 제약이 따를까? 인간 재생산의 생물학이나 인간적 성숙의 심리적 패턴은 도대체 얼마나 프로크루스테스의 침대[39] 노릇을 하기에 모든 사회적 배치들이 궁극적으로 거기에 맞춰져야 한다는 걸까?

'자연적인 것the natural'이라는 범주는 당대 많은 제도들에 작동하고, 그것이 적용되는 사회적 상황도 많다. 법률에서의 '자연적 정의natural justice' 개념이나 아동의 '자연적 발달'에 대한 교육 철학, '자연분만' 추구 등이 그렇다. 그러나 가족의 경우만큼 이 범주가 부단하게, 그것도 정확히 기존의 사회적 배치를 비준하고 강화하기 위한 목적으로 제기되는 경우는 없다. 가

---

39 [역주] 프로크루스테스는 그리스신화에 나오는 도둑의 이름으로, 사람들을 잡아와 철로 된 침대에 눕히고는 침대 길이에 맞게 다리를 자르거나 늘리는 악행을 저질렀다고 한다.

족 논의에서만 '자연적인 것'이 수동성과 순응, 도덕적 승인을 요구하는 방식으로 등장한다. 그 외에는 자연이 인류의 창조물보다 우월한 것으로 칭송되는 영역이 거의 없기 때문이다.

사회적 행위성social agency이 자연 앞에서 수동적인 것이 정상인지, 혹은 수동적이어야만 하는지의 의문은 잠시 제쳐 놓자. 우리가 질문해야 할 것은 가족에 대한 서술로 사용되는 '자연적'이라는 말의 의미다. 가족이 본질적으로 자연적 단위라기보다는 사회적 단위라고 올바르게 지적한 프랑크푸르트학파의 서술에 따르면, 가족을 자연적인 것으로 실체화하는 경향은 계몽시대까지 거슬러 올라간다.

> 처음에 가족은 자연적 기원을 가진 관계맺음으로써 역사에 등장했으나, 이후 스스로 분화되어 근대적 일부일처제가 되었다. 그리고 이 분화 덕분에 근대 일부일처제는 사생활 영역이라는 특별한 영역을 세웠다. 단순하게 보면, 사생활은 사회 동학 가운데 홀로 떠 있는 섬이나 자연 상태의 잔여물로 보이기도 하며, 또 그렇게 이념화되어왔다. 그러나 실제로는 가족이야말로 역사적으로 구체적인 사회 현실에 의존할 뿐 아니라 가장 내밀한 구조에까지 사회적으로 매개되어 있다.[40]

가족을 자연적이라고 보는 것은 그것을 전前자본주의적인 것으로 보는 것만큼이나 부적절하다. 자연적인 성질을 가졌다고 선전하는 신개발품 가루비누가 실상은 전혀 그렇지 않다는 것 이상으로, 가족은 전혀 '생물학적'이지 않다. 사람들은 가족이 생물학적 재생산의 자연적 과정과 밀접한 연관을 갖는다는 단순한 이유만으로 가족을 자연이 발동한 그 무엇으로 느낀다. 그러나 생각해보라. 먹는 행위는 부인하기 어려울 만큼 자연적이지만, 누구도 레스토랑이나 식료품점을 자연적이라 하지 않는다. 자연에 대한 호소는 보통 사회 변화에 저항하는 과정에서 만들어지기에 -증기 기관이 발명되자 일부 지역에서는 그런 비자연적인 속도로 움직이다가는 인체가 해체되고 말 것이라는 우려가 나오기도 했다- 우리는 그것을 정당하게 의심할 수 있다. 버지니아 울프Virginia Wolf가 냉소적으로 관찰했듯이, "자연은 그 지배력에 있어 천차만별이며, 대개는 인간의 통제하에 들어온다."[41] 가족에 관해 인류학·역사학·동물학이 밝혔듯이, 자연의 명령이란 극도로 다양하고도 모순적이다.

생물학으로부터 나온 논의의 요점은, 생식 과정에서 일어나

40　'The Family', p. 130.

41　*Three Guineas*, London 1978. p. 203.

는 여성과 남성의 분업은 여성이 보호와 지원을 받기 위해 필연적으로 남성에게 장기간 의존하게 만든다는 것이다. 우리는 임신과 출산, 수유와 자녀양육이 여성에게 특정한 신체적·정신적 요구를 부과한다는 사실을 부인하지 않으면서도, 이것들이 불가피하게 여성의 의존을 초래한다는 전제에는 정당한 의문을 제기할 수 있다. 의료기술 발달로 쉽게 피임할 수 있고 분만의 위험부담과 고통이 최소화된 사회, 사람들이 보는 데서 아기에게 젖을 먹이는 일이 무례하게 여겨지지 않는 사회, 아이들이 남자와 여자 모두에게 평등하게 돌봄을 받고 따라서 자녀에 대한 책임이 여성 고용에 대한 체계적인 걸림돌이 되지 않는 사회에서라면, 여성의 남성 의존을 초래하는 물질적 조건은 존재하지 않을 것이다. 우리가 그런 사회에 살지 않는다는 사실이 생물학의 문 앞에 놓여서는 안 된다. 이것은 생물학적 문제가 아니라 *정치적* 문제다.

20세기 마르크스주의를 관통하는 관념론에 정당한 분노를 표하는 세바스티아노 팀파나로Sebastiano Timpanaro는 최근, 물리적·생물학적 세계가 인간 행위에 갖는 결정력에 대해 좀 더 풍부한 설명을 찾을 필요가 있다고 주장했다.[42] 그는 가장 문

---

42   *On Materialism*, London 1975.

명화된 사회들조차 자연이 초래하는 기근과 질병, 죽음, 잔인함, 고통을 피할 수 없다는 사실을 환기함으로써 마르크스주의에 존재하는 무리한 낙관론, 즉 인간 노동이 자연을 초월한다는 단언에 맞선다. 이런 주장은 페미니스트들에게도 많은 생각을 불러일으킨다. 팀파나로의 주장은, 가령 출산의 생물학이 과거만큼 사회적 중요성을 갖지 않아도 된다고 보는 페미니스트들 역시 관념론적인 환상에 빠져 있다는 견해인가? 아니면 이런 문제들이 현대 과학의 영역에 해당하기 때문에, 페미니스트들도 좀 더 정보를 갖고 적극적으로 대처해야 한다는 것을 함의하는가? 팀파나로의 논의는 유익한 면이 있지만, 지나치게 추상적이다. 그러므로 지금 우리가 할 수 있는 것은 자연 현상에 대한 사회적 매개를 논한 케이트 소퍼Kate Soper의 주장에 동의하는 것이다. 소퍼는 말한다. "죽음 앞에서는 누구나 평등하다고 하지만, 어떤 죽음도 본질적으로 똑같은 지평에 놓여 있지 않다."[43] 산모와 유아의 사망률은 냉혹하고 단순한 자연적 사실이 아니라, 사회적 통제와 역사적 변이에 민감하게 반응하는 어떤 것이다. 기근으로 인한 굶주림 역시 자연적으로 주어진 현상일 수 있지만, 세계 식량자원의 공정한

---

43 `Marxism, Materialism and Biology`, in John Mepham and David Hillel Ruben, eds., *Issues in Marxist Philosophy*, vol. 2, Brighton 1979, p. 95.

분배를 통해 제거될 수 있다. 영양실조 인구집단의 질병은 모든 면에서, 신경쇠약이나 심장질환 등 부자들의 질병만큼이나 사회적이다.

그러나 자연적 사실이 실질적인 수준에서 사회적 통제에 따르는 것은 아니다. 자연에 대한 호소, 특히 자연적 불평등에 대한 호소는 사회적 불평등과 구분들을 정당화하고 합법화하기 위한 거의 신성화된 전통이다. 이러한 점은 계급과 신분, 인종과 국적에 관한 이데올로기의 역사에서 광범하게 드러난다. 양성 사이의 환원 불가능한 차이들은 그런 정당화 과정을 위한 비옥한 기초를 제공한다.

> 우리 사회의 젠더관계가 갖는 패턴은 자연적이라기보다는 압도적으로 사회적이다. 하지만 그것은 생물학적 차이를 가장 기괴한 방식으로 희화화하고, 자기 자신을 정당화하기 위해 잘못 재현된 자연적 세계에 호소하는 사회적 구성이다.[44]

이러한 희화화와 왜곡된 재현 과정이 가장 분명하게 드러나

---

44   Michèle Barrett, *Women's Oppression Today*, London 1980, p. 76.

는 곳이 바로, 최근 유행하는 사회생물학이라는 과학 분야다. 가족을 '반사회적'인 것으로 범주화하고, 그것이 '이기적인' (이 표현 자체가 명백한 의인화 사고를 담고 있지만) 제도가 되고 있음을 고발하는 우리의 논의는, 이기적 메커니즘은 '이기적 유전자'가 자기를 재생산하기 위해 불가피하게 존재하는 수단이라는 사회생물학적 응수를 불러들이기 쉽다. 사회생물학은 인간의 모든 행동이 생존과 재생산의 조건을 최대화하려는 유전자DNA의 경향이라는 관점에서 설명할 수 있다고 주장한다.[45] 사회생물학에서 성차sexual difference는 근본적인 것이다. 사회생물학에 의하면, 수컷들은 무한정으로 아이를 낳게 할 수 있기 때문에 세계를 자신의 유전적 계승자로 채우기 위해 자연스레 성적 난잡함을 추구하며, 동시에 자기 자식임을 확신할 수 없는 한 아버지로서의 사회적 의무를 지지 않으려 방어하기 마련이다. 반면 암컷들은 재생산 능력이 유한하기 때문에 믿을만하고 식량을 충분히 공급할 수 있는 짝을 선택함으로써 자신의 출산 능력을 최대화하려 하며, 성적인 일탈로 유전적 계승을 위협하려 하지 않는다. 사회생물학자들은 이 기본 모델을 바탕으로 당대의 성행동과 가족행동의 세세한 부

---

45 Richard Dawkins, *The Selfish Gene*, London 1976; E.O. Wilson, *On Human Nature*, New York 1978.

분까지 포괄하는 적응주의적 설명을 발전시켰다. 루시 블랜드Lucy Bland가 지적했듯 이 이론은, 사회생물학자들이 여성성과 남성성의 정의定義가 갖는 여러 함정을 자연적인 것으로 정당화하게 한다. 여성의 온순함과 남성의 엽색, 여성적 매력의 기준 등 고급하고 세밀한 수준의 남성적 환상들까지도 학문적 저술은 물론『플레이보이』같은 성인 잡지에서까지 과학적 설명을 동반해서 정당화된다.[46] 사회생물학은 페미니즘이 (강물에게 거꾸로 흐르라고 명령했던 카누트왕Canute the tide처럼) 유전적 진화의 필연적 과정마저 정지시키려 한다고 힐난하며, 페미니스트들의 어리석음과 무지를 조롱하는 정치적 보수주의로 일관한다. 고생물학, 영장류학, 진화인류학 등의 수많은 저작들이 그랬던 것처럼, 사회생물학의 '발견들' 역시 성차별주의 원칙들과 그것의 실행자들이 가진 전제들과 대단히 밀접하게 닮았다.

페미니스트들은 오랫동안 자연과학, 특히 생물학이 학술적으로 혹은 대중적으로 드러내는 성차별주의적 편견에 주의를 기울여왔으므로, 여기서 그 논의들을 하나하나 다룰 필요는 없다. 다만 반복해서 강조해야 할 것은, 생물학으로부터 나온

---

46 ""It's Only Human Nature?" Socio-biology and Sex Differences', *Schooling and Culture*, no. 10. summer 1981.

주장은 반드시 다른 수준에서의 비판적 검토를 통과해야 한다는 것이다. 필요한 것은 사회적·정치적 선택과 같은 수준에서의 검토다. 최근 우생학이나 임신중단, 존엄사, 인위적 연명치료, 심각한 장애를 가진 아기들에 대한 처치문제가 단순히 과학적이거나 의료적인 문제가 아니라 정치적이고 도덕적인 토론이 필요한 문제로 받아들여지는 것은 분명 진일보한 것이다. 페미니즘의 주요 관심 역시 섹슈얼리티와 생식에 관한 질문들을 생물학의 손아귀에서 떼어내 정치적 문제로 정의하는 것에 있다.

가족을 자연적·생물학적 단위로 보는 개념화의 저변에는 가족을 본질주의적으로 사고하는 훨씬 널리 퍼진 경향이 있다. 예컨대 가족형태에서 나타나는 여러 변이들을 보고서도 모든 인간 사회에 공통된 것의 표피적 차이에 불과한 것으로 쉽게 간주하는 등의 것이다. 가족은 모든 사회에서 발견되는, 영원히 거기 있는 무언가로 가정된다. 그러나 가족을 어떤 보편으로 정의하더라도 과연 무엇이 '**가족**the family'의 본질인지는 여전히 불분명하다. 인류학자들이 기록한 친족 배치의 다양성과 변이들은 가족에 대한 느슨한 정의조차 불가능하게 한다. '**가족**the family'이 당대 영국에서 특징적으로 나타나는 것과 같은 소규모의 가정적 가구small-scale domestic household 패턴을 당연히 따르리라고 가정하는 것은 오류이며, 생계부양자 남성과 의존적인 아내라는 개념이 역사적으로 보편적일 것이라는 상상은 편협하기까지 하다.

'**가족**the family'이라는 꽤 최근에 형성된 개념이 시대착오적인 방식으로 여러 사회에 투사된다. 장 루이 플랑드랭Jean-Louis Flandrin의 서술에 따르면, 함께 거주하는 가까운 친척을 가리키는 의미에서의 가족이라는 개념은 18세기 후반 무렵까지도 존재하지 않았다. 귀족들은 각자 자기 혈통과 집들을 소유했고, 노동계급은 집이랄 것도 없는 움막 등에서 거주했다. 오직 신흥 부르주아지들만이 질서정연한 가정생활domestic life을 영위하면서 근대적 의미의 '**가족**the family'의 특징인 직업 지위의 세대적 계승을 수행했다.[47] 눈을 돌려 동시대를 살펴보더라도 '에스키모 가족'이나 '유목민 가족'을 제쳐두고 '전前자본주의적 가족'을 말한다면, 이는 높은 다양성을 드러내는 제도들과 관행들에 본질주의적인 유사성을 부과하려는 시도에 다름 아니다.[48]

가족에 대한 본질주의적이고 자연주의적인 시각이 너무나

---

[47] *Families in Former Times*, London 1979.

[48] Rayna Rapp, Ellen Ross and Renate Bridenthal, 'Examining Family History', *Feminist Studies*, vol. 5, no. 1, 1979.

강력하기에 (이 글을 쓰는 우리를 포함해서) 이런 주제를 다루는 저술가들은 의식적인 노력에도 불구하고 가족에 대한 본질주의적 정식화를 피하기 어렵다. 이는 우리 문화에서 가족주의 이데올로기가 갖는 힘과 완고함을 보여주는 또 다른 지표다. 초기 아프리카 탐험가들은 원주민의 종교 행위를 자신들의 기독교와 비교하는 것이 불가능한 것과 마찬가지로, 원주민의 성적 습속을 자신들의 가족 경험과 동일시하는 것이 불가능함을 깨달았다고 한다. 우리는 그들보다 못하다. 탈출할 수 없는 가족주의 이미지들 안에 우리가 사는 사회와 다른 여러 사회를 욱여넣어 구성하려 하니 말이다.

5. 가족 가치와 좌파

물론 좌파들도 가족의 호소력이 가진 이런 요소들에 물들지 않은 것은 아니다. 사회 일반과 마찬가지로 당대 좌파는 가족주의화되었고, 그 분파들은 가족중심적^{familist}이다. 사회주의자들과 페미니스트들은 (교회가 그러는 것처럼) 세대 간 권위관계에 무게를 싣기 위해서가 아니라 연대를 강조하기 위해서 자매애나 형제애와 같은 가족관계의 용어법을 차용했다. 이런 개념들을 발생시키는 호칭의 형태들은 대다수 반자본주의운동과 급진운동에서 중요한 메타포다. 그것은 개인적인 비호감이나 차이들을 극복할 통일성에 대한 긍정적 열망을 표상한다. 그것이 지칭하는 것은 경제적 필요에 의한 계약관계가 아니라, 공동의 신념을 가진 사람들과 (비록 서로 사랑까지는 못 하더라도) 함께 일하고 살아가는 방법을 배울 필요성에 근거해서 만들어지는 관계들이다. 많은 사회주의 유토피아가 순수한 공동체주의적^{communitarian} 사회의 메타포로서 가족의 긍정적인 이미지를 불러낸다. 마르크스가 말한 '능력에 따라 일하고, 필요에 따라 가진다'라는 것은 하나의 이상인데, 우리가 상상할 수 있는 한 그 이상에 가장 가까운 근사치는 각자의 기여분이 얼마인지를 정확히 계산하지 않는 배려적인 가족 caring family 이다.

사회주의와 페미니즘은 당대 사회에 대한 비판적 분석뿐 아니라 더 공정하고 평등하며 충족감을 주는 사회에의 헌신에 의존하는 정치운동이다. 사회주의자들과 페미니스트들은 오늘날 세계에 존재하는 것보다 더 이타적이고 서로를 배려하는 일련의 사회관계가 가능하다고 믿는다는 점에서 상대적으로 인간 본성에 대해 더 낙관적이다. 우리는 사회주의 프로젝트의 중심에 환원 불가능한 정치-도덕적 요소와 평가적 차원이 있다고 생각한다. 사회주의가 기껏해야 타인에 대한 책임과 애정 이상의 표상일 뿐인 가족을 반자본주의적 가치들을 제공할 가장 적합한 메타포로 간주하는 이유는 쉽게 이해된다. 가족이란 계산보다 감정이, 이기심보다 이타주의가 우선시되는 일차적인 장소라는 주장이 당연시되고 있기 때문이다. 이런 상황에서 이런 전개가 일어나지 않는다면 그것이 오히려 놀라운 일이다.

이것이 현재의 가족형태에 대한 가장 비타협적인 비판가들조차 가족 가치라는 긍정적 이상을 하나의 영감으로 유지하는 이유다. 사회주의자들과 페미니스트들 사이에서 가족에 대한 양가감정이 지속되는 이유도 그것이다. 위니 브레인즈Wini Breines, 마가렛 세룰로Margaret Cerullo, 주디스 스테이시Judith Stacey가 말하는 것처럼, 가족이라는 '약속'을 공통의 '현실'과 대비시키는 것은 이 양가감정을 표현하는 하나의 방식이다.

많은 사람들이 페미니즘을 반反모성, 반反가족과 동일시한다. 하지만 당대 모성과 가족생활의 내용에 대한 우리의 가장 중요한 비판은, 현재 사회질서에서 모성과 가족(이 둘은 불가분하게 얽혀 있다)은 그것이 제시한 약속을 현실화하는 데 실패했다는 점에 있다. 우리의 비판 대상은 가족생활의 약속과 현실 사이의 격차이며, 우리는 대안적 가족형태들의 실험을 통해 이 격차가 감소할 수 있다고 생각했다. 이 격차를 노출함으로써 근대 가족에 대한 우리의 비판은 곧바로 가족 이상理想을 실현 불가능하게 만드는 사회에의 공격이 된다. 가족 이상의 가장 좋은 것들, 즉 친밀성·헌신·양육·집단성·개인적 자율성은 페미니즘의 중요한 목표였으며, 지금도 여전히 그렇다.[49]

그러나 가족이 자기 것이라고 강변하는 이 이상들이 과연 '가족 이상family ideals'인지 혹은 개인적이고 사회적인 이상인지는 여전히 논란의 여지가 있다. 린다 고든과 앨런 헌터는 약간 다른 방식으로 유사한 지적을 한다.

> 우리는 가족들이 때때로 제공할 수 있는 만족들, 즉 감정적·성적 친밀성, 사려 깊은 부모에 의한 자녀양육, 협동과 공유 등에 대한 추구를 사회주의자들도 지지한다고 생각한다. 오늘날 어떤 사람들은 이를 가족 바깥에서 추구하고, 또 발견하고 있다.[50]

그들 주장의 차이는 얼마간 용어법의 차이에 기인한다. 고든과 헌터가 '가족 바깥에서'라고 말할 때 그것은 브레인즈, 세룰로, 스테이시가 '대안적 가족형태들'로 묘사한 것을 의미할 수도 있다. 그러나 이는 단순한 의미론적 차이가 아니다. 우리가 강화하기를 희망하는 긍정적 이상들과 만족들은 가족에게서 나오는 것인가, 아니면 ─우리가 논의할 것처럼─ 가족에

---

49 "Social Biology, Family Studies and Anti-feminist Backlash", *Feminist Studies*, vol. 4, no. 1, 1978.

50 "The New Right", p. 11.

도 불구하고 살아남을 수 있는 것인가? 이를 결정하는 것이야
말로 매우 중요한 작업이 될 것이다.

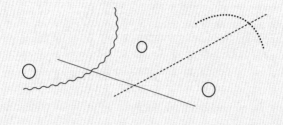

2장

반사회적 가족

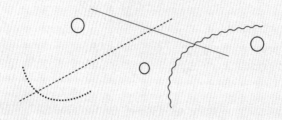

1. 상속

우리는 대부분 가족 안에서 태어나고 자란다. 사적 가구 private household에서 부모에게 양육되기 어려운 아이들은 가족생활을 최대한 충실히 모방하는 제도들 속에서 키워진다. 이런 보편적 경험보다 더 무계급적인 것이 있을까? 이보다 덜 차별적인 경험이 달리 또 있을까? 우리가 처한 현실에서 가족은 사회적 평형추 역할을 하거나 계급과 성별의 벽을 뛰어넘는 유대를 만들기는커녕, 그것이 개선한다고 하는 분할 그 자체를 창조하고 재창조한다.

가족은 계급제도class institution이며, 우리에게 첫 번째 계급 지위를 선사한다. 아이들은 각기 노동계급이나 유산자계급, 혹은 전문직이나 자영업자, 토지 소유 귀족이라는 계층, 혹은 불안정하고 실업 상태인 최하층 집단의 위치를 가지고 인생을 시작한다. 대부분의 소년들은 자기가 태어난 계급으로, 심지어 자기 부모와 같은 직업으로 인생을 살며, 대부분의 소녀들은 자기 아버지와 유사한 조건의 남자와 결혼한다.

사회계급이 누대에 걸쳐 자신을 재생산하는 주요한 방식은 자녀의 출산과 양육을 통한 것이다. 이것이 바로 엥겔스가 근대 일부일처제 가족의 역사적 기원을 사유재산 및 계급 발생에 연결한 이유다. "가족 내의 남성지배, 부의 상속자가 될 자녀 출산 −이것만이 그리스인들이 일부일처제의 유일한 목적으로 승인한 것이다."[51] 출생 이외의 충원방식으로 재생산되는 계급과 사회집단도 있기는 했다. 로마 가톨릭의 독신 성직자들이라든가, 아프리카 노예사냥이 지속되던 시절의 미국 노예들, 그리고 이주민 정착제도가 제한된 서유럽 지역의 이주 노동자들이 그런 집단이다. 그들은 현저히 취약하고 무력하다. 심지어 가톨릭교회조차 자신들이 가진 부와 강고한 이데올로기적 장악력이라면 마땅히 누렸을 권력에 비해 실제 힘은 약했다. 오히려 교회 전성기에 성직자의 독신 신분은 세속의 명문 가문이 교회 최고위직에 오를 기회를 보장하고, 교회를 그들 가문에 의지하도록 만들기 위해 필요한 일이었다는 것이 더 정확하다. 노예집단과 소수 종족들은 착취와 억압 속에서도 재생산되었고, 세대에 걸쳐 일정한 형태로 적응과 동화의

---

51   "Origin of the Family, Private Property and the State", *Marx and Engels: Selected Works*, London 1968, p. 502.

방식을 계발시킬 수 있었다. 계급 지위의 상속제도는 그런 방식으로 계급 분할을 세우고 길들이는 데 기여한다.

물론 사람들의 계급 지위는 부모가 누구냐에 따라 고정되지는 않는다. 계급 간 이동을 하는 사람도 있고, 노동계급 내에서 지위와 안정성의 사다리를 오르내리거나, 관료·회계 책임자·과학자·관리자처럼 중간적 성격의 지위로 진입하는 사람도 있다. 20세기에 들어와 중간적 범주들이 확대된 것은 주로 하층으로부터의 충원에 의해서였으며, 이 과정에서 꽤 많은 상향 이동이 발생하기도 했다. 이제 그런 식의 확장 추세는 저하되고 있으며, 상향 이동률 또한 재현될 것 같지는 않다. 그러나 사회적 유동성의 경험, 즉 그래머스쿨grammar school**52**에 다니는 소년의 진로나, 신흥 명문대학교에서 노동자의 아들들이 거둔 성공이 구현하고 있는 낡은 계급 운명의 명백한 파괴는 대중의식에 커다란 흔적을 남겼다. 교육은 인생을 성공으로 이끄는 발판으로 여겨지게 되었으며, 중요한 것은 어느 집안 출신인가가 아니라 무엇을 하는가라고 생각하게 되었다.

이런 사회적 이미지가 기만적인 점은 그것이 계층 상승하는 몇몇 예외적인 경우만 지나치게 강조하고, 대부분의 남자들이

---

52 [역주] 영국 교육제도의 중등학교에 해당하며, 대학 입학이나 전문직 진입에 대비해 학업 교과 중심의 교육을 제공한다.

자기 아버지의 지위를 벗어나지 못한다는 사실을 무시하기 때문이다. 최근의 한 대규모 조사에 의하면,[53] 아버지가 전문직, 행정직, 관리자, 감독직, 고급 기술직(직업 지위 Ⅰ·Ⅱ군)이었던 남성 중 62%가 자기 아버지와 같은 지위의 직업군에 속했고, 단 13%만이 육체노동을 했다. 아버지가 육체노동에 종사했던 남성 중 58%가 육체노동을 하고 있었고, Ⅰ·Ⅱ군의 직업을 가진 경우는 단 18%에 불과했다. 이러한 수치도 직업 위계의 상층부가 팽창하여 새로운 직업 기회가 형성되던 시기에 아버지들이 아들들에게 물려줄 수 있었던 사회적 지위의 수준이었다. 그 기간 동안에도 상층부 진입에 성공한 아버지들이 아들들에게 자신의 지위를 물려주기 위해 그렇게 고군분투했다면, 그 아들들은 또 얼마나 많이 그렇게 할 것인가?

아버지와 딸의 직업 지위 전승을 살펴보면, 흥미롭게도 가족은 별로 효과적인 집단이 아닌 것으로 나타난다(안타깝지만 딸들이 얼마나 자기 어머니의 궤적을 따라가는가에 대한 연구는 없다). 여성은 종종 상향 결혼을 하거나 하향 결혼을 한다. "전형적인 Ⅰ계층 아버지들은 아들보다 딸의 하향 이동을 경험할

---

53   John H. Goldthorpe, *Social Mobility and Class Structure in Modern Britain*, Oxford 1980, pp. 70, 75. 이 수치는 1938년에서 1947년 사이에 태어난 남자를 대상으로 한 것이다.

가능성이, 즉 아들보다 사회적 지위가 낮은 사위를 맞을 가능성이 높다. 역으로 계급 지위 VI·VIII 집단의 딸들은 자신의 남자 형제들보다 상향 이동의 가능성이 좀 더 높다."[54] 한편 직업상으로 보면 딸은 아들보다 아버지의 영향을 덜 받는다 (예외적으로 아버지가 전문직이나 관리자가 아닌 딸들이 전문직이나 관리자가 되는 경우가 있으나, 이는 같은 조건의 아들들이 그렇게 되는 것보다 어렵다).

이 통계 수치들은 개략적으로나마 사회계급이 어떻게 가족을 통해 재생산되는가를 보여준다. 물론 그 수치들로 거기에 관련된 과정들을 알 수는 없다. 그러나 여기서 가장 중요한 과정은 아마도 가족이 교육 성취 기회를 통해 자식들에게 이익과 불이익을 전달하는 방식일 것이다.

1950년대와 1960년대에 걸쳐 사회적 이동성의 문제는 교육을 연구하는 사회학자들의 주요 관심사였다. 그들은 기회의 평등에 사회주의적 관심을 두고, 노동계급 가정 출신 학생들에게 기회를 제공한다는 그래머스쿨이나 중등모던스쿨secondary modern school[55] 등 중등교육의 선발체계가 명백하게 목표에 실패

---

54 Anthony Heath, *Social Mobility*, London 1981, p. 113.

55 [역주] 1·2차 세계대전 시기 개편된 영국 교육제도하 일레븐플러스 시험에서 대학 진학을 목표로 하는 그래머스쿨에 갈 만큼 좋은 성적을 받지 못한 학생들이

했음을 보여주려 했다. 몇몇 연구 결과는 흥미롭지만 실망스럽기도 했다. 그런 연구들은 자녀의 학업 성취 여부를 가족, 특히 어머니 역할에 달린 것으로 해석하곤 했다. 노동계급 자녀들이 학교에서 공부를 잘할 경우 그들은 남다른 조건을 가진 것으로 생각됐는데, 즉 엄마들의 교육 수준이 평균보다 높거나 부모가 독서에 더 많은 관심이 있는 것으로 서술됐다. 흥미로운 점은, 이 연구들은 노동계급 부모들이 자녀에게 자신이 차지하던 지위조차 물려주지 못하게 되었을 때도 자녀에게 영향을 끼쳤다는 점을 보여주고 있다는 사실이다. 이에 비해 전문직·관리직인 부모가 자신보다 훨씬 낮은 지위로 자녀들이 떨어지는 것을 막기 위해 ─이런 직업 계층의 확산 속도가 점차 감소함에 따라 이를 막는다는 것 자체가 점점 어렵게 됐지만─ 어떤 과정을 추구했는가의 연구는 별로 없어서 아쉽다. 그러나 불행히도 이 연구들은 가족과 계급이 얼마나 서로 얽혀 있는지를 훨씬 분명하게 보여준다. 연구에 참여한 사회학자들은 연구 결과가 갖는 함의를 전부 밝히지 않았다. 자신의 연구가 제도로서의 가족을 고발하고 있음을 인정하길 꺼렸기 때문이다. 그들은 자신들의 연구 결과가 노동계급의 가족 현실에 대

들어가던 중학교. 11세에 치르는 국가시험으로서의 일레븐플러스는 1960년대 말 폐지됐다.

한 고발인 것처럼 도덕주의적이고 개인주의적인 방식으로 해독하려 했으며, 그로 인해 가족제도에 대한 고발은 더더욱 어려웠다. 다음 세대의 급진 사회학자들은 공격하기에 무난한 목표물로 총구를 향하여 교육체계와 학교 교과과정을 대상으로 계급적 관점에서 비판을 제기했다(사회학 내에서 좌파적이고 비판적인 관점이 득세함에 따라 하위 분야로서의 가족사회학이 얼마나 인기없어졌는지는 놀랄 정도다. 가족사회학이 제자리로 돌아온 것은 오직 새로운 페미니즘의 등장 덕분이었다).

계급 재생산의 또 다른 주요 기제는 부의 상속이다. C.D. 하버리Harbury와 D.M.W.N. 히친스Hitchens의 연구는 "금세기 후반부의 불평등을 가져온 최고의 단일한 원천이 상속이라는 결론을 부인하기는 어렵다"고 지적한다.[56] 그들의 추정에 따르면, "금세기 세 번째 25년 동안에 부자로 죽은 사람들의 2/3 혹은 3/4은 상속의 덕을 보았고, 그 나머지가 기업가 정신과 행운 덕분이었다."[57] 게다가 부를 상속받은 딸들은 흔히 부를 상속받은 아들들과 결혼한다. 결국 소수 계급에 집중된 부를 재생산하는 것은 세대 간 상속과 피상속인끼리의 결혼 패턴이

---

[56] *Inheritance and Wealth Inequality in Britain*, London 1979, p. 136.

[57] 위의 책, p. 131.

다.

　우리는 가족이 한 세대에서 다음 세대로 특권과 불이익을 전달하는 것을 보여주는 방식을 통해 매우 일반적 수준의 구조 차원에서 논의를 시작했다. 그 이유는 부분적으로 이런 작업을 통해 가족이 어떻게 이기주의와 배제, 사익 추구라는 원칙을 구현하는지, 또한 반대로 이타성과 공동체성, 공공선 추구에 얼마나 배치되는지 극명하게 드러낼 수 있기 때문이다. 사회는 가족들로 *분할되어* 있고, 그 분할은 단순히 가벼운 반감이나 약간의 불신 정도라고 말하기 어려운, 매우 뿌리깊은 것이다.

2. 개인주의=가족중심주의

　보수적 사고는 자조, 자립, 자기충족성, 자존과 같은 개인주의 발상에 초점을 둔다. 그것은 의존, '공짜근성scrounging', 집단주의collectivism 등 '세상은 당연히 나를 먹여 살려야 한다'는 식의 태도를 거부한다. 그러나 현실에서 스스로 돕는 단위는 개인이 아니라 가족이다. 오늘날 영국에서 교육·훈련 과정에 있는 자녀들이 자신을 부양해야 한다고 생각하는 부모들은 물론 없다. 그러나 보수주의자들은 남편이 아내와 자식을 부양해야 하고, 장애인과 노인은 자선 기관이나 국가로부터 도움을 구하기 전에 친족에게 도움을 청할 수 있어야 한다고 믿는다. 실제로 상호 부양을 기대할 수 있는 친족 범위를 확대하려는 사람들은 보수주의자이며, 더 많은 사람들이 공적 부조를 받게끔 하려는 사람들은 진보주의자인 경향이 있었다. 이 경계**58**는 지

58　〔역주〕 친족 부양과 공적 부조에 대한 기대와 책임의 경계.

난 한 세기하고도 절반이 지나는 동안 끊임없이 경합하고 여러 번 이동했다. 공식적으로 현재는 부모와 사는 16세 미만의 아동과 남편과 사는 부인만이 국가기초사회보장제도 수급권으로부터 배제되어 있다. 아동에 대한 적법한 혜택을 주장하는 사회주의자들의 요구를 거부하고, 남편과 아내가 각기 독립적인 사회보장 수급권을 가져야 한다는 페미니스트들의 요구를 거절하는 사람들 역시 여전히 보수주의자들이다.

보수주의 정치학의 여러 선전 구호들-교육과 의료보호에서의 개인 선택권, 소비자를 위한 선택의 자유, 주택 소유권-은 사실 사회적 책임성과 권위에 대비되는 것으로서의 부권父權과 부성적 책임을 옹호한다. 왜냐하면 교육을 선택하는 것은 아이들이 아니라 자신의 수입에 맞춰 자녀들에게 제공할 교육 수준을 '선택'하는 부모이기 때문이다. 이러한 사정은 건강보험이나 주택, 가정 내 소비에서도 마찬가지다. 사람들의 생활수준은 자신의 소득이 아니라 자신이 속한 가구의 소득, 소득이 가족 간에 공유되는 정도에 의해 결정된다.

이런 맥락에서 자녀들은, 그리고 일정 정도는 아내들도 남성 가장의 연장선상에 존재할 뿐이다. 자녀와 아내의 필요는 가장에 의해, 가장의 필요의 일부로서 규정된다. 남자는 단지 자기부양만 해서는 안 되며, 피부양자들을 돌봐야 한다. 남자는 '가족ᵃ ᶠᵃᵐⁱˡʸ'을 꾸리기에 충분할 만큼 벌어들일 수 있다고 기대되어야 한다. 실제로 임금이 빈곤선 이하로 낮다는 것은, 임금 수준이 노동자 한 명이 먹고살 수 있는지가 아니라, 두 명의 성인과 그들의 두 자녀로 구성된 한 가족의 사회보장 수급액 이하라는 의미다. 남성을 위한 가족임금이라는 이 발상은 보수적 사고에 깊게 배태되어 있다. 부분적으로는 그것이 남성의 특권과 권위를 유지하는 데 도움이 되기 때문이지만, 다른 한편 개인과 가족의 융합이야말로 보수주의자들의 경제적 환상을 유지하는 데 절대적으로 필요하기 때문이기도 하다. 그것은 각자 자기 이익을 추구하는 '경제적 인간ᵉᶜᵒⁿᵒᵐⁱᶜ ᵐᵉⁿ'**59**의 행위가 모여지고 시장 기제라는 '보이지 않는 손'이 작동함으로써 생산과 소비의 최적 패턴이 만들어지는 경제라는 환상이다. 그런 경제에서 각 구성원들은 타자의 결핍을 충족시키려는 자기 이익ˢᵉˡᶠ⁻ⁱⁿᵗᵉʳᵉˢᵗ에 의해 동기화된다. 시장의 도덕성을 사회 전체의 도덕성으로 끌어올리기 위해서는 시장에 참여하지 않는 사회 구성원들의 존재를 비가시화하는 일이 필수적이다. 이는 그들을 가족 구성원으로 뭉뚱그려 가구주의 개인성 아래 포괄해버리는 교묘한 기술로 이루어진다. 가구

59　〔역주〕 '경제적 남성'이라고 해석될 수도 있다.

주는 경제적 행위자로서 소득과 지출, 소비자 선호, 무차별 곡선, 한계 효용 등 모든 경제적 활동에 완벽한 지식을 가진 것으로 가정된다. 이처럼 자신을 부양하지 못하는 사람들이 그럴 능력이 있는 사람 밑에 포괄됨으로써 모든 사람이 자신을 부양하기 위해 일한다는 자유시장의 자유주의-개인주의 모델을 바탕으로 전체 경제가 조직된다는 신념이 가능해진다.

사회주의자들에게는 사회가 생산에 기여할 수 있는 사람만으로 구성되어 있다는 가정은 위험한 것이다. 그런 생각은 우리의 상호의존과 필요에 대한 사회적 개념, 그리고 그것을 충족시키기 위한 사회적 계획의 필수성을 가려버리기 때문이다. 그러나 불행히도 영국 사회주의자들의 사고에는 이러한 형태의 가족중심주의familism를 수용하는 강한 경향이 있었다. 이는 영국 사회주의가 남성 숙련노동자 중심의 노동조합이 지배하는 노동운동에서 자라나고 형성됐기 때문이다. 남성 숙련노동자들은 생산에 기여할 수 있는 (혹은 그렇다고 주장할 수 있는) 사람들에게 특혜를 주는 것, 그리고 가족임금 관념을 사용하여 자신들의 고임금을 내세우고 여성과 아동, 청년들을 임금 수준이 나은 직업에서 배제하는 것이 그들 자신의 이익이 되는 사람들이다.60 자신이 가족의 '공급자provider'라는 관념이 노동계급 남성들이 가진 자존감의 소중한 요소가 되기도 했다.

좀 더 넓은 개념의 사회주의라면 이런 종류의 가족중심주의가 자본주의 체계에 생긴 균열을 감추거나 고임금 소득자를 가진 운 좋은 가족을 보호하기 위한 것임을 인정할 것이다. 그것은 노동계급의 필요를 충족하는 수단으로서의 임금체계가 가진 근본 문제의 해결책이 아니다. 의지할 수 있는 임금소득자가 아예 없는 사람들도 있고, 어떤 사람은 임금소득자이면서도 피부양자가 한 명도 없는 반면, 다른 임금소득자들에게는 너무 많은 피부양자가 있는 등의 문제는 가족중심주의로 해결될 수 없다. 가족중심주의가 해결책으로 통할 수 있으려면 다음 조건이 충족되어야 한다. 모든 임금소득자가 평생 두 명의 성인과 2.4명의 자녀로 구성된 가구를 부양하며, 소득이 없는 나머지 사람들은 그런 가구들 속에 고르게 분포되어 존재한다는 조건 말이다. 즉 이런 종류의 가족중심주의가 해결책이 되려면, 가구들households이 친족에 기초한 가족들families이어서는 안 되고, 얼마간 관료적인 원칙에 근거해 형성되는 그 무엇이어야만 한다. 이것이 가족중심주의의 모순이다.**61**

---

60 이 문제는 우리가 쓴 "The Family Wage: Some Problems for Socialists and Feminists", *Capital and Class*, no. 11, 1980에서 자세히 검토된다.

61 Mary McIntosh, "The Welfare State and the Needs of the Dependent

보수주의 사고에서 나타나는 개인과 가족의 혼돈은 일상생활에서 그 둘이 긴밀하게 연결되어 있음을 반영한다. 그 연결은 많은 유해한 결과를 낳는다. 가장 큰 문제는 자녀가 사적 소유물처럼 인식된다는 점이다. 자녀는 사회에 참여해 미래의 구성원이 될 존재지만, 그들은 부모에 의해, 부모를 위해 길러진다. 부모는 자식을 몇이나 둘지, 언제 낳을지 결정하고, 그들을 양육할 방식 또한 결정하려 한다. 자녀는 종종 부모 인성의 연장선이거나 부모가 이루지 못한 삶의 보상물이 된다. 그들은 자부심의 주된 원천이 될 수 있지만, 종종 실망을 주기도 한다. 아동기에는 양육이 보람차고 명백한 성공으로 보일지도 모르지만, 자녀가 사춘기가 되고 독립하면서 독특한 종류의 문제가 자주 발생한다. 자식의 잘못된 선택에 부모가 느끼는 괴로움은 어떻게 살지, 무엇을 할지를 두고 타인과 겪는 갈등과는 질적으로 다르다. 자식들은 종종 '도대체 내게 왜 이러는 거니'라고 탄식하게 행동하지만, 이는 사실 부모한테 하는 행동이 아니라 부모들이 보기에 잘못된 생활방식과 헤어스타일, 좋지 않은 직업이나 이성 친구를 고르는 행동일

Family", Sandra Burman, *Fit Work for Women*, London 1979를 볼 것. 남성 노동자에게 균일한 '생계비'를 지급해 나머지 가족을 부양한다는 이념의 불가능성은 라스본Eleanor Rathbone의 *The Disinherited Family*, London 1924에서 가장 먼저 지적됐다.

뿐이다. 자녀가 자기 삶에서 하는 행동은 반드시 부모에게 영향을 끼친다. '아비가 신 포도를 먹으면 자식들의 이가 시릴 것이다'라는 성경 구절은 오늘날 더 이상 공감을 얻지 못하지만, 그 반대 현상은 하나의 일상이 되었다.

이토록 친밀한 상호의존 틀이 주어진 상황에서 개인적 트러블의 원인을 눈앞의 가족에게서 찾으려는 설명은 이상할 것이 없다. 1950년대 이래 개인치료보다는 '가족치료family therapy'가 문제나 비행 청소년은 물론 정신적 질병이 있는 성인들에게도 적절한 방법으로 인기를 끌어왔다.**62** 가족치료 이론이 전통적 치료법들의 개인주의 이론보다는 여러모로 낫지만, 보통 그것은 알맞은 부모역할과 젠더역할을 구비한 제대로 된 가족만이 적절한 인성을 형성할 수 있고, 그런 좋은 모델을 따르도록 가족을 되돌릴 수 있다면 어떤 문제라도 교정 가능하다는 가정을 갖고 있다. R.D. 랭Laing은 이와 유사한 가족 과정family process의 비전을 사용해 이보다 훨씬 껄끄러운 결론을 내렸다. 즉 그는 핵가족의 "가족 연결망family nexus"이라는 과도하게 촘촘히 짜인 감정적 엉킴 속에서 상호주관성에 혼란이 생기거나 가장 가까운 사람이 부과한 속성과 자신을 구분하는 데 문

---

62   Poster, *Critical Theory of the Family*에 이 문제에 관한 유용한 논의가 소개됐다.

제가 생길 경우, 정신분열증이 생길 수 있다고 분석한 것이다. 핵가족에서 개인들은 "자신을 보존하기 위해 타인의 내면 삶을 제어하고자 한다."[63] 정신분열증 환자 가족에 대한 랭의 설명을 보면, 핵가족 생활의 견고한 친밀성이 정신분열증까지는 아닐지라도 가족 구성원 간에 심각한 문제를 일으킬 수 있다는 사실을 깨닫기란 어렵지 않다.

가족주의familialism와 개인주의가 뒤엉켜 파생되는 또 다른 문제는 외부 접촉 없이 고립된 가족 안에서 부모 중 한 사람의 전담으로 이뤄지는 자녀양육이 매우 개인주의적인 인성을 만드는 경향이 있다는 점이다. 좀 더 공동체적인 아동양육 형태에 비판적인 논자들은 생애 초기 몇 년간 한 사람의 모성 수행자mother-figure와 밀접하고 지속적인 유대를 맺어야만 적절한 인성 발달이 가능하다고 주장해왔다. 존 볼비John Bowlby는 모성 결핍이 일대일의 친밀한 관계를 형성하기 어려운 '감정이 결핍된 인성'을 낳는다고 기술했다.[64] 르네 스피츠René Spitz는 집단에서 자란 아이는 이후 (소년 보호)시설에 수용되기 쉬우며, 집단적 지지 없이는 개인으로서 살아갈 수 없다고 주장한

---

63   *The Politics of Experience*, London 1967, p. 13.

64   *Maternal Care and Mental Health*, World Health Organization 1951.

다.65 이런 종류의 연구들은 많은 의심을 산다. 대부분 수용 시설 어린이들을 관찰함으로써 이루어졌는데, 사실 그 아이들에게는 모-자녀 관계 이상의 여러 가지가 결핍됐기 때문이다.66 그러나 설사 그들의 연구 결과가 맞다 하더라도 집단적으로 양육된 아이들의 전형적 인성은 다를 뿐이지 '부적절' 하지는 않다. 우리는 이 사실을 종종 잊는다. 보통의 가정에서 성공적으로 자라난 아이들도 바람직하지 않은 인성을 갖기도 한다. 일대일로만 친밀한 관계를 형성하려고 더 큰 집단에서의 폭넓은 유대를 차단하거나, 혼자 지내려는 개인주의적 성향 때문에 집단의 지지나 승인, 집단의 이해利害에 관심이 부족하기도 하다.

브루노 베텔하임Bruno Bettelheim은 저서 『꿈의 아이들』The Children of the Dream에서 이스라엘 키부츠에서 공동체적으로 양육된 아이들에 관해 비교적 균형잡힌 연구 결과를 보고했다.67 베텔하임은 키부츠에서 자란 세대는 비교적 균질한 학업 성취를 이뤘으며, 다른 이스라엘인 집단에 비해 학업에서 극적인 성

---

65 "Hospitalism: An Inquiry into the Genesis of Psychiatric Conditions in Early Childhood", *The Psychoanalytic Study of the Child*, New York 1945.

66 Michael Rutter, ed., *Maternal Deprivation Reassessed*, Harmondsworth 1972.

67 London 1969.

공을 보이는 아이도, '실패'하는 아이도 적다는 사실을 발견했다. "키부츠에서 태어난 세대의 인성은 소진된depleted 것처럼 보인다… (그러나) 알려진 것과는 달리 이 젊은이들은 그들의 부모보다는 훨씬 덜 신경증적이며, 여러 한계점이 있다 하더라도 분명 좀 더 안정되어 있다."[68] 키부츠 세대의 가장 유명한 특징은 집단적 유대의 높은 강도와 또래 집단에 대한 깊은 애착이다. 그들은 혼자 있을 때보다 집단에 있을 때 기능을 더 발휘하고 세상을 잘 경험한다. 그들은 삶을 타인들과 분리해 생각하지 않는 경향이 있다. 베텔하임은 "이 모든 것들은 애착보다는 속박을 더 말해주는 것 같다"고 하면서도 "강한 집단 유대가 개별화를 방해할지는 몰라도 그것은 경쟁사회의 현대인들에게 흔한 인간적 고립, 비사회적 행위, 여타의 사회 해체 현상을 낳지 않는다"[69]라고 결론짓는다. 우리가 보기에는 개인주의적 자녀양육 시스템은 설사 '성공'한 것일지라도 키부츠의 결과물보다는 진정으로 사회적인 삶에 덜 적합한 것으로 생각된다.

이스라엘 키부츠와 같은 공동체 사회는 가족의 의무와 애

---

68   위의 책, p. 261.

69   위의 책, p. 262.

착에 대한 과도한 강조를 피한다. 여러 키부츠에서 남편과 부인은 함께 일하는 것이 허용되지 않으며, 부모나 형제·자매 등을 부를 때도 친족 호칭보다는 이름을 부르도록 권장한다. 이와 유사한 원칙들이 19세기 미국의 여러 기독교 공동체들에서 발견된다. 1848년 뉴욕의 오네이다 공동체The Oneida Community는 공동생활 완성에 해롭다고 하여 가족과 결혼을 의도적으로 거부했다. "하늘나라에서는 장가도 아니 가고 시집도 아니 가고"라는 성경 구절**70**이 공동체의 모든 남성과 여성이 참여하는 '복합 결혼complex marriage'의 정당화를 위해 채택됐다. 그곳에서는 모든 사람과의 이성애적 관계는 장려했으나 장기적인 파트너가 되는 것은 제한했다. 아이들은 젖을 떼자마자 어린이집에서 양육되었고, 일주일에 한두 번만 부모를 만나러 갔다. 이 공동체의 창설자 존 험프리 노이에스John Humphrey Noyes는 강렬한 가족 감정과 공동체 감정 사이에 분명한 모순이 존재함을 인지했다. *그는 "오늘날 사회주의의 가장 큰 고민은 결혼에 의해 만들어지는 결혼 가족marital family의 존재가 '공동체'를 함축하는 보편 가족universal family과 양립할 수 있는지의 여부"**71**

70　〔역주〕 마가복음 12장 25절.

71　Noyes, *History of American Socialisms*, New York 1870. Charles Lane 재인용.

라고 믿었다.

이상과 같은 원칙에 집착하던 오네이다 공동체는 30년 이상 지속하지 못했다. 키부츠 역시 개척 단계를 벗어나 안정기로 접어들면서 가족 유대를 강화하고 가족생활에 더 많은 시간과 공간을 제공하는 경향을 보였다. 두 경우 모두에서 이런 변화는 사회주의 이상의 후퇴를 의미하는데, 키부츠의 경우 그것은 당시 이스라엘과 중동, 세계정세의 복잡성과 연관된 문제이기도 했다. 오네이다 공동체는 1881년 합자회사로 변모했는데, 이런 전환은 지역사회와 장로교회에 의해 시작된 법적 조치 등의 적대적 압력과 관련된 것이었다. 그러나 그러한 실험들이 오래 지속되지 못하고 약화되거나 희석됐다고 해서 공동체 강화가 어떻게 가족 유대의 약화를 가능케 하며, 또 그것을 필요로 하는지를 분명히 보여줬다는 점까지 손상되는 것은 아니다.

이런 발상들은 영국 초기 사회주의 사상의 전통에서는 매우 흔한 것이었다.[72] 그것들은 슬프게도 우리 시야에서 사라져갔다. 결혼에 대한 강렬한 비판은 많은 초기 페미니스트들의 저작에서도 발견할 수 있었다. 그러나 그들이 비판하던 결

---

72 Barbara Taylor, "The Woman-power: Religious Heresy and Feminism in Early English Socialism", Susan Lipschitz, *Tearing the Veil*, London 1978.

혼 양상은 이제 사라졌다고 여겨진다. 이제 결혼은 시슬리 해밀턴Cecily Hamilton의 말처럼 "살림업무the housekeeping trade"가 운명이 되는, 부르주아 여성의 유일한 생계 자원이 아니다.[73] 사회주의자들과 페미니스트들이 지지하곤 하는 이혼 절차 간소화 캠페인은 사람들이 더 이상 사랑 없는 동물적인 결합을 붙들 정도로 결혼을 해체 불가능한 것으로 생각하지 않음을 보여준다. 결혼식도 근대화되어 이제 여성은 남편에게 '복종'하겠다고, 남성은 아내를 '숭배'하겠노라고 서약하지 않아도 된다. 결혼에서 노골적으로 억압적인 측면이 사라졌기 때문에 이제 결혼은 무해하고 중립적인 제도로 인식되곤 한다. 그러나 이는 사실이 아니다. 새로운 결혼은 낭만적이자 우애적companionate이라 간주되는데 – 누군가는 이런 퓨전은 불가능하다고 말하겠지만 –, 그리하여 명백히 남성지배적이고 기계적인 유대가 지배하던 과거의 결혼에 비해 덜 안정적인 형태가 되었다. 하지만 여전히 그것은 둘의 관계를 어떤 특별한 것, 의문의 여지가 없는 것으로 만드는 신화적 유대를 가진 커플들을 생산한다. 그들은 사회적 듀오social duo의 삶에 이끌려 들어가 상대방에 대한 '더 나은 반쪽'으로, 그래서 혼자서는 단지 반쪽

---

73   *Marriage as a Trade*, London 1909.

인간으로만 존재하며, 그러다가도 종종 자신의 필수적인 부분인 파트너를 원망하며 적개심에 찬 의존상태로 변하기도 한다. 아마도 모든 커플관계는 이런 경향이 있겠지만, 결혼은 커플을 신성화하고 특권화하며 낭만화한다.

결혼관계는 비판으로부터 보호받는다. 그래서 세상 그 누구보다 배우자에게 훨씬 더 인내심을 가질 것으로 기대된다. 법의 시선에서 보면, 결혼 내 강간이란 있을 수 없다는 것이 단적인 예가 될 것이다. 성관계를 거절하는 것은 다른 모든 남자에 대해서는 온당하나 남편에게만은 안 된다. 결국 결혼관계 바깥에서의 관계맺음이 얄팍하고 덜 의미 있게 되는 것은 동전의 양면이다. 남자들은 종종 아내 말고는 다른 절친한 친구가 없다. 갈등이 있어도 배우자는 상대방에게 충실할 것이 요구되며, 만약 남편이 불편해하면 여자들은 가장 친한 친구나 심지어 자매와의 관계를 단절하기조차 한다. 결혼이 깨지고 나서야 –사실 그럴 수 있다는 게 새로운 결혼의 본질이기도 한데– 사람들은 자신이 친구 하나 없이 고립되어 있음을 깨닫는다. 가장 손쉬운 해결책은 두 번째 결혼인데, 그것은 첫 번째 결혼의 모든 것을 반복하기 마련이다. 연속적 일부일처제serial monogamy라는 패턴은 이렇게 성립된다.

우리는 이미 그런 관계들의 호소력에 관해 토론한 바 있다.

그것은 안전을 약속하고, 여러 가지 긴장과 불안에 해결책을 제공한다. 그러나 사람들이 원하는 게 단지 장기적인 커플관계라면, 왜 그 관계가 교회나 국가, 사회적으로 가장 보수적인 집단에게 허가를 받는 일이 되어야 하는지 질문해야 한다. 냉소적으로 답하자면, 결혼제도란 누군가를 당신에게 붙들어두는 (본의 아니게 '당신 자신'도 '누군가'에게 묶일 확률이 높지만) 좋은 방법이다. 교회와 국가 간에 결혼 통제권을 둘러싸고 벌어진 투쟁의 역사가 의미하는 바는, 결혼은 당사자 간의 계약이 아니라 국가에 의해 통제되는 계약이라는 사실이다. 또한 그것은 명문화되지 않은 계약이어서 그 계약의 완전한 함의는 사후적으로만, 즉 이혼이나 별거(때로는 죽음)에 의해 그 실체가 백일하에 드러날 때만 밝혀진다. 결혼의 진짜 의미는 결혼식 선서에 나오는 것 같은 성적인 정절과 동거, 상호지원에 대한 계약만이 아니라, 언제라도 요구하면 제공되어야 하는 성적 서비스, 가사노동 수행, 심지어 결혼이 깨진 후에도 지속되는 재정 지원, 시민이자 가장과 부차적인 의존자 사이의 관계 등 여러 미결정 사항에 대한 계약이다. 우리는 사적인 가구 구성에 대한 사회적 통제와 관심에 원칙적으로 반대하지 않는다. 그러나 결혼은 그러한 통제와 관심을 담는 잘못된 형식이다. 우리는 그렇게 믿는다.

결혼은 이성적인 사회 토론을 거쳐 정당화된 것이 아니라 전통에 의해 인준된 하나의 형식이다. 전통은 남성 권력과 가부장적 권위라는 모든 역사적 짐을 지고 있다. 전통적인 결혼식 행사만 봐도 그렇다. 신부는 아버지에 의해 신랑에게 '넘겨지며', 흰 웨딩드레스는 신부의 순결을 상징하고(신부가 이런 주장을 할 수 없을 때는 크림색 드레스를 입는다 –물론 사진상으로 구별되진 않지만), 결혼식 파티에서 신랑 신부가 입는 의상은 뚜렷하게 대비된다.[74] 그러나 가장 중요한 것은 결혼이란 성적인 것과 경제적인 것을 융합하는 형식이라는 점이다. 엥겔스가 명쾌하게 지적했듯이, 일부일처제 결혼과 매춘은 동시적으로 탄생했다.

결혼은 아마도 개인주의와 가족중심주의familism의 보수적 혼융에 나타난 하나의 모순을 표상한다고 볼 수 있을 것이다. 결혼이 가족의 기초라면, 개인적이고 자유롭게 선택했다고 상정된 형식[75]은 그 중심에 국가 기구를 두고 있는 셈이기 때문이다. 결혼을 사람들이 원하고 필요로 하는 것이라고 옹호하는 논자들은 결혼이 왜 그토록 거대하게 사회정책, 과세제도,

---

74   Diana Leonard Barker, "A Proper Wedding", Marie Corbin, ed., *The Couple*, Harmondsworth 1978.

75   〔역주〕 결혼.

종교 비준, 존경과 영예 등에 의해 특권화됐는지를 설명해야
만 한다.

3. 감옥으로서의 사생활권

외부인을 배제한 작은 가족집단에 몰입하는 것은 그것이 잘 돌아가고 구성원 각자의 요구를 만족시켜줄 동안은 매혹적일 수 있다. 그러나 이 작고 폐쇄적인 집단은 하나의 함정, 즉 가정의 사생활권domestic privacy과 자율성이라는 관념으로 만들어진 감옥일 수 있다. 남편이 아내를 심하게 학대할 때 경찰과 이웃이 –즉 우리 모두가– 개입하기 꺼리는 이유는 사적인 문제에 개입하는 것으로 여기기 때문이다. 부부간의 결합은 아주 특별한 것으로 인식되므로 국외자는 현재 발생하는 일이 극단적인 육체적 학대가 확실할 경우에도 누구의 편을 들어선 안 된다. 이런 상황에 처한 여자들이 다른 사람들에게 도움이나 보호를 구하지 않는 이유는 무엇일까? 그녀들은 폭력이 결혼에 일상적으로 내포된 위험일 수 있다고 생각하며, 스스로 남편의 폭력을 유발했다거나 혹은 그런 상황이 발생하지 않도록 잘 처신하지 못했다고 '자신'을 탓한다.

보고된 폭력 범죄의 1/4은 아내 구타이며,[76] 강간의 상당 부분이 남편이나 남자친구, 아버지, 삼촌과 같이 피해자가 잘 아는 남성에 의해 저질러진다는 사실[77]을 깨닫고 나면, 가족의 사생활권이란 말이 다시 보일 것이다. 이러한 수치는 보고된 폭행과 강간 사례라는 점에서 보고되지 않은 사건의 양은 짐작할 만하다. 역설적이게도 여성들은 안전과 보호라는 사적 가정에 대한 바로 그 기대 때문에 집안에서의 피해에 더 취약해지고, 울타리 밖 타인에게 호소하거나 지원받을 기회를 박탈당한다. 또 여성들은 누가 따라오거나 공격할까 봐 밤에 혼자 밖에 나가는 것을 피한다. 그렇게 해서 그들은 그 자체가 위험한 장소가 될 수도 있는 집이라는 함정에 빠진다.

최근 페미니스트들의 노력으로 가정폭력에 대한 공공의 관심이 증대하면서 공식적 개입이 조금이나마 늘었고, 폭력남편이 집에 접근하지 못하도록 법원의 명령권을 취득할 수 있는 법적 절차도 개선되었다. 그러나 그런 상황에 놓인 여성 대부분이 집을 떠나거나 가족과 결별하는 것 외에 다른 대안이 없다는 사실은 명백하다. 자녀가 있는 여성에게 이는 실현하

---

76   R.E. and R.P. Dobash, "Wives: the 'Appropriate' Victims of Marital Violence", *Victimology*, 2, 1977–1978, pp. 426–442.

77   *Rape Crisis Center Report*, London 1977.

기도, 생각하기도 어려운 일이다. 현재 구타당한 아내를 위한 쉼터 네트워크가 존재한다는 사실, 그리고 아이를 데리고 있는 여성이 가정폭력으로 집을 나온 경우 지방정부가 숙박시설을 제공해야 한다는 규정이 생긴 것은 가장 절박한 현실문제에 처한 여성들을 도울 수 있다.[78] 집 외에 살 곳을 찾기 어렵다는 점은 가족이라는 작은 감옥을 구성하는 견고한 장벽 중 하나지만, 그 외에도 많은 여성들의 탈출을 가로막는 눈에 보이지 않는 장벽들이 존재한다.

폭력과 강간은 대부분의 사람들이 가족생활의 일상적 경험이라 생각하지 않는다. 그러나 실제로 폭력과 강간은 가정에 대한 장밋빛 사회적 이미지보다 훨씬 더 흔한 일이다. 그것은 사람들이 가족 안에서 얼마나 취약한 상태에 놓여 있는지를 냉정하게 보여주며, 또한 어떻게 여성이 남성보다 가족에 더 사로잡히는지를 드러낸다. 남성도 때로는 가족을 정신적 감옥으로 경험하지만, 보통 그들은 자기가 원할 경우 인생의 운전대를 꺾어 벗어날 기회가 훨씬 더 많다. 구타를 당하거나 심리적으로 학대받는 아이들 역시 학교생활이나 집 밖 친구들과

---

78 최근 발전 과정에 대한 유용한 논의로는 Val Binney, "Domestic Violence: Battered Women in Britain in the 1970s", in the Cambridge Women's Studies Group, *Women in Society: Interdisciplinary Essays*, London 1981을 볼 것.

어울림처럼 도망갈 곳이 있다. 그러므로 자신의 모든 일과 감정적 만족의 중심을 집과 가족에 두도록 기대되는 여성들이야말로 가장 극심하게 유폐된 집단이다.[79]

감옥에서의 일상적 체제가 강간과 폭력의 드라마만은 아니다. 그것은 간수가 다른 중요한 일을 하는 동안 고독한 감방에 갇혀 노동하는 기나긴 시간이다. 그것은 "시립 아파트의 오후 5시 45분"처럼 만화에서도 흔한 소재다. 50개의 똑같은 상자에서 여성들은 각자 아이들에게 줄 생선 스틱을 튀기고, 아기를 목욕시키며, 더러워진 옷을 세탁기에 넣고, 남편의 차에 곁들일 감자 요리를 위해 껍질을 벗긴다. 모두가 똑같지만, 모두가 고립되어 있다. 만약 여자가 집 밖에 직장일이 있더라도 가사노동에 많은 시간을 투여해야 하는 건 마찬가지다. 공유되지 않기에 사회적으로 보상받지 못하는 노동, 우애적 관계로도 위로받을 수 없는 노동으로 점철된 많은 시간들 말이다.

억압적인 것은 집안일 자체의 특성이 아니라 집안일의 다양한 책임을 혼자서 단조로이 해야 한다는 점에 있다. 많은 여자들이 일주일에 한 번씩 수 마일을 마다않고 아이들 놀이모임에 가는 이유는 아이의 계속되는 질문과 요구 없이 1시간이

---

79 Annike Snare and Tove Steng-Dahl, "The Coercion of Privacy", Carol Smart and Barry Smart, eds., *Women, Sex and Social Control*, London 1978을 볼 것.

라도 혼자만의 시간을 갖기 위해서다. 노인이나 중증 장애인을 돌봐야 하는 사람들이 공통으로 갖는 불만은 자기 시간이 전혀 없다는 점이다. 게다가 일터가 곧 집이어서 일을 끝내지 못했다는 심리적 압박에서 벗어날 독립적인 여가 공간도 없으니 철저하게 갇힌 경험이 전부다. 물론 대부분 여자들이 일생 중 상당 부분을 나가서 일하거나 집 밖에서의 유대나 관심사를 발견하기도 한다. 그러나 대개 남자보다는 여자가 가족 일에 매이며, 가사 책임을 지는 사람이기 쉽다. 아이가 어리거나 돌봄이 필요한 노인이 있을 때 직업을 포기하는 것은 남자보다는 여자다.

엄밀하지는 않지만, 설명이 필요한 두 가지 대조적인 통계적 사실이 있다. 하나는 남자가 여자보다 형사범으로 유죄 판결을 받는 비율이 높으며, 다른 하나는 여자가 남자보다 우울증과 신경정신 질환으로 치료받는 일이 많다는 것이다. 그 과정을 정확히 설명하긴 어렵지만, 이런 상관관계가 어떤 식으로든 남녀가 공적·사적 생활에서 서로 다른 관계를 맺고 있다는 사실에 뿌리를 둔다는 결론을 부인하기는 어렵다. 남자들은 여자보다 더 많은 공적 영역에 위치하고, 더 적극적으로 사회통제 기술에 저항하며 충돌한다고 분석되기도 한다. 이에 비해 여자들은 '사생활권의 강압the coercion of privacy'에 종속되어 있으며,[80] 그것은 형법의 엄격함과는 얼마간의 거리가 있다. 정신적 질환의 경험과 행동과정, 치료와 처치과정은 형사사건 과정들보다 훨씬 복합적이다. 그 과정들을 '사회통제'로 묘사하는 것은 지나친 단순화다. 왜냐하면 그러한 접근은 정신적 질환으로 명명되는 행동이 개인 다양성의 자유로운 표출이며, 심리치료 과정은 단지 그들을 순응성으로 귀착시키는 기술이라는 함의를 갖기 때문이다.[81] 또한 정신적 질환 상태를 단지 고통의 척도로만 이해하는 것도 지나친 단순화다. 설명이 필요한 것은, 왜 집 밖에서 일하는 여성이나 미혼여성이 집에 속박된 아내들보다 우울증에 덜 걸리는가 하는 점이다.[82] 주부가 된다는 것이 여자들을 미치게 할 수 있다는 것은 분명한데, 왜 여자들이 분노나 반발보다는 우울증이나 '신경성' 질환을 경험하는지는 분명치 않다.

---

80 위의 책.

81 LJ. Jordanova, "Mental Illness, Mental Health: Changing Norms and Expectations", in Cambridge Women's Studies Group, pp. 95–114를 볼 것.

82 Hannah Gavron, *The Captive Wife: Conflicts of Housebound Mothers*, Harmondsworth 1966.

4. 여성의 일

현대 페미니즘이 대두한 지 10년이 지나자 여성의 가사 및 육아 책임을 여성억압의 핵심 계기 중 하나로 보는 견해가 보편화됐다. 1950년대 사회학자들이 좋아하던 '역할 분화role differentiation' 개념은 매우 불평등한 분업 이상의 아무것도 아니었다. 아내역할과 모성역할이란 결국 집안일이다. 어린 자녀를 둔 주부에 관한 앤 오클리Ann Oakley의 연구에 따르면, 휴식시간을 제외하고 장보기, 자녀돌봄 등을 포함해 주부들은 평균적으로 주당 77시간의 집안일을 하는 것으로 드러났다. 주부의 노동시간은 주당 48시간(전일제 취업자인 경우)부터 105시간까지 다양했다.[83] 노동절약적 가사설비와 조리식품, 기성복 이용도 가사노동 시간의 감소를 가져오지는 못했다. 그런 설비들은 오히려 해야 할 일의 기준을 높였다. 냉장고와 전자레

---

[83] Ann Oakley, *The Sociology of Housework*, London 1974, p. 92.

인지가 직장에서 귀가한 여성들이 냉장고에 남은 재료로 대충 한 끼 식사를 차려도 된다는 것을 의미하지는 않는다.

대체로 여자들은 집안일을 진짜 일이라고 정의하지 않으며, 즐기지도 않는다. 기껏해야 그에 대해 양면감정을 가진다. 앤 오클리의 발견에 따르면, 주부들이 집안일에 만족하지 못하는 주된 이유는 일 자체가 단조롭고, 반복적이며, 분절적이라는 데 있다. 집안일은 매우 다양한 종류여서 자녀돌봄이나 요리는 꽤 만족스러울지 몰라도 다른 일들은 그렇지 않다. 집안을 늘 깨끗이 유지하는 일과 자녀를 돌보는 일은 상충한다. 주부들은 장시간 일하고, 그것도 매우 밀도있게 일한다. 그것은 다른 성인들로부터 고립되어 홀로 하는 일이다. 집안일의 지위는 낮으며, 수혜자인 식구들조차 감사할 줄 모른다. 그들은 집이 쾌적하지 않거나 옷이 깨끗하지 않으면, 식사가 제때 준비되지 않거나 자신들에게 제대로 관심이 기울여지지 않으면 늘 불평한다.[84]

집안일의 여러 종류들은 그 자체로 충분히 억압적이지만, 특히 고립된 가족 속에서 수행할 때는 더욱더 그렇다. 그러나 가장 억압적인 것은 피할 길이 없다는 점이다. 여성은 취업이

---

84   위의 책; Oakley, *Housewife*, London 1974도 볼 것.

나 결혼 여부에 상관없이, 자녀 유무에 상관없이, 이 소명을 담당할 운명에 놓여 있다. 여성들이 집안일을 맡는 것이 꼭 결혼이나 재정 지원에 따른 것만은 아니다. 늙거나 병든 사람들 대부분은 집안일을 하고 자신들을 돌봐줄 여자 가족-딸, 조카, 어머니-이 있다. 사회서비스 기관들은 집안에 떠맡길만한 여자가 있는 한 책임지지 않으려 한다. 국가의 서비스 정책이나 소득유지 정책들은 다양한 방식으로 여성들이 도움이 필요한 사람들을 돕고 집안일을 하는 것이 운명이라고 가정하거나, 그렇게 주장한다.[85]

이러한 주장에 숨은 것은 집을 돌보는 일이 여성성의 자연스러운 속성이라는 가정이다. 바느질과 걸레질을 하고, 기저귀와 침대보를 갈고, 밀가루가 떨어지지 않게 준비해두고, 적자가 나지 않게 가계를 꾸리는 일은 당연히 여자의 일로 생각한다. 여자들이 그 일을 제대로 처리하지 못하면 비난받지만, 남자들이 그 일을 하면 칭찬받는다. 어린 시절 그런 기술을 배우고 싶어 하지 않는 소녀들은 자연스럽지 않다고 여겨지지만, 그런 행동을 보이는 소년들은 부자연스럽지는 않더라도 조금 특이하다고 생각된다.

---

[85] Hilary Land, "Who Cares for the Family?", *Journal of Social Policy*, vol. 7, part 3, 1978; Elizabeth Wilson, *Women and the Welfare State*.

여성을 집안일과 자연스레 연결하는 근간은 모성에 있다. 출산과 수유라는 생물학적 사실은 명백한 불가피성을 갖고 자녀돌봄에 대한 책임, 어머니와 유아 사이의 밀착된 친밀성, 따뜻한 유대관계로 이어진다. 또 이것이 자연스럽게 확대되어 아기에게 먹일 음식을 사거나 조리하고, 아이 옷을 빨고, 다친 곳을 치료해주고, 숙제를 도와주고, 치과에 데려가고, 십 대 자녀들에 생기는 문제들을 상의하며, 자녀가 결혼하면 자녀의 남편이나 아내를 환대하고, 손자녀에게 할머니 역할을 하는 것까지로 발전하는 것은 굳이 설명할 필요조차 없는 일로 여겨진다. 그러나 모성신화myth of motherhood에 대한 글을 읽어보면 알 수 있듯이, 그동안 집안일과 여성의 연결이 너무나 당연하고 자연스러워서 굳이 설명할 필요가 없는 문제라고 여겨진 이유는, 그 연결은 철저히 분석되기만 하면 곧바로 해체될 만큼 취약한 것이기 때문이다.[86] 여성문제는 슐라미스 파이어스톤이 전복시키기를 희망했던 (그리고 우리가 기술을 통제할 수 있다면 해결될) 생식의 독재tyranny of reproduction가 아니다. 문제는 차라리 모성의 독재다.

이러한 언명은 많은 여자들이 너무나 분명하게 어머니가 되

86　모성신화에 대한 초창기 정리는 Ann Oakley, *Sex, Gender and Society*, London 1972, pp. 128-136을 보라.

기를 희망하고 선택하는 현실에서 이상하게 들릴 수 있다. 그러나 그들이 선택할 수 없는 것은 모성이라는 늪에 빠져 허우적대지 않을 수 있도록 돕는 사회적 환경과 지지세력이다. 엄마가 되는 것과 자기가 바라는 어떤 사람이 되는 것 사이에는 자주 긴장이 발생해서 둘 중 하나라도 제대로 누리기 어렵다. 진정으로 아이를 원하면서도, 다른 모든 것을 포기하지 않고 아이를 가질 수 있는 사회적 상황을 만들지 못하기 때문에 아이를 갖지 않기로 하는 여성들도 있다. 그러나 더 많은 여성들이 자녀가 아니라 직장이나 다른 계획들을 포기한다. 여성들은 보통 자녀와의 관계에서 많은 것을 보상받는다고 생각하지만, 동시에 그것이 너무나도 많은 것을 요구하는 일이기에 좌절을 경험하기도 한다. 외부 지원이 거의 없는 고립된 사적 가족의 맥락에서 이루어지는 모성은 그 자체로 짐이 되기 쉬우며, 여성들을 집이라는 덫에 걸리게 하는 중요한 수단이 된다. 처음에는 요리나 청소를 똑같이 나눠서 하던 부부들도 아이가 태어나면 거의 그렇게 하지 않는다. 여자가 어린아이를 보기 위해 집을 지키게 되면, 당연히 그래야 하는 것처럼 가사관리도 맡는다. 그녀가 나중에 직장에 복귀하면, 그때는 집안일과 직장일의 이중노동을 한다. 남성은 식구들을 부양할 돈을 벌어야 하므로 마땅히 집안문제에 신경쓸 시간이나 에너지가 없다. 그녀를 집과 가족에 붙드는 매듭은 점차 강해진다. 그런 상황이 아주 보람차다면 운이 좋은 사람이겠지만, 불운하게도 그렇지 않은 여성들도 있다. 대부분의 경우 여성들은 자기를 묶어두는 것이 다름 아닌 아이에 대한 사랑이기 때문에 심각한 양면감정을 느낀다. 이것이 바로 우리가 모성의 독재tyranny of motherhood라고 말할 때 의미하는 바다.

반면 남성들은 보통 어떻게, 얼마나 육아에 개입할지 선택할 수 있다. 남성들 역시 일정 부분을 맡을 것으로 기대되나, 외부 권위자나 최종 조정자 역할로서만 그렇다. 남성들 중 상당수가 여유가 있을 때 아이들과 놀아주지만, 일상적으로 수행해야 하는 육체적·감정적 돌봄에 대한 책임은 맡지 않는다.

남성들도 여러 가지 집안일을 한다고 얘기하곤 한다. 선반을 달거나 고장난 것을 고치고, 자동차를 손보며(그렇게 함으로써 그 차는 그들의 차가 된다), 은행 계좌나 대출금을 신경쓴다. 그러나 남자들이 하는 일의 대부분은 여자도 할 수 있거나, 실제로 여자들이 자주 하는 일이다. 반면 여자들이 옆에 있을 때 남자들이 거의 하지 않는 여러 가지 집안일이 있다. 그것들은 별로 품위 있는 일로 여겨지지 않는 종류의 일이다. 집에서 주로 하는 일이 무엇이냐는 질문에 대한 남녀의 대답을 조사하면, 남자들은 여자들이 평가하는 것보다 더 많은 일을 자신들이 한다고 주장한다. 남자들이 하는 일은 대체로 다소 자발적인 성격의 일이다. 예컨대 조립형 가구를 사와서 완성하는 일 등이다. 이런 일은 취미로 여겨지기도 하는데, 그들이 스스로 선택한 시간에 할 수 있기 때문이다. 실제로 항상 해야만 하는 집안일에 대한 남성들의 기여는 종종 아내를 '돕는' 것으로 여겨진다. 그 일은 원래 여자 몫인데, 자기가 시간이 있거나 원할 경우 도울 수 있다는 뜻이다. 여성에게 그 일은 피할 수 없는 노동이지만, 남성에게는 그렇지 않다.

집안일에 대한 여자들의 헌신은 남자들의 직접적인 지시에 의해 부과된 것이 아니다. 오히려 남자들은 식사가 제때 준비되고 갈아입고 나갈 옷만 있으면, 집안이 깨끗하거나 정돈이 잘되어 있는지 알아차리지 못한다. 집안일의 정치학이 갖는 가장 큰 문제 중 하나는, 그것이 기준의 문제라는 것이다. 즉 여자들이 남자와는 다른 방식으로 집안일을 하는 가장 주된 이유는 청결에 더 예민하고, 더러움이나 지저분함을 더 못 참아내도록 길러졌다는 데 있다. 주부들을 인터뷰한 연구자들이 가장 놀라는 점은 다음 두 가지다. 주부들이 자기 일에 절대 만족하지 않는다는 사실,[87] 그러면서도 그것에 집착을 보

---

87 Lee Comer는 "주부들의 불만을 예상하기는 했지만, 그렇게 많은 슬픔과 고통과 환멸이 있으리라고는 꿈에도 생각해본 적이 없었다"고 쓰고 있다(*Wedlocked*

인다는 점이다. 리 코머Lee Comer의 언급에 따르면, 그녀가 인터뷰한 "주부들 대부분은 '먼지 한 점 없이' 깨끗한 경우에도 늘 '집안꼴'에 대해 미안해했다."[88] 코머의 분석에 따르면, 주부들은 자신이 하는 집안일의 유일한 합리성 평가 기준을 실제적이든 가상적이든 다른 여자들에게서 오는 외부의 도덕적 압력에 두기 때문에 스스로 거기에 묶이곤 한다는 것이다. 그는 만일 주부의 일이 사적이라는 이유로 "전적으로 실용적인 방식으로 자기만의 독특한 기준을 고집한다면, 그녀는 자기중심적이고 비도덕적이라는 사람으로 치부될 위험에 처한다"고 말한다.[89]

여성들의 집안일에 대한 과도하게 높은 기준은 단지 자기 생활상황의 산물은 아니다. 그 기준은 세대를 걸쳐 전수된 것이기도 하다. 역사적으로 그 기준은 학교, 가정에 대한 선전, 사회사업가 등에 의해 창조되고 강화되어왔다. 오늘날 그것은 여러 미디어, 특히 광고에 의해 촉진된다. 분리된 소규모 가구에 대한 끊임없는 선전은 소비를 증대하고 더 많은 상품 수

Women, Leeds 1974, p. 280).

[88] 위의 책, p. 92; Ann Oakley는 *Housewife*에서 주부들의 가사노동이 얼마나 강박적인지도 썼다.

[89] *Woman's Own*, 1975.

요를 유지하려는 자본가들의 지속적인 노력을 실현하는 이상적 통로가 되어왔다. 각 가구의 중심인물로서 여성들은 집의 상태나 가구, 스타일 등 모든 면에 깊은 관심을 기울여야 한다. 그녀는 자기 집이 다른 집과 비교해 어떠한지 예의 주시해야 하며, 다른 집보다 약간 나으면서도 다르지 않을 것을 목표로 삼아야 한다. 그러나 그녀가 이 목표를 달성한다면, 그것은 자본의 경제적 이해에 봉사하는 것일 뿐만 아니라, 계급투쟁이 아닌 경쟁과 질투, 생활양식의 차이에 의해 나뉘는, 외면상 균질적인 인구집단 양산에 기여하는 것이다.

가족 안의 성별분업을 종식하고 남자들을 일상적인 집안일에 참여시키기 위한 투쟁은 남자들의 기생적인 게으름과 으레 못할 것으로 치부된 무능력을 바꾸어내는 것이다. 그러나 그 투쟁은 '내가 하는 게 차라리 편하다'는 식의 난감한 의식을 깨고 나오는 것을 의미하기도 한다. 이런 멘탈리티는 그것이 여자의 일이며, 남자가 그 일을 할 때조차 어떻게 하는 게 가장 잘하는 것인지 여자가 더 잘 안다는 인식에 기초한다. 이것이 그동안 새로운 역할 공유에 대한 목표를 세우는 일이나 그에 대한 동의여부에 참여하지 않았던 남성들로부터 수동적 저항이나 거만한 침묵을 초래하는 이유가 되기도 한다. 그러나 이런 사고방식이 근거 없이 형성된 것은 아니며, 단순히 의지와 노력으로 없어지는 것도 아니다. 우선 집안일이나 요리, 자녀돌봄 등은 대부분 여자들이 일생에 걸쳐 완벽하고 철저하게 훈련받은 복합적인 작업이다. 집안일에 대한 여자들의 태도가 때로는 집착적이기도 하지만, 그들이 집안일에 적용하는 원칙들은 대개 합리적이고 경험에 뿌리를 둔 것이다. 더구나 여자들이 집안일에 감정적으로 헌신하는 것은 결혼과 가족, 가정생활이 자신이 선택할 수 있는 가장 현실적인 대안이었던 상황에 따른 결과이기도 하다. 젊은 여성들이 가진 카드에서 가장 좋은 패는 대체로 아내가 되는 길이다. 그들의 말처럼, "여자가 남자와 똑같은 월급을 받는 가장 쉬운 길은 그 남자와 결혼하는 것이다."

집안일을 살피고 사람을 돌보는 일과 여성성 사이의 명백하게 불가분한 연결은 가족에 뿌리를 두지만, 사실 그 이상의 문제다. 가족 안의 성별분업에 도전하는 것은 여성에게 지워진 여성성의 억압적 성격에 도전하는 일이다.

5. 작은 권력과 사회적 권력

가족 내 분업은 남성들이 가진 더 큰 권력과 연관되어 있다. '평등주의 가족'이나 '역할 공유 가족 sharing family' 같은 당대의 수사법에도 불구하고, 그리고 부권 paternal power과 남성적 권위의 좀 더 분명한 공식적 표명들이 사라졌음에도 불구하고, 근대 가족은 여전히 심오하게 불평등한 현상이다. 임금소득자와 그 남자의 의존자, 즉 돈을 벌어오는 남편과 가사노동에 기여하는 아내라는 원칙은 평등한 두 사람 사이의 분업이 아니라 불평등 교환이며, 그 교환을 지배하는 것은 남자의 이익이다.

권위와 자존감, 존경과 굴종 등 눈에 보이지 않는 것들은 제외하고, 가구 내에서의 재화와 서비스의 분배 같은 측정 가능한 것만 보더라도 다음의 사실들이 명백히 드러난다. ① 여성이 하는 집안일로부터 남성들이 얻는 이득은 남편이 부인에게 제공하는 지원보다 크다는 점, ② 남편의 지원은 매우 가변적이고 그 양 또한 남편의 호의에 달려 있다는 점, ③ 공유된 소비에 대한 결정은 종종 남편의 의사 위주로 행해진다는 점이다.

① 아내가 제공하는 수많은 서비스의 (개방된 시장에서의) 화폐 가치를 계산하면, 그 양은 남편이 지급할 수 있는 범위를 크게 벗어난다. 최근 한 조사에 따르면, 주부들은 일주일에 평균 7일(일요일 하루만은 6시간 30분 정도로 상당히 가벼운 편이긴 하지만)을 전일제 고용상태로 일한다. 또한 주부의 다양한 가사 내용을 원가계산 담당자, 식당 접객원, 세탁부, 보모, 청소부 등으로 나눠 각기의 임금률로 환산하면, 주당 204파운드, 연봉 10,600파운드가 된다.[90] 주부가 하는 집안일의 노동시간과 노동조건을 입주 가정부를 둔 경우와 비교해 보더라도(물론 대부분 남성은 그것을 감당할 능력이 없지만) 남자들은 자신들이 지급하는 것보다 훨씬 나은 거래를 하는 셈이다.

혼자 벌어 아내를 부양하는 남자들은 자기가 받는 혜택에 대해 정당하게 지불한다고 말할지 몰라도, 요즘처럼 아내도 밖에서 일정한 소득을 벌어 집안 살림에 쓰는 경우라면 이는 틀린 말이다. 만약 부인이 남편 수입의 절반쯤 번다면, 그녀는

---

[90] Legal and General Assurance의 갤럽여론조사, *The Times*, 11 November 1981.

가정의 총수입을 증가시키면서 남편이 그녀의 서비스에 대한 대가로 지급한 돈의 절반은 갚는 셈이다. 그러나 그녀의 집안일은 그 절반만큼 줄어들지 않는다.

가사 서비스는 시장의 상품과는 아주 다르며, 남자들이 아내의 서비스를 이용하는 거래 절차도 시장에서의 그것과는 다르다. 거래의 득실관계가 언제나 명백한 적은 없다. 남자들은 자녀가 세차하거나 심부름하면 돈을 준다. 그러나 아내가 거실을 청소하고 자신을 위해 차를 만드는 일에 대해서는 지급하지 않는다. 친족에 기초해 형성된 가구는 이런 공짜 가사 서비스가 가능한 유일한 장소인데, 그것이 친족 및 결혼과 연관된 사랑과 의무에 기초해 제공되기 때문이다. 가족은 경제원칙이 아니라 애정원칙에 따라 운영되기에 가족의 따뜻한 품에 경제적 타산을 개입시키는 것은 신성 모독죄에 해당할 수 있다. 하지만 그렇게 한번 대입해보자. 그러면 불공정한 교환의 현실이 여실히 드러나고, 많은 신비한 성스러움이 그렇듯, 가족이라는 신성한 결합 역시 일상적 착취를 은폐하고 있을 뿐이라는 사실을 깨닫게 된다.

② 과연 결혼의 이상적 모델이 제시하는 것처럼, 남성들은 자기 수입을 아내와 공유하는가? 많은 자료들이 그렇지 않다

는 것을 보여주는데, 아내가 그에 대해 할 수 있는 일은 거의 없다. 가족마다 가족 내 재정적 배치를 조절하는 방식은 너무도 다양해서 일반 법칙을 말하기는 어렵다. 하지만 이런 다양성이 존재한다는 것 자체가 남편이 자기 수입 중 얼마나 공유할지에 대해 결정권이 크다는 사실을 암시한다.

과거 영국 노동계급 사이에서 광범위하게 사용됐고 지금도 여전히 스코틀랜드와 영국 북부에서, 특히 아내가 수입이 없고 남편이 소득이 낮은 가정에서 흔히 남아 있는 재정방식으로 '갖다 바치기tipping up'가 있다.[91] 이것은 남편이(이전에는 직업이 있고 함께 사는 딸들과 아들들도) 월급을 봉투째 아내에게 넘겨주고, 일정한 액수의 용돈을 아내로부터 타 쓰는 방식이다. 이 체제는 노동계급의 건전한 공유의 전통을 보여주는 증거라고 주장되곤 한다. 그러나 사실 이것은 임금소득자에게는 순전히 개인 지출을 위한 돈을 확보해주는 반면, 주부에게는 가족 모두를 위한 지출에 필요한 몫만을 남겨주는 방식이다.

널리 퍼져 있는 또 다른 유명한 체계는 아내가 집안 생활비

---

91   J.E. Todd and L.M. Jones, *Matrimonial Property*(OPCS Survey for the Law Commission), London 1972; A. Gray, "The Working-Class Family as an Economic Unit", 미간행 박사논문, University of Edinburgh 1974.

92를 받는 것이다. 생활비는 보통 주당 가구 지출의 총량 정도로 주어지는데, 남편은 아내에게 생활비를 주고 남은 소득을 자신이 원하는 대로 쓸 수 있다. 반면 아내는 자신이 원하는 것이 있으면, 생활비를 절약하거나 남편에게 따로 요구해야 한다. 이 체계는 섭섭한 감정과 원망만을 극대화하기 위해 고안된 것 같다. 매달 급여가 들쭉날쭉한 남성은 어떤 주에는 자기 용돈이 확 줄었다고 느낄 것이며, 여성들은 자기가 받는 생활비로는 치솟는 물가를 따라잡을 수 없다고 생각할 것이다. 여성들은 종종 남편 수입이 얼마인지조차 모르며, 실제로 남편의 급여 상승이 생활비 인상에 자주 반영되지 않는다는 증거도 있다.**93**

월급이 현금이 아니라 은행으로 직접 입금되는 경우에는 남자들이 가구 지출 일부를 맡기도 하는데, 집세나 대출금 상환 같은 비교적 덩치 큰 비용과 전기요금이나 가스비 등을 처리한다. 그렇게 되면 생활비로 주어지는 액수가 상당히 적어진다. 실제로 남편과 함께 슈퍼마켓에서 일주일치 장을 한꺼번에 보고 남편이 수표로 결제하는 방식이 퍼지자 극단적인

92　〔역주〕 저자들은 이것을 'housekeeping allowance', 즉 '살림수당'이라는 용어로 표현한다.

93　*Woman's Own*, 1975.

경우 남편이 아내에게 현금을 한 푼도 줄 필요가 없는 경우까지 생긴다.**94**

이 모든 돈 관리방식에서 가장 나쁜 점은 여성의 이익과 가족의 이익이 뒤섞여진다는 것이다. 아이들은 자기 용돈을 갖고, 남성도 자기 용돈이나 월급의 나머지를 갖지만, 여성들은 살림살이에 쓸 돈만을 가져야 한다. 그녀가 '자기에게' 쓰는 모든 돈은 아이들 음식이나 옷을 위해 쓸 수 있는 돈에서 나온 것이다. 실제로 1964년까지만 해도 여자들이 생활비를 절약해 모은 돈은 법률적으로 남편 것이었다. 지금은 그런 경우 두 사람에게 평등하게 속한다고 되어 있지만, 대부분은 이를 잘 모른다.**95** 사실 법 조항이 어떻든 간에 그렇게 모은 돈에는 모호한 무언가가 있는데, 앤 화이트헤드Ann Whitehead가 "모성적 이타주의maternal altruism"라고 불렀던 이데올로기를 생각한다면 말이다. 거기서 엄마는 언제나 '가족'이나 '아이들'을 우선에 두고 그들을 위해 돈을 쓰며 만족할 뿐, 자신을 위한 소비에서 만족을 얻지 않는다.**96** 여자들이 새 옷을 사는 것은 '자신을

94 Jan Pahl, "Patterns of Money Management Within Marriage", *Journal of Social Policy*, vol. 9, part 3, 1980, p. 326.

95 Todd and Jones, p. 31.

96 "'I am Hungry, Mum': The Politics of Domestic Budgeting", Kate Young, Carol Wolkowitz and Roslyn McCullagh eds., *Of Marriage and Market*,

응원하기' 위한 것으로 생각되어 여자들의 자신을 위한 소비는 죄의식을 유발하지만, 직업이 있는 남자들에게는 업무시간을 버티기 위해 자기만의 용돈, 담뱃값과 술값이 필요하다는 식이다.

③ 수입 전부를 한군데 모으는 것은 분명 가장 진보적이고 평등한 방식이라고 할 수 있다. 이것은 임금이나 월급을 부부 공동계좌나 한 주머니에 모은 후, 가족 공동의 것이든 개인의 것이든 간에 모든 지출을 충당하는 방식이다. 『포로가 된 아내』*The Captive Wife*[97]에서 한나 개브론Hannah Gavron이 인터뷰한 전업주부들을 보면, 남편이 '중간계급'인 경우에는 56%가, '노동계급'인 경우에는 77%가 남편이 정기적으로 주는 돈이 생활비를 겨우 충당할 정도라고 얘기한 것으로 나타났다. 그러므로 수입의 부부 공유는 화이트칼라 계층에서 더 빈번한 현상으로 보이는데, 흥미롭게도 남자 혼자 벌 때보다 부부가 맞벌이할 때 더 그러하다. 그러나 이처럼 명백히 평등한 상황에서도 소비 결정이 어떻게 내려지는지에 따라 모든 것이 달라진

London 1981, p. 107.

97 London 1966.

다. 사실 의사결정의 권력은, 유일한 혹은 주된 수입원이 되는 사람에게 있다. 모든 결혼관계에서 현실적 고려와 감정적 고려가 뒤섞여 있을 수 있으나 결과는 늘 명백하다.

부부가 수입을 한군데 모으는 경우에조차 중요한 것은 남편이 자기만의 돈을 갖는다는 사실이다. 수입이 합쳐지지 않는 경우에는 보통은 남편 수입으로 집세나 난방비, 식품 구입비, 불가피한 외식비 등 이미 정해진 고정적 '필수' 비용을 충당하고, 아내 수입은 그 외 '기타'의 것에 사용된다.[98] 이런 방식은 현실적으로 여자의 소득이 남편보다 훨씬 불안정하므로 남편 수입만으로도 살림이 된다는 것을 확인한다는 의미에서는 합리적일 수 있다. 그러나 그러한 방식은 아내가 전적으로 의존적이지 않은 경우에조차 밥벌이하는 사람과 그에 대한 의존자라는 관념을 유지시키는 효과를 낳는다. 사실 아내가 벌어들이는 '소소한 돈'은 개인적으로 쓸 수 있는 남는 돈이 아니라 가족의 생활수준을 유지하는 데 들어가는 돈이다. 많은 가족들이 그것 없이는 빈곤선 이하로 떨어질 것이다.

선의와 진보적 외양은 여성의 경제적 의존이라는 사실에서

---

[98] Pauline Hunt, "Cash Transactions and Household Tasks: Domestic Behaviour in Relation to Industrial Employment", *Sociological Review*, vol. 26, no. 3, 1978, p. 569.

발생하는 권력의 차이를 제거하는 데 충분하지 않다. '자립하기'를 곧 '돈 벌어 오기'라고 보는 사회에서 무임노동으로 가구경제에 기여하는 것은 결코 여성에게 남성과 같은 권리를 줄수 없다. 게다가 만약 그가 선의나 진보적 외양이라도 없다면, 그녀는 오롯이 남편의 처분 아래 놓이게 된다.

우리는 남성의 가족 내 지배가 단순히 특정 사례에서의 경제적 불균형에 따른 결과라고 주장하고 싶지 않다. 만약 그랬다면 그것을 수정하기 위한 전략은 전적으로 여성이 남성과동등한 조건으로 취업하는 것에 달려 있을 것이다. 또한 이는여성의 산업 생산으로의 진출이 노동계급 남녀의 경제적 불평등을 종식시키며, 여성 종속의 근거를 소멸할 것이라고 본엥겔스의 견해였다. 그러나 엥겔스 시대 이후 역사가 증명한바에 따르면, 남성들은 산업 생산 내에서, 그리고 산업과 가족 사이에서 성별분업을 구축할 수 있었으며, 그 결과 자본주의적 산업 고용이 엥겔스가 기대한 거대한 평형추가 되는 것을 막을 수 있었다. 남성들은 좀 더 특권적인 직업 환경을 지키는 투쟁에서 성공해왔으며, 여성과 이주노동자에게 저임금의 불안정한 일을 남겨주었다. 여성의 임금 수준은 전일제 노동을 할 때도 남성 임금 수준의 일정 비율 이상을 넘지 못했다. 또한 남성들은 '전일제 노동'을 직장일과 집안일을 결합하기 어렵게 만드는 방식으로 규정했다. 그들이 합의한 노동시간과 노동조건은 장을 봐야 한다거나, 아이가 아플 경우, 집에서 세탁기 수리기사를 기다려야 할 때 등 수없이 다양하고 급한 집안일을 처리하기 위한 유급휴가권을 허용하지 않았다. 그러므로 남자들이 집안에서 행사하는 작은 권력은 더 넓은 사회에서 그들이 가진 권력에 의해 뒷받침된다고 할 수 있다.

많은 여성들의 경험은 부부의 수입이 비슷해도 남성들은 모든 종류의 비경제적 방식에서 지배권을 유지하고 있음을 보여준다. 지배와 굴종의 구조는 부양·의존과 같은 물질적 차원을 훨씬 넘는 것으로, 무의식, 섹슈얼리티, 사랑의 의식儀式, 행복감, 존경심, 구슬리기, 리더십 발휘 등과 같이 부부의 일상적인 상호작용을 형성하는 모든 영역에 걸쳐 있다. 여성해방운동의 의식고양 실천은 남성이 지배하고 여성이 굴종하는, 미묘하고도 당연시되던 숨은 방식들을 밝혀냈다. 그 가운데 가장 불편한 것은 우리를 누르는 억압에 취하는 공모의 형태다. 여성의 죄책감, 자신감 결여, 실력으로 얻지 못하는 것을 매력으로라도 얻으려 하는 태도, 이 모든 것들이 남성 권력의 손아귀에서 이용되고 있는 것들이다.

6. 성해방

결혼에서의 불평등한 권력은 점차 다툼거리가 되고 있는 남녀 섹슈얼리티 불균형의 근간이다. 생식행위를 모델로 한 성인의 이성애 관계는 다른 모든 형태의 성적 표현보다 특권화되어 있다. 일부일처제는 도덕적으로 승인된다. 과학과 통념적 상식은 한결같이, 남자의 성적 충동은 적극적이고 공격적이기에 한 사람에게 향하기보다는 난혼亂婚 지향적이라고 한다. 반면 여자의 성적 관심은 좀 더 약하고 분산적이며, 깊은 관계 맺음에 대한 감정 표현 방식의 일부로서, 여성 스스로 만들어내기보다는 남성의 성적 욕망에 반응해 나타난다고 본다. 심지어 여성의 섹슈얼리티가 임신과 모성에 더 밀접히 연결되어 있다고까지 믿는데, 이는 아무런 생물학적 근거가 없다. 성행위 시 남성의 오르가슴은 임신에 필수적이지만, 여성의 성적 쾌락은 어떠한 생식적 기능도 갖지 않는 게 사실이기 때문이다.

페미니스트들은 도덕적 '이중 기준double standard'의 비대칭성을 항상 인식해왔다. 이중 기준은 여성의 정숙을 명하면서 남성의 엽색을 용납하는 남성적 특권의 한 형태다. 이는 성매매를 조장함으로써 여성을 비하한다. 또한 여성들을 남성들이 접근할 수 있는 영원한 대상물로 만드는 동시에, 여성들이 그 접근을 영원히 격퇴해주기를 기대한다. 19세기에는 대다수 페미니스트들이 섹스를 교양있는 시민이라면 제어해야 할 원시적 충동으로 보는 경우가 많았다. 섹스는 에너지와 건강을 허비하게 하고, 성병을 퍼뜨리며, 원치 않는 아이를 만들고, 여성을 비하한다고 생각되었다. 그렇기에 당시 페미니스트들은 여성다움womanhood이 무성無性적인 것으로 그려져도 한탄하기는커녕 칭송해 마지않았다. 해결책은 남성 스스로 동물적인 충동을 자제해야 한다는 것이었는데, 그 극단적 표현이 "여성에게는 투표권을, 남성에게는 정조를"이라는 크리스타벨 팽크허스트Christabel Pankhurst의 간결한 슬로건에 압축되어 있다.99

영국의 초기 사회주의 사상에는 또 다른 전통이 있는데, 로버트 오웬Robert Owen의 공상적 사회주의 및 마르크스와 엥겔스의 사적 유물론의 자양분을 흡수한 것이다. 두 이론 모두 섹

---

99   *The Great Scourge*, London 1913. 초기 페미니스트들의 성에 대한 생각은 윅스의 책에 소개되어 있다. Jeffrey Weeks, *Sex, Politics and Society: The Regulation of Sexuality Since 1800*, London 1981, pp. 160-167.

슈얼리티의 기존 형태들을 사회적 질서의 산물로 보았다. 마르크스는 남녀의 성적인 관계맺음이 "인간의 *자연적* 행위가 *인간적* 행위로 되는 정도… 인간이 개인적인 동시에 사회적인 존재가 되는 정도를 드러낸다"고 썼다.[100] 공상적 사회주의도 일부일처제, 특히 불평등한 형태의 일부일처제의 문제점들을 신랄히 비판했으며, 인간의 삶이 교회나 국가와 같은 외부적으로 부과된 법이 아니라 개인의 결정에 의해 인도되는 사회주의의 빛나는 미래상을 설파했다. 사적 유물론은 각 역사 시기마다 고유한 생활방식과 가족형태가 있다는 신념을 만드는 데 기여했다. 엥겔스는 사유재산제도가 남성의 지배, 일부일처제, 결혼 해지의 불가능성과 결합해 있다고 주장했다. 그는 일부일처제도 경제적 고려로부터 분리되어 있다면 바람직할 수 있다고 보았으나, 궁극적으로는 사회주의만이 양성평등, 그리고 의미 없는 죽은 관계를 떠나 새로운 결합을 형성할 자유를 가져오리라 예측했다.[101]

몇몇 사회주의자들이 20세기 초 성개혁 운동과 출산통제

---

100 *Economic and Philosophical Manuscripts of 1844*, Moscow n.d., p. 101; Jeffery Weeks, *Sex, Politics and Society*에서 재인용. 이 책에서 제프리Jeffery는 성에 대한 사회주의자들의 입장을 흥미롭게 분석했다(pp. 167-175).

101 *The Origin of the Family, Private Property and the State.*

운동에 참여하긴 했으나, 영국 사회주의 전통에서 성적 자유지상주의sexual libertarianim가 우세한 적은 없다. 1904년 조지 아이브스George Ives는 다음과 같이 언급한 바 있다. "이 나라에는 이상한 종류의 '사회주의'가 있어서 기독교, 심지어 인습과도 연대한다. 그것은 현존하는 질서보다 더 가증스럽다. 내가 속하는 사회주의, 대륙의 수백만 강철 같은 인민이 고수하는 사회주의는 종교적 당파와의 타협, 기존 성도덕과의 타협, 계급체계와의 타협은 어떤 형태라도 전면 거부한다."[102] 많은 경우 섹슈얼리티의 정치학은 주류 정치학의 바깥에 머물러 있거나 섹스문제는 권력이나 경제와 같은 큰 이슈와 무관하며, 도덕성과 사생활에 관계된 것이라는 일반 통념에 의해 주변화되어 있었다. 새로운 여성해방운동New Women's Liberation Movement이 "개인적인 것이 정치적이다The personal is political"라는 슬로건 아래 깨부수려 한 것은 바로 이러한 통념이었다. 그들은 노동조합 회합이나 노동절 기념식과 같이 이전이었다면 가장 부적절하게 보였을 장소에서 폭력, 섹스, 임신중단, 피임 등을 끈질기게 문제 제기하기 시작했다. 그러나 이런 문제를 두고 단결의 목소리를 냈던 여성해방운동도 해결책에 관해서는 상

---

102 Letter to Janet Ashbee, 15 February 1904; *Ashbee Journals*, King's College, Cambridge. Weeks, p. 167에서 재인용.

대적으로 확고한 입장을 갖지 못했다. 한편에서는 포르노에 대한 전면 공격, 더 효과적인 성추행범과 강간범 처벌, 심지어 모든 이성애적 관계로부터의 철수와 같은 방식을 선호했다. 다른 한편 우리를 포함한 여러 사람들은 성적인 문제에 대한 해결은 남녀 권력관계의 근본적인 변혁 없이는 불가능하다고 보았다. 그러나 우리는 남성의 성적 본성을 포함, 인간 본성을 개선할 가능성에 대해서는 다른 사람들보다 더 낙관적이었다.

20세기의 성개혁 운동sex reform movement은 엄청나게 긍정적인 변화를 가져왔다. 오늘날 사람들은 19세기 사람들처럼 섹스에 무지하지 않다. 출산통제와 성병에 대한 지식은 섹스를 한층 즐거운 것으로 만들었다. 각종 성적 터부를 공략함으로써 사람들은 자위나 동성애에 죄의식을 덜 느낀다. 여성의 성적 쾌락은 이전보다 잘 이해되며, 바람직한 것으로 여겨지기도 한다. 빅토리아 시대의 성적 억압은 관용적인 태도의 물결 속에서 사라졌고, 섹스는 이제 솔직하고 자유로우며 진정으로 상호적인 것이 되었다고까지 믿는 사람들도 많다.

그러나 과연 얼마나 근본적인 변화가 일어났는가? 많은 개선에도 불구하고, 이성애 관계에서의 비대칭성은 여전하다. 남성들은 여전히 매춘 여성의 서비스를 구하고 기꺼이 돈을 내며, 기괴한 성적 환상과 페티시즘 충족을 요구한다. 여성을 성적 욕망의 대상으로 묘사하는 잡지, 영화, 비디오 등 급성장하는 포르노 산업에 엄청난 돈을 쏟아붓기도 한다. 각종 사교장이나 술집, 사업가들이나 노조원들의 회합에서는 일상적으로 여성의 스트립쇼가 여흥으로 제공된다. 남자들은 여전히 여자들을 강간하고, 아버지가 딸을 근친강간하기도 한다. 이는 결코 이전과 다른 모습이라고 할 수 없다. 성적 비대칭성은 과거만큼 크며, 여러 원시사회보다는 더 크다. 여자들은 더 이상 정절을 기대받지 않지만, 섹스는 여전히 남자의 방식으로 존재한다. 여성의 진정한 성적 향유는 남성들이 그녀들에게 요구하는 것과는 완전히 별개의 문제였던 것 같다. 자율성을 꿈꾸며, 성적 대상이기보다는 성적 주체가 되고자 했던 페미니스트적 이상과는 달리 '해방된 숙녀liberated lady'란 남자들에게는 침대에서 더 즐거운 상대를 의미할 뿐이었다. 엄격했던 규칙의 약화는 소녀들에게 성장의 불안을 더했을 뿐이다. 소녀들은 소년들이 성적으로 너무 쉽게 접근할 수 있는 존재가 될 때 사회적 위험을 느끼며, 반면 너무 접근해 오는 사람이 없으면 자신에게 관심이 없다는 생각에 걱정한다. 헤픈 여자와 매력 없는 여자, 아무하고나 자는 여자와 그러지 않는 정숙한 여자의 이분법적 구분은 오랜 역사를 갖고 있다.[103] 19세기의 양극단은 처녀와 매춘부, 성모 마리아와 막달라 마리아, 존중받는 여자와 타락한 여자의 구분이었다.[104] 그러나 소녀들은 심지어 그녀가 존중받는 부류에 속할지라도 분탕질에 농락당하거나 너무 빨리 승낙하는 건 아닐까 전전긍긍해야 했다. 그 시절 이후로 이분법의 경계가 많이 바뀌었다. 소녀들은 대개 오랫동안 관계를 유지했거나 서로 사랑하는 사이라면 남자친구와 잘 수도 있다. 허용치는 높아졌지만, 게임의 규칙은 기본적으로 같다. 남자들은 여자들이 잠자리를 허락하도록 몰고 간 다음 그녀를 비하한다. 여자들의 주된 관심은 자신이 무엇을 원하는지가 아니라, 어떻게 남자를 매혹하거나 거절할지 균형을 맞추는 데 있다.

이러한 성적 비대칭성의 기원은 자연적이라기보다 사회적이다.[105] 그것은 구애 과정과 결혼의 유형을 구성하는 일부분이다. 청년기의 긴 시험기간 동안 남자아이들은 성적인 즐거움을 추구할 수 있고, 남자임을 증명하도록 격려받는다. 나와 결

103　Celia Cowie and Sue Lees, "Slags or Drags", *Feminist Review*, no. 9, autumn 1981.

104　Eric Trudgill, *Madonnas and Magdalens*, London 1976.

105　Mary McIntosh, "Who Needs Prostitutes? The Ideology of Male Sexual Needs", Carol Smart and Barry Smart, eds., *Women, Sexuality and Social Control*, London 1978. 이 책 1장에서 자연적이라는 생각이 이데올로기적으로 사용되는 방식에 대해 논의된 바 있다.

혼하고 정착해서 집과 아이들을 돌봐줄 누군가를 찾아 헤맬 수도 있다. 그들에게 소녀들을 쫓아다니는 일은 쾌락을 추구하는 것이면서, 한때 놀기 좋은 여자와 진지하게 만날 여자를 분류하는 테스트 과정이기도 하다. 소녀들에게는 결혼의 필요란 훨씬 더 심각한 문제다. 결혼은 종종 여성이 미래에 대해 기대하는 중요한 일이다. 실제로 그것은 여성의 삶을 그녀의 남편 삶보다 훨씬 더 전체적으로 바꿔낼 것이다. 현실적으로 그녀가 높은 수입을 올릴 기회는 낮으며, 자기 수입에 대한 보충물로서의 결혼과 남편에 대한 의존은 그녀가 비혼일 때 기대할 수 있는 것보다 높은 생활수준과 안전성을 제공한다. 그러므로 어릴 때부터 소녀들은 이 목표를 위해 자신의 성적 행동을 조절해야 한다고 느낀다. 헤픈 여자라는 딱지가 붙으면 괜찮은 신붓감으로 진지하게 고려되지 않을 수 있기 때문이다. 소녀들은 평판이 나빠지고 자존심에 상처입을까 두려워 자신의 섹슈얼리티와 욕구를 탐색하거나 계발하지 못한다. 그녀의 행동은 언제나 잘 받아주는 여자인지 아닌지로 재해석되기 때문이다. 그녀의 성적 성취는 승리가 아닌 패배다. 그녀는 '아무나' 가질 수 있는 쉬운 여자, 남자의 욕망 대상이 된다. 그녀가 할 일은 호의를 적절히 배분하며 자신을 지키는 것이다. 기본적으로 불리한 상황이지만 약간의 통제력이라도 발휘하기 위해 그녀는 남자들의 접근을 슬쩍 피하거나 그들을 애태우고 속마음을 숨기는 방법을 배운다.

성적 허용의 시대가 도래했음에도 관계를 맺고 있는 두 사람 모두의 가치를 떨어뜨리는 이러한 유형 전체가 살아남아 있다는 사실은, 그것이 단순히 구식의 빅토리아 유물 이상의 것임을 의미한다. 양성 사이에 깊이 자리잡은 차이들은 세대에서 세대로 재생산되는 경향이 있는데, 이는 아이들이 서로 분화된 부모 한 쌍에 의해 길러지며, 그들의 성적 지향의 틀은 이미 어릴 적 부모와의 관계 속에서 형성되기 때문이다.106 그러나 우리의 불균형한 섹슈얼리티 패턴 또한 남성 권력과 여성 의존을 여전히 보존하고 있는 결혼 시스템의 불가결한 일부이기도 하다. 그러한 형태의 가족이 사라질 때까지 성적인 향유는 계속 남성의 특권일 것이며, 성적인 소유의 형태를 띨 것이다. 그러므로 분명히 말하건대, 초기 사회주의자들이 인식했던 것처럼 성적인 사랑을 경제적 유대로부터 분리해 그 자체로 융성할 수 있도록 할 필요가 있다.

공통적으로 가족 옹호자들은 우리 주변만 둘러봐도 결혼

---

106 여성성의 재생산에 대한 정신분석학적 해석을 보려면, Juliet Mitchell, *Psychoanalysis and Feminism*, London 1974, 그리고 Nancy Chodorow, *The Reproduction of Mothering*, Berkeley, California 1978을 참고할 것.

밖에서의 섹스가 결혼 내의 섹스보다 덜 만족스럽다는 것을 알 수 있다고 주장한다. 성매매, 포르노그래피, 미디어의 섹스화sexualization, 남성 동성애 상황이 보이는 여러 단면들, 그리고 이미 살펴보았던 십 대의 혼전 성관계 등이 모두 약탈적이고 비인간화된 남성 섹슈얼리티를 반영한다는 것은 진실이다. 그러나 그것들은 금지되었기에 불쾌한 것이지, 불쾌한 것이기에 금지된 것은 아니다. 만약 남성지배적 결혼 시스템을 위해 남성들의 이성애적 욕망만이 탐닉되거나 정당성을 부여받고, 반대로 여성의 욕망은 약하고 수동적인 것으로 구성되지 않았다면, 남성들도 굳이 성매매에 기꺼이 돈을 쓰지는 않을 것이다. 똑같은 원리가 포르노와 미디어에도 적용될 수 있다. 또한 이성애적 결혼이 사회규범에 의해 지나치게 특권화되면서도 사람들에게 스트레스를 주거나 매력 없는 것이 아니게 되면, 그래서 많은 사람들이 관습적 성패턴을 따르는 대신 조롱과 배척을 무릅쓰는 선택을 하지 않아도 되면, 동성애가 그토록 유별나고 게토화되지 않을 수 있다. 좀 더 온건하게 말하면, 사냥꾼과 사냥감, 소유자와 소유물의 구분을 연상시키는 적극성과 소극성의 이분법적 양극화는 남녀 간은 물론, 여성 간 혹은 남성 간의 모든 성적 관계에 스며들어 있다. 어떤 성적 관계도 결혼에 기초한 이 편재하는 이미지로부터 전적으로 자유로울 수 없다. 물론 결혼 안에서나 그 외 다른 장기적 관계맺음에서 때로 성적 상호성과 돌봄의 관계가 발전될 수 있다는 것도 진실이다. 그러나 이로부터 현대의 성적인 문제의 해결책이 결혼과 가족을 강화하고 섹스를 가정에 가두는 것이라고 결론내리는 것은 잘못이다. 바로 가족의 억압적이고 불균형적인 본성이 가족 바깥에 존재하는 그런 종류의 섹슈얼리티를 만들기 때문이다. 성을 결혼 안에 가두는 것은 문제에 대한 답이 아니다. 사회적 수준에서 볼 때 그 자체가 문제의 원인이다.

7. 가족이 얻은 것과 사회가 잃은 것

가족 밖에서 일어나는 일은 특권화된 제도로서의 가족의 존재에 의해 큰 영향을 받는다. 사회적 삶의 모든 면들은 사람들이 모두 가족을 이루고 산다는 전제에 입각해 있다. 그렇지 않은 사람은 고립되고 아무런 혜택을 받지 못한다. 비혼 남성과 비혼여성이나, 아이가 없는 커플에 대한 사회적 인식은 좋지 않다. 혼자 사는 사람들은 비정상적이라고 여겨진다. 대중적인 가족 이미지—어린 아이들이 있는 부부의 모습—는 끊임없이 정상성과 행복의 이미지로 제시된다. 그러나 사실 인구의 절반은 이런 상황에서 살지 않는다. 결혼하고 아이가 있는 사람도 오직 결혼 후 첫 16년만, 혹은 성인기의 약 20년 동안만을 부모·자녀가 함께 있는 가족 안에서 살아간다. 나머지 대부분의 삶은 어른들끼리, 혹은 혼자 살아가는 것으로 채워진다. 1979년 영국에서는 전체 가구의 23%가 단독 가구, 27%가 부부 가구였으며, 단지 31%가 자녀와 사는 부부로

나타났다.[107]

그런데도 가족의 이상he family ideal은 그것이 아닌 모든 것을 황량하고 만족스럽지 못한 것으로 만든다. 혼자 사는 사람은 종종 외로움을 느낀다. 가족은 자신들의 작은 가정생활 안에 단단히 둘러싸여 있어 다른 사람을 방문할 시간을 내지 못하며, 그들의 사회생활은 자신과 비슷한 사람들에 한정된다. 커플들은 커플들끼리 *어울리고*, 거기에 독신자들을 끼워 넣는 것을 어렵게 생각한다. 디너파티의 성비를 맞추려는 중산층의 관습은 독신자와 이혼자, 배우자를 잃은 사람에 대한 배제의 방식을 공식화한 사례다. 남녀는 소원해지는데, 특히 성적인 관계 바깥에서 그러하며, 이는 모든 연령대에서 유지되므로 노인들 사이에서조차 고립을 증대시킨다. 가족의 아늑한 이미지는 사람들이 섞여서 함께 살아가는 여타의 모든 방식들을 차선次善처럼 보이게 한다. 어린이집이나 보육원, 기숙사, 요양원, 양로원 등은 각기 다른 방식이긴 하지만, 황량함과 박탈의 상으로 그려지며, 일주일이나 1년 중 일정 기간 혹은 일생 중 짧은 기간만 머물거나, 정상적 가족생활이 불가능할 때만 가게 되는 최후의 수단처럼 여겨진다. 병원 사회복지

107　Central Statistical Office, *Social Trends 11*, London 1981.

사는 치료가 끝난 환자가 요양원보다는 딸이나 어머니, 아내에 의해 돌봄을 받기를 기대한다. 유아원 보모들은 존 볼비 John Bowlby의 이론으로 무장되어 어린아이는 종일 엄마와 함께 지내는 게 좋다고 믿도록 교육받는다. 노인시설은 더 이상 스스로 돌볼 수 없는 사람만을 위한 것으로 생각되어 거기 들어올 때는 모든 자율성을 포기할 것이 기대된다. 낡은 구빈법救貧法의 원칙, 즉 구제의 수준은 스스로 부양할 때 누릴 수 있는 수준보다 현저히 낮아야 한다는 '열등 처우less eligibility' 원칙이 새로운 영역에 적용됐다. 가족 밖에서 사는 것도 가능하긴 하지만, 가족 안에 사는 것보다 현저히 덜 매력적인 조건에서만 그렇다는 식이다. 그러나 꼭 그래야만 하는 건 아니다. 양로원이 레지던스 호텔이나 자치공동체처럼 될 수도 있다. 장애인시설은 다운증후군이 있는 십 대가 지내기에는 부모와 사는 집보다 훨씬 더 바람직할 수도 있다. 유아원이나 보육원도 협력과 동료애, 다양한 활동을 가능케 하는 긍정적 사회 경험을 제공할 수 있다. 가족에 대한 과대평가가 그런 생활들을 평가절하한다. 가족이 홀로 단물을 다 빨아 마시고, 다른 제도들의 성장을 가로막으며 왜곡시킨다.

생산과 모든 임금노동은 특정한 종류의 가족에만 들어맞게 조직되어 있다. 즉 아내가 가사와 가족 구성원 돌봄을 책임지고, 필요할 때는 남편 소득에 의존할 수 있는 그런 가족 말이다. 정규적인 전일제 직업 경험이 있는 주부나 부모라면, 직장 일이 가사 책임과 양립 불가능한 장소와 시간으로 짜여 있음을 발견할 것이다. 노동시간, 시장과의 거리, 휴식시간 등 모든 제도가, 살림과 아이를 돌보고, 장을 보고 요리하며, 가스 계량기 검침원이 오기를 기다리고, 자녀의 운동회에 갈 수 있는 부인을 둔 남자에 적합하게 되어 있다. 그러므로 그렇게나 많은 여자들이 직장을 구할 때 시간제 일을 선택하는 것은 놀랍지 않다.[108] 가공, 조립, 서류정리, 아이돌봄 등의 일을 맡아 집에서 돈벌이하는 여자들이 50만 명가량 된다는 것 역시 놀랄 일은 아니다. 많은 여성들이 가사 책임 때문에 노동시장에서 주변적 관계를 맺는다. 거의 모든 여성들이 노동시장에서 불리한 대우를 받으며, 이것이 그녀들이 결혼을 매력적인 대안으로 삼는 부분적 원인이 되고 있다. 괜찮은 수입을 올릴 기회가 적다면(실제로 전일제로 취업한 여성의 주당 평균임금은 남성의 63%에 불과하다[109]), 남성에 의존하는 것은 그것이 집안일에 대한 책임과 더 나은 수입을 올릴 기회의 제한을 의미할지라

---

108 EEC Labor Force Sample Survey, 1977. 이 보고서 〔표12〕에 따르면, 영국의 경우 남자는 2.3%에 불과한 데 비해 여자는 40.8%로 나타났다.

109 *New Earnings Survey*, 1978, Part A.

도 현명한 선택으로 보일 수 있다.

얼핏 보면 여성의 노동시장에서의 위치와 가정 내 위치가 잘 들어맞는 것처럼 보인다. 여성은 시간제 일을 하거나 임금 노동에 덜 참여함으로써 가정을 돌볼 수 있으며, 남성의 전일 제 노동은 의존적인 아내와 자식을 부양할 '가족임금'을 벌게 해주기 때문이다. 여성들이 생계비를 버는 일에서 불리한 대 우를 받는 것이 아니라 가족 상황에 맞는 방식으로 돈을 버 는 것이라고 말할 사람도 많을 것이다. "이 나라에서 결혼한 여성은 일차적으로 남편의 부양을 받는 것이 정상이며, 그래 서 여성들은 취업하지 않을 때 남편이 자신을 부양하기를 원 한다"[110]라는 것이 보건복지부 장관이 말하는 방식이다. 그러 나 정상이라고 가정한 이같은 의존 패턴이 사실은 하나의 신 화에 불과함을 깨닫는다면,[111] 기술훈련 기회가 드물고 취업 기회도 적으며 임금도 낮은, 이른바 여성들에게 적당하다는 패턴이 실은 가족신화의 위력에 의해 가능해진 속임수 이외에 아무것도 아님이 명백해진다. 이러한 속임수는 한술 더 떠 이

110 Brian O'Malley, letter to the Women's Liberation Campaign for Legal and Financial Independence, 1976.

111 Hilary Land, "The Myth of the Male Breadwinner", *New Society*, 9 October 1975.

제 여자들도 평등한 노동권을 획득했으니 남편들은 더 이상 아내를 부양할 책임이 없다는 주장에까지 이르기도 한다. 이혼 후 남편의 아내 부양 책임을 폐지하자는 이른바 이혼 정의 캠페인the Campaign for Justice in Divorce이 바로 그것이다.

이렇게 하여 얼기설기 엮인 카드로 만든 집house of cards이 세워졌다. 카드로 만든 그 의심스러운 집에서 가족의 신화와 현실은 각기 더 위태롭고 불만족스러운 이상 생성물異常 生成物들을 생산해 서로를 지지하는데, 각 생성물이 신화를 지탱하고 현실을 온존하는 역할을 한다. 가족을 둘러싼 세계는 가족이 그에 대항해 보호와 온기를 제공해야만 하는 거친 세상이 아니다. 오히려 가족이 외부세계로부터 안락함과 안전함을 빼앗은 결과 세상이 황폐해졌다는 것이 맞을 것이다. 즉 살풍경한 사회로부터의 보호라는 명목으로 요새를 쌓은 결과 사회가 살풍경해진 것이다. 가족은 실로 돌봄의 주된 행위자이지만, 돌봄을 독점함으로써 다른 형태의 돌봄 수행을 어렵게 했다. 가족은 실로 공유의 단위지만, 공유가 그 안에서만 일어날 것을 주장함으로써 다른 관계들은 돈만이 목적인 관계로 만들었다. 가족은 실로 친밀성의 장소지만, 가까운 친족관계에서의 친밀성에 특권적 지위를 부여함으로써 외부세계를 차고 냉담한 것으로 만들었고, 친족을 제외하면 안정적인 관계맺음과 신뢰가 유지되기 어렵게 했다. 만일 가족이 그것들을 자기만의 것이라 주장하지 않는다면, 돌봄과 공유와 사랑은 더욱 널리 확산될 것이다.

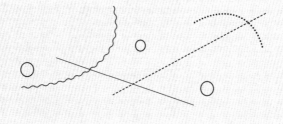

3장

당대 사회의 분석

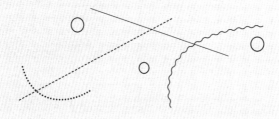

1. 가족을 해체하기

중요한 것은 '반사회적 가족'이라는 우리의 표현에 내포된 모호성을 인식하는 것이다. 우리는 가족들이 가진 모든 다양한 형태들로부터 식별 가능한 **가족***the*family을 도출해내어 그것이 본질적으로 반사회적인 제도라고 주장하는 것인가, 아니면 특정 유형*type*의 가족이 반사회적이라고 말하는 것인가? 이 질문에는 어떤 의미에서 '정답'이 존재한다. 가족이라고 뭉뚱그려지는 수많은 다양한 배치들arrangements로부터 분석적으로 파생되는 일반적 혹은 본질적 범주는 없으며, 따라서 우리가 가족에 대해 말할 때는 반드시 개별의 역사적·사회적 특정성을 지닌 가족형태를 언급해야 한다는 것이다. 이는 특별히 독창적이거나 혁명적인 통찰이 아니라 이런 문제들을 다루는 역사학자나 사회학자들 사이에 이미 널리 받아들여지는 생각이다. 가령 마이클 앤더슨Michael Anderson은 입문자를 위한 가족사 개론 서문에서 다음과 같이 지적하고 있다.

지난 20년간 밝혀진 확실한 사실 하나는 **서구 가족**_the western family_의 역사라든가 하는 단순한 역사는 존재할 수 없다는 점이다. 하나의 단일한 가족체계란 16세기 이래 존재한 적이 없고, 지금도 없기 때문이다. 서구 사회는 언제나 가족형태의 다양성, 가족기능의 다양성, 가족관계에 대한 태도의 다양성으로 특징지어졌다. 이는 통시적으로도, 특정 시간대에 초점을 맞춰도 마찬가지다. 따라서 가장 사소한 수준에서의 변이를 제외한다면, 소위 '서구적인' 가족 유형은 없다.**112**

물론 앤더슨의 지적은 옳다. 하지만 가족 연구자들은 그의 언명이 연구 자료를 개념화하고 해석을 제시하는 실제 과정에 적용되기 어려움을 깨닫는다. 사실 앤더슨의 책은 『서구 가족 유형들의 역사들에 접근하기-1500년에서 1914년까지』라는 제목이 붙여졌어야 정확할 것이며,**113** 그 내용 역시 투박할 정도로 현학적이어서 자주 인용되지도 않는다.

올리비아 해리스_Olivia Harris_는 이러한 문제가 오늘날 우리 문

---

112   _Approaches to the History of the Western Family 1500-1914_, London 1980, p. 14.

113   〔역주〕원래 앤더슨의 책 제목은 복수형이 아니라 단수형이다.

화와 의식에서 '**가족**the family'이 차지하는 더 넓은 이데올로기적 의미로부터 발생한다고 본다. 다음 지적을 보자.

> 가정 내 질서의 배치가 갖는 다양성을 모두가 잘 알고 있음에도 불구하고, 가정이라는 영역the domestic domain이 그토록 보편적이거나 널리 퍼진 제도인 양 취급되는 이유는 무엇일까? 동거하는 핵가족이라는 것이 역사적으로 특수함을 아는 사람들조차, 바로 다음 순간에 '정관사' **가족**'the' family이나 '정관사' **가구** 'the' household를 언급함으로써 은근히 보편주의 가정을 다시 도입하기 일쑤다. 인류학자인 나조차 작업하면서 이런 실수를 종종 저지르며, 그럴 때마다 도대체 이런 실수가 왜 이토록 쉽게 일어나는지 의아해하곤 한다. 한 가지 가능한 설명은, 분리된 사적 영역으로서의 가구라는 이미지가 당대 자본주의 사회조직에서 너무나 강하게 작동한다는 점에서 찾을 수 있다. 우리가 그 이미지를 그것과는 근본적으로 다른 구조를 포괄하는 것으로 확대하는 것은 그 때문이다. 우리는 완전히 다른 현실을 해석하기 위해 우리에게 익숙한 사유의 범주들을 사용하는 경향이 있으니 말이다.**114**

그러나 '**가족**the family'을 상세히 들여다보면, 그토록 널리 언급되는 자연적 단위라는 것이 실은 친족이나 결혼, 섹슈얼리티, 가구 규모, 가구 조직 등 구분되는 여러 요소들로 이뤄진다는 점, 그리고 그런 요소들 하나하나가 각각 내적인 다양성을 갖고 있음을 발견하게 된다. 나아가 가정적domestic이라 지칭되는 영역과 '공적(公的, public)'이라 간주되는 영역의 관계 또한 사회마다 다양하다. 가족 조직의 사회적 의미에 대한 숙고는 사회학과 인류학에서 중요한 초점이었을 뿐 아니라 페미니즘의 중심적인 정치적 관심사였다. 마르크스주의에서 반복해 등장한 주제이기도 하고, 역사 조사와 분석에서 활발한 연구 성과를 낳은 여러 하위 분야를 탄생시킨 주제이기도 하다. 문제에 접근하는 입장들이 다양한 만큼 제기되는 질문의 종류도 다양하며, 그에 대한 답변들을 체계적으로 비교할 수 있으리라 기대하기도 어렵다. 그러나 '가족과 사회'를 다루는 저작들이 독자에게 불러일으키는 수많은 모순과 갈등, 혼란이 단지 이것 하나만으로 설명될 수는 없다. 사실과 해석, 분석의 거의 모든 근본 지점에서 의견 일치를 발견할 수 없다. 각 저자들은 현미경 아래 놓인 대상의 −즉 가족의− 경험적 확실성

114　"Households as Natural Units", Kate Young, Carol Wolkwitz and Roslyn McCullagh, eds., *Of Marriage and the Market*, London 1981, pp. 50−51.

을 강조하지만, 독자들은 설명을 읽을수록 그들이 같은 것에 대해 말하지 않는다는 인상을 받을 뿐이다.

학문 분야로서의 가족사家族史에서 예를 찾는다면, 이 장 첫 머리에서 인용한 앤더슨의 입장이 피터 라슬렛Peter Laslett에 의해 전면 부정되는 사례를 들 수 있다. 라슬렛은 서구를 특징짓는 단일한 가족형태가 없다는 시각을 전혀 인정하지 않으며, 오히려 증거들을 볼 때 핵가족 형태가 지배적이라는 사실을 받아들여야 한다고 주장한다. 그의 저서가 출간된 이래 오랫동안 논쟁거리가 된 몇몇 역사적 증거에 기초해서 그는, 핵가족 형태로부터의 이탈은 국지적인 인구학적·경제적·인적 요소의 '우발적 결과'에 불과하다고 논한다. 라슬렛은 확대가족이란 사회학적 신화일 뿐이라고 주장하며, "현존하는 증거로 볼 때 가족 조직이란, 반대 사실이 증명되지 않는 한 언제나 변함없이, 핵가족이라고 할 수밖에 없다"[115]라는 명제를 제시했다.

앤더슨과 라슬렛은 영국의 가족사 연구를 대표하는 가장 영향력 있는 인물들이다. 비전문가 독자들을 혼란스럽게 하는 두 사람의 기본적 차이에 우리가 주목하는 것은 그 때문이다.

---

115 *Household and Family in Past Time*, London 1972, pp. x, 73.

도대체 이런 상황이 어떻게 가능한가? 한 권위자가 서유럽에는 '가족 유형'이 존재하지 않는다고 말하는데, 또 다른 권위자는 가족의 일반적 형태가 존재한다는 명백한 증거가 있다고 주장하는 것은 도대체 무슨 상황인가?

우리가 가족에 대한 상이한 설명들을 비교할 때 겪는 어려움은 일반적으로 가족이라는 용어에 담긴 현재적 의미가 너무나 광범하다는 데서 온다. 그러므로 여기서 『옥스퍼드 영어사전』Oxford English Dictionary이 제시한 가족의 정의를 살펴보는 것이 도움이 될 것이다. 여기 제시된 용례의 목록은 꽤 다양하고, 중요한 이유에서 예의 가족이라는 개념을 엄격히 규정할 필요가 있음을 보여준다. 거의 쓰이지 않는 것들을 제외하면, '가족'이라는 단어의 주요한 의미는 다음과 같다.

① 한집에 살거나 한 명의 가장家長 아래 사는 일군의 사람들로, 부모, 자녀, 하인 등이 포함됨.

② 실제로 같이 생활하는지에 상관없이 부모와 자식으로 구성된 집단. 광의로는, 혈연과 인척관계에 의해 가까이 연결된 사람들로 구성된 단일체.

③ 공동 조상의 후손 혹은 후손이라 주장하는 사람들로, 집안사람house, 일가친척kindred, 혈족lineage.

한편 '가족적인familiar'이라는 형용사의 의미는 다음과 같이 제시된다.

가족이나 가구에 속하는, 사적인private, 가정적인domestic, 친한friendly, 친밀한intimate, 길들여진domesticated, 서로 잘 아는well known, 일상적인ordinary, 통상적인usual, 소박한 homely, 솔직한plain, 이해받기 쉬운easily understood, 허물없는 unceremonious.**116**

이런 정의들로부터 우리는 '가족'이라는 용어가 근본적으로 모호함을 알게 된다. 가족이란 동거가족 가구의 구성원을 의미하는가, 아니면 결혼과 친족 유대를 통해 연결된 사람들을 의미하는가? 프랑스 역사가인 장 루이 플랑드랭Jean-Louis Flandrin 은 이 두 가지 의미가 과거에는 각기 분리된 것이었는데, 19세기 들어 농거하는 근친近親이라는 '가족'의 근대적 의미가 등장해 지배적이 되면서 서로 뒤섞였다고 한다.**117** 그러나 이 지배적인 의미도 현재의 뜻을 전부 포괄하지는 않으며, '가족'에 여전히 초기의 상이한 의미들이 함축되어 있다는 명백한 증

---

116   *New English Dictionary on Historical Principles*.

117   *Families in Former Times*, Cambridge 1979.

거가 있다. 우리는 가족을 가구로 보는 정의로부터, −하인들을 포함하는 좀 더 고전적인 방식은 잠시 제쳐두자− 가족이란 가정적인, 사적인, 친밀한, 서로 잘 아는, 허물없는 모든 것들의 자리라는 관념을 갖게 된다. 또한 가족을 결혼과 친족관계에 기초한 것으로 보는 정의로부터, 가족의 의미는 특정한 가정 배치를 초월하며, 좀 더 넓은 계보학적 정체화, 유전적 패턴, 혈족관계에 연관된 권리와 의무에 토대를 제공하는 것이라는 신념을 갖게 된다. 이처럼 울림이 큰 함의를 가진 용어가 지금과 같이 상징적으로 중요해진 것은 놀라운 일이 아니다. 그렇기에 가족에 대한 비판은 곧바로 일상적인 생활방식에 대한 비판이자 친족관계의 패턴과 그 의미에 대한 비판으로 받아들여질 수 있다.

가족이라는 용어의 사용법조차 제대로 규정하지 못하는 이같은 상황을 단지 기술적 혹은 학문적 어려움이라고 할 수만은 없다. 가구·섹슈얼리티·친족에 대한 분석들이 가진 수많은 모순들의 기저에는 가족을 제대로 정의하기 힘들다는 어려움이 있다. 이것이 바로, 이런 배치들의 역사에 대해 체계적인 이해가 발전하지 못했다는 불가해不可解한 실패의 근원이다. 가족의 다양한 정의들에서 나타나는 것처럼, 가구 조직에 대한 경험적 분석을 섹슈얼리티와 친족의 이데올로기적·정치적·도덕적·종교적 차원과 혼융하는 것은 심각한 해석의 문제들을 낳는다. 그렇다고 이것이 단순히 분석적인 난점만은 아니다. 분석은 가능한 한 다양한 배치들 중에서 어떤 것이 바람직한가와 연관된 정치적 입장 안에서 이뤄지기 때문이다. '가족'의 정의는 그 자체가 정치적으로 경합적인 정의이며, 바로 이 때문에 이를 논하는 학문적·역사적 시각들은 쉽게 격렬해진다. 현재로선 특정한 어떤 배치를 '가족'으로 규정하는 것의 정치적 중요성에 대한 논쟁이 두드러지지만, 사실 이러한 정치적 차원은 모든 수준에서의 토론과 해석에 얽혀 들어가 그것을 물들인다. **가족** the family '은 정확한 의미에서 이데올로기적 구성물이다. 그렇기에 우리는 '가족의 사회적 위치', '가족의 역사적 발달', '가족과 자본주의의 관계' 등의 주제를 토론할 때 각 분석이 어느 정도로 정치적·이데올로기적 관점에서 스스로를 구성하는지 살펴야 한다. 여기서는 지속적으로 토론 주제가 되어왔고, 상당히 대중적이며, 학문적 신뢰도 얻고 있는 두 개의 명제를 검토함으로써 이 문제를 다루고자 한다.

(1) '핵가족은 자본주의 생산양식의 기능적 요구에 잘 들어맞는다'

이 명제는 다양한 어휘들로 표현될 수 있다. 사회학에서는 언제나 '핵가족과 산업사회 사이의 기능적 적합성'이라는 형태를 취하곤 했다. 이는 자본주의에서의 가족을 이전의 가족과 대비하는 수많은 논의들을 포괄해 축약한 진술이다. 논의의 개요는 다음과 같다.

자본주의는 자본주의적 생산을 위한 노동자로서의 노동계급을 생물학적으로 재생산하기 위해 가족을 필요로 한다. 자본주의는 노동자들이 계급분화 속에서 재생산되게 할 필요가 있다. 봉건적 생산관계하에서 가구가 생산과 소비의 단위였던 반면, 자본주의에서의 가족은 주로 집 밖에서 생산된 재화들을 소비하는 단위다. 봉건 사회는 농민 대다수가 토지에 묶여 살았기에 확대가족 구조를 지탱할 수 있었으나, 자본주의에서의 임노동 수요는 소규모 가족들에 존재하는 이동성 높은 인구를 요구한다. 자본주의 가족의 많은 특징들은 이런 전환과 관련된다. 집과 일터의 분리는 여성과 출산·양육의 동일시를 초래했으며, 집을 사회적 생산의 공적 세계와는 구분되는 사사화私事化된 개인적 영역으로 발전시켰다. 여성(과 아이들)을 핵심 노동력이 아닌 부차적이고 유보적인 노동력으로 가정하고, 이렇게 사사화된 가족이 생계부양자breadwinner의 임금으로 부양되어야 한다는 인식이 유포됐다. 시간이 흐르면서 이 가족형태는 계급(과 젠더)에 따라 주어지는 기대에 적합하도록 어린이들을 사회화하는 과제에 숙달됐으며, 자본주의 이데올로기 전승이라는 보수적 역할을 하게 되었다. 노동의 공적 세계와 집에서의 사적 생활의 분할은 노동자 소외를 약화시키고, 자본주의 사회의 금전 유대적 성격을 보완하는 통합 기제를 제공한다.

복잡한 논의를 과도하게 단순화했지만, 이 요점들은 상당한 합의를 얻은 일련의 사고방식을 구성한다. 이 중 많은 부분이 공인된 진리로 제시되곤 하며, 토론 전제로 도입되기도 한다. 이 요점들을 하나하나 분석해 모순적인 증거들과 이론적인 약점을 제시하는 것도 가능하지만, 그런 식의 전체 검토는 이 책의 범위를 벗어난다. 그러므로 여기서는 토론을 위해 가장 흥미 있는 문젯거리 일부를 다루는 데 그치려 한다.

우선 우리가 읽는 모든 글이 자신 있게 언급하는 확대가족에서 핵가족으로의 이행이란, 사실 어떤 결정적인 경험적 증거로도 뒷받침되지 않았다. 피터 라슬렛은 산업화 이전 영국 가족은 항상 핵가족이었으며, 가구 규모는 16세기부터 19세기 말까지 평균 4.75명을 유지했다고 주장한다. 그는 확대가족이라는 관념은 사실에 존재한다기보다는 사회과학자의 마

음속에 존재하는 일종의 이데올로기라고 간주한다. 우리가
무지한 사회학자 프레데릭 르 쁠레Frederick Le Play의 저작을 비판
없이 읽거나 '우리가 잃어버린 세계'를 되찾으려는 모호한 욕
구를 가질 때 나타나는 그런 이데올로기 말이다.[118] 한편 이
런 저작 못지않게 열정적으로 서술된『동부 런던의 가족과 친
족』이라는 고전적인 연구도 있는데, 이 책의 저자들은 확대
가족이 ─그들 자신에게도 놀랍게─ 1950년대에도 베스널 그린
Bethnal Green 지역에서 여전히 건재했다고 한다.[119] 영과 윌모트
Young and Wilmott의 발견은 3세대 가족이 흔한 현상이며, 어머니
들과 딸들, 그리고 손자들 사이의 관계가 가족생활의 중요한
조직 원리가 되는 공동체를 그려냄으로써 핵가족이라는 가정
에 도전했다. 그러나 이는 단지 사회과학자들이 이름 붙인 그
대로의 핵가족 가구the nuclear family households로 살지 않는 사람들
이 보여주는, 좀 더 일반적인 패턴일 뿐이다. 여기서 필연적으
로 통계 해석의 문제, 가구와 가족의 관계라는 문제가 제기된
다. 예컨대 '가족'의 의미가 바뀌고, 그런 가구들 사이의 관계
가 상당히 변화하는 동안에도 평균적인 가구 규모는 일정하

---

118 Peter Laslett, *Household and Family in Past Time*, and *The World We Have Lost*, New York 1965.

119 Michael Young and Peter Willmott, London 1957.

게 유지될 수 있다.

많은 고전적 (대부분의 사회과학적, 마르크스주의적인 사상에서는 고전적인) 분석의 다른 측면에서도 경험적 난점이 발생한다. 가족은 주로 소비의 단위인가? 1970년대 가사노동의 정치경제학에 관한 수많은 연구들에 따르면, 분명한 사실은 집에서 상당량의 *생산production*이 수행된다는 것이다. 그러므로 높은 소비 수준을 유지하기 위한 가족의 역할이 중요하다 해도, 생산이 가정 영역으로부터 완전히 떨어져 나갔다고 말할 수는 없다.

핵가족 형태의 가족은 노동의 이동성을 촉진하는가? 이 질문은 역시 우리의 바람보다 더 진부하고 모순적인 분석틀로 보인다. 아마도 한 시기에는 그랬을 수 있지만, 이제 노동 이동성은 전혀 다른 이유로 불이익을 받고 취약해진 노동자 집단과 관련이 있다. 이주노동자들은 (19세기 잉글랜드 아일랜드 출신 노동자든, 오늘날 유럽의 '게스트-노동자'든) 임금소득자로 고용됨으로써 야기된 박탈과 분리로부터 자신의 가장 작은 핵가족조차 지키기 어렵다. 실제로 이런 노동자들의 일반적인 생활을 보여주는 고전적인 예는, 뿔뿔이 흩어진 가족이 임금은 집으로 송금하고 자신은 노동자용 막사나 여인숙에 묵는 것이다. 그러나 다른 한편 우리는 모든 노동자 중 가장 취약한 집단, 즉 작업 개수당 지불되는 매우 낮은 임금을 받으면서 일하는 기혼여성 가내노동자의 초과착취 상황을 만들어내는 것이 바로 핵가족에 기초한 가구의 비이동성 그 자체라는 사실을 반드시 인식해야만 한다.

이런 질문들에 기초해 우리는 다시 물을 수 있다. 과연 집home과 일work은 어느 정도로 분리됐는가? 최근 페미니스트들은 둘 사이에 지나치게 엄격한 구분을 세우는 데 도전해왔다. 예컨대 레오노어 다비도프Leonore Davidoff는 19세기에 하숙을 치는 일 같은 특정한 형태의 '중간적 사업'이 매우 흔했음을 지적한다.[120] 또한 현재의 경기후퇴로 인한 비공식 경제의 성장으로, 현금 수입을 위해 하는 일과 비현금 형태라 생각되는 가족-가구 일의 구분이 점점 흐릿해졌다. 젠더 분업을 놓고 보면, 집과 일 사이에는 많은 연속성이 존재한다. 샐리 알렉산더Sally Alexander나 다른 페미니스트들이 지적했듯이, 여성의 유급노동은 가구 내에서 전통적으로 여성들에게 맡겨온 과업들의 성격으로 인해 그것의 연장으로 간주될 수 있다.[121] 좀 더

---

120 "The Separation of Home and Work?", S. Burman, ed., *Fit Work for Women*, London 1979.

121 Sally Alexander, "Women's Work in Nineteenth-century London", Mitchell and Oakley, eds., *The Rights and Wrongs of Women*.

최근의 페미니스트들은 젠더 정체성들이 일터로 단지 이전해 들어갈 뿐만 아니라 남성성과 여성성의 규정을 통해 일터 자체에서 창조되고 구조화되며, 남성성과 여성성의 규정이 다시 가정 내 젠더의 의미로 피드백된다는 점을 강조한다.[122]

이런 논의에서 제기되는 가장 어렵고도 복잡한 질문 중 하나는, 자본주의와 가족의 사사화privatization가 서로 연결되어 있다는 명제를 우리가 얼마나 받아들여야 하는가의 문제다. 일라이 자레스키Eli Zaretsky와 다른 연구자들은 가정 영역 안에 개인적인 영역이 구성된 것이 자본주의하에서 일어난 변화라고 본다.[123] 여기에는 감정성emotionality의 고조, 관계맺음에 대한 더 중요해진 투자, 깊어진 내적 성찰과 자의식이 포함된다. 이는 에드워드 쇼터Edward Shorter의 주장처럼, 이전의 중매혼 개념이 점차 낭만적 연애에 의한 선택으로서의 결혼 개념으로 발전하는 것과 관련될 수 있으며,[124] 통상 자본주의의 특징으로 간주되는 더 일반적인 개인주의 경향의 일부일 수도 있다. 우연은 아니겠지만, 자레스키와 쇼터의 테제는 서로 다른 이유

---

122 Cynthia Cockburn, "The Material of Male Power", *Feminist Review*, no. 9, 1981.

123 *Capitalism, the Family and Personal Life*.

124 *The Making of the Modern Family*, London 1976.

에서 논쟁적인 주장임이 드러났다. 마이클 앤더슨이 명명한 이른바 '심성사心性史'학파 역사가들도 자신들의 주장을 확실히 증명하기 어렵다는 점을 깨닫고 있다. 당대 주체들의 태도, 인성적 특성, 의식도 분석하기 어려운데, 우리 자신의 주관성이나 개념적 범주를 증거에 투사하지 않을 수 없는 역사적 시기에 대한 분석은 얼마나 더 어렵겠는가.

사私와 공公의 구분은 중요하며, 자본주의 생산의 특성이 가정 영역과 사회 영역 사이의 분리를 –창출하지는 않는다 하더라도– 강화한다는 논의는 적절하다. 그러나 이 구분을 결정적인 것으로 보는 것은 위험하다. 사회세계가 침입하지 못하도록 엄격한 장벽을 가진 사사화된 공간으로서 '가족the family'의 구성은 자본주의 사회의 주어진 조건이라기보다는 오히려 이데올로기적인 과정이다. 리처드 세넷Richard Sennett은 이를 다음과 같이 관찰했다.

사적 가족에 관한 저술들에서 너무 자주 전제되는 것은, 사사화가 그 목표를 달성할 수 있으며, 사회 안에 자기감정 표현을 풀어놓을 수 있는 숨겨진 작은 공간을 만들고 싶어 하는 사람들은 누구나 그렇게 할 수 있다는 가정이다. (…) 그런 시도는 지속해서 실패하는데, 낯선 세계는

집 안에서도 집 밖에서만큼 우리의 삶을 조직하기 때문이다.[125]

그러므로 사사화의 의미와 억압성을 분석할 때는 적어도 이론 수준에서라도 역사적·이데올로기적으로 구축된 구분을 재생산하지 않을 필요가 있다. 공과 사의 구분은 분석 대상이 되어야지, 개념적 도구가 되어선 안 된다.

특정 가족형태와 특정 생산양식의 기능적 관계성을 주장하려는 시도의 주된 문제점 중 하나는, 그러기 위해 자명한 단일체unity로서 이데올로기적으로 구성된 가족을 먼저 인정해야 한다는 점이다. 그렇게 되면 '전前자본주의적 가족'을 이상화하거나 자본주의의 모든 해악을 '자본주의적 가족'에 투사하는 경향이 나타난다. 이 가상적 단일체를 해체하려면 여러 과정이 필요한데, 우선 친족, 섹슈얼리티, 가구의 배치들을 문화적·계급적으로 다양한 것으로서 엄밀히 분석할 필요가 있다. 가족에 대한 어떤 서술도, 영국과 같은 다문화사회의 모든 계급에서 진실일 수는 없다. 이런 점에서 가족형태를 특정 계급과 민족에 따라 구체적으로 연구한 최근 저작들은 대단히 홀

---

125 "Destructive Gemeinschaft", Robert Boocock et al., eds., *An Introduction to Sociology*, London 1980, p. 109.

류한 성과다.[126]

　'**가족**the family'의 해체는 가족에 대한 자본주의의 '모순적 효과'로 이해되어온 현상의 해명에도 빛을 던져준다. 가족 이데올로기에 대한 줄리엣 미첼Juliet Mitchell의 숙고는 그러한 모순 몇 가지를 확인해준다.

　　그러므로 개인주의, 자유, 평등과 같은 가족의 이데올로기는 사회적·경제적 현실이 그런 개념들과 불화하더라도 남아 있을 수 있다(자기 집에서 당신은 '당신 자신일 수' 있을 테니까). 가족의 이데올로기적 의도와 사회경제적 토대 사이의 모순은 전자가 거짓임을 의미하지 않는다. 가족은 사회조직의 가장 근본적인(가장 초기의 원형적인) 형태다. 그러나 자본주의의 가족은 봉건제하에서 경제적 기능이었던 것을 이념적 이상으로 구현하도록 만들어짐으로써 고질적인 모순을 발생시켰다.[127]

126　Mary Ryan, *Cradle of the Middle Class: The Family in Oneida County, New York, 1790-1865*, Cambridge 1981. 그리고 Verity Saifullah Khan, ed., *Minority Families in Britain*, London 1979와 같은 모범적인 연구를 볼 것.

127　*Woman's Estate*, Harmondsworth 1971, pp. 156-157.

아이린 브뤼겔Irene Bruegel은 가족의 경제적 차원과 이데올로기적 차원의 구분을 다음과 같이 정교화했다.

> 자본주의는 가족을 파괴하는 경향과 유지하는 경향을 모두 갖고 있다. 여성, 특히 노동계급 여성에 대한 억압은 바로 이 모순 안에 있으며, 이것이 상황을 유동적이고 비결정적인 것으로 만든다.[128]

모순이라는 관점에서 이뤄진 분석은 아주 작은 기능적 관계성에 의지한 안일한 설명보다 확실히 만족스럽다. 그러나 우리는 그런 모순들이 자본주의 생산관계의 동학 안에서 생성되는 것인지, 아니면 가족을 어떤 단일화된 범주로 인식한 결과인지 질문해야 한다. 만약 **가족**the family이 이질적 배치물들의 변화하는 체계에 부과된 이데올로기적 단일체라고 한다면, 그런 배치들에 대한 자본주의의 작동에서 모순이 발견되는 것은 놀랍지 않을 것이다.

이런 모든 질문들은 단순히 기능주의적일 뿐 아니라 극도로 본질주의적인 '**가족**the family' 개념의 난점들을 보여준다. 핵가

---

[128] "What Keeps the Family Going?", *International Socialism*, 2, 1, 1978, p. 12.

족 형태가 자본주의 생산양식에 적합하다는 가정이 여러 문제를 일으키는 까닭은, 모든 기능주의적 정식화가 필연적으로 의심을 불러올 수밖에 없기 때문이 아니라, 그것이 지배적 형태로서의 핵가족 유형의 경험적 존재를 당연시하고, 그 가족형태에 거짓된 단일성과 정합성을 부여하기 때문이다. C.C. 해리스 C.C.Harris의 다음 서술은 우리가 제기한 문제를 잘 요약한다.

'산업화'와 같은 또 다른 과정이 영향을 끼칠 수 있는 '가족' 일반이란 것은 없다. 소비 단위로서의 가족이 발달한 것이 '산업화' 확산의 원인이 되지 않은 것처럼, '산업화'가 '가족'으로부터 생산적인 경제 기능을 박탈한 것이 아니다. (…) 산업화가 확대가족을 '분해'했다는 모든 논의가 경험적·철학적 난센스라는 것을 알기 위해 굳이 역사적 지식과 개념적 유능함을 갖췄다는 마르크스주의자가 되어야 하는 건 아니다.[129]

---

[129] "The Changing Relation between Family and Societal Form in Western Society", Michael Anderson, ed., *Sociology of the Family*, Harmondsworth 1980(개정 2판), p. 405.

(2) '가족은 쇠퇴해왔으며, 이제 가족이 했던 일의 대부분은 국가가 수행한다'

이 명제는 자본주의와 핵가족에 관한 명제보다 더 직접적인 정치적 기반을 갖지만, 그와 동일한 사고 계열의 일부를 구성한다. 이 명제는 사회제도로서의 가족 발전이, 국가가 순응적인 노동력 재생산 문제들에 개입하기 쉬운 사사화된 핵가족 형태로의 궤적을 갖고 있다고 간주한다. 가족이 국가에 의해 '접수'되고 있다는 증거는 대개 두 개의 범주로 제시된다. 첫 번째는 그런 경향을 탄식하는 사람들이 제시하는 증거로, 이혼과 사생아의 증가, 가족 가치의 쇠퇴라는 가정假定이다. 두 번째는 더 널리 받아들여지는 것으로, 환자와 노인 및 실업자 보호와 어린이 교육에서 국가 급부의 역할이 증가하고 있다는 것이다.

이 주제를 둘러싼 논쟁은 기반이 잘 다져져 있어 새삼 자세히 살펴볼 필요도 없다. 하지만 안목을 갖추려면 다음 두 가지 요점이 강조되어야 한다. 첫째, 가족과 국가에 관한 모든 분석은 예외 없이 특정한 정치적 입장에 연결되어 있다. 둘째, 가족과 국가의 관계가 제시되는 방식은 **가족**the family'이 무엇을 표상한다고 생각되는지에 따라 달라진다. 이 문제는 명백해 보이지만, 매우 중요하다. 우리는 "사실과 가치에 대한 상호

연관된 주장의 세트"[130] 논의를 위해 데이비드 모건David Morgan 이 세운 네 개의 입장부터 숙고해볼 수 있다. 모건은 다음 네 가지 옵션을 제시했다.

① 가족은 쇠퇴하고 있고, 이는 사회적으로 유해하다.

② 가족은 쇠퇴하고 있고, 이는 인류 진화상 이롭거나 자연스러운 단계다.

③ 가족은 쇠퇴하고 있지 않으며, 이는 이로운 일이다.

④ 가족은 쇠퇴하고 있지 않으며, 이는 사회적·개인적으로 유해하다.

모건에 따르면, 주된 토론은 도덕주의자들의 입장이자 '대중적' 시각이라 생각되는 ①번과, 사회학자들의 주요 주장인 ③번 사이에서 벌어진다. ②번과 ④번 주장은 상대적으로 주변적이다.

이런 방식으로 보면, '가족 쇠퇴' 논쟁의 핵심에는 가족이 도덕적 가치의 장소라는 주요한 전제가 있다. 도덕주의자들과 사회학자들의 입장은 가족 도덕성family morality을 어떻게 정의할

---

[130] D.H.J. Morgan, *Social Theory and the Family*, London 1975, pp. 88-89.

것인가의 문제에서 갈라진다. 이를 잘 보여주는 고전적 예가 로널드 플레처Ronald Fletcher의 사회학 대중서 『영국의 가족과 결혼』The Family and Marriage in Britain인데,131 이 책은 당대의 가족이 과거보다 엄청나게 진보했다고 본다. 건강과 교육을 책임지는 데 있어 가족의 어깨가 가벼워지고, 이혼이 가능해짐으로써 결혼이 훨씬 대중적이고 안정적이게 되었으며, 여성과 어린이에게도 훨씬 덜 억압적이게 되었다는 것이다. 즉 당대의 가족은 상대적으로 높은 생활수준을 제공함으로써 가정에서의 따뜻한 애정적 관계맺음이라는 기본 책무를 더 잘 수행할 수 있는 좋은 환경이 됐다는 것이 그의 주장이다. 플레처는 가족이 성적인 관계맺음, 부모되기, 단란한 가정 꾸리기를 더욱 만족스럽고 평등하게 충족할 수 있는 수단이 되었다고 믿는다. 이런 '사회학적' 시각은 기독교적인 가족 가치 및 가족의 도덕적 권위를 지지하는 도덕주의자들과 조화를 이루는 면이 있다. 의견이 달라지는 점은, 무엇이 도덕적 가치를 구성하는가다. 플레처와 그의 노선을 따르는 사람들은 '**가족**the family'이 따뜻한 인간적 관계맺음을 표상한다고 본다. -즉 가족을 애정과 감정의 자리locus로 생각한다. 그러므로 이들은 가족이 애정보다는

---

131   Harmondsworth 1966.

권위를, 아이들이 욕망과 무관하게 따르도록 사회화되어야 할 행동 규약을 표상한다고 보는 사람들과는 의견을 달리한다.

가족이 무엇을 표상하는지에 대한 상이한 시각은 가구로서의 가족이 갖는 의미로 다시 거슬러 올라간다. 가족에 대해 애정이 아닌 경제의 관점을 취하면, '가족기능들'이 국가에 의해 흡수됐다는 주장은 훨씬 더 그럴듯해진다. 여기서 결정적으로 중요한, 그리고 상당한 정치적 반향을 가진 질문은 임금노동으로 자신을 부양할 수 없는 사람들에 대한 경제적 책임을 누가 질 것인가라는 문제다. 2장에서 언급했듯이 좌파는 그것이 국가의 책임이어야 함을 꾸준히 주장해왔고, 우파는 이런 요구에 저항하면서 가족이 책임지도록 노력해왔다. 우리가 가족을 이런 식으로 개념화한다면, 양로원이나 병원, 장애인시설의 폐쇄를 둘러싼 정치적 투쟁들에서 알 수 있듯이 국가와 가족은 서로 기능적 대안이 된다.

가족이 무엇의 표상인가에 관해 이 외에도 많은 가정과 논의가 있지만, 이 장의 나머지 부분에서는 그중 두 가지만 상세히 논한다. 첫째로 살펴볼 것은 크리스토퍼 라쉬의 시각으로, 그는 플레처학파의 자유주의와 현실순응주의를 노골적으로 거부한다.[132]

이른바 가족의 여러 기능이라는 것들은 사실 하나의 통합된 체계를 형성한다. 그러므로 가족기능의 다양성을 운위하면서 그중 몇몇은 쇠퇴하고, 몇몇 중요성은 증대한다고 말하는 것은 부정확하다. 중요하고 유일한 가족기능이란 사회화뿐이다. 만일 집에서의 보호, 일, 일을 위한 교육기능이 모두 제거된다면, 아이는 더 이상 그의 부모와 동일시하거나 과거와 같은 방식으로 그들의 권위를 내면화하지 않을 것이다. 그가 부모의 권위를 내면화할 수는 있겠지만, 그 방식은 결코 과거와 같지 않을 것이다.[133]

최소한 이 논의는 상쾌할 정도로 단호하게 쟁점들—가치평가적인 것까지 포함한—을 분명하게 제시하며, 이는 라쉬 저작의 장점이다.

둘째, 우리가 가족의 핵심적인 중요성이 젠더 정체성과 젠더화된 주체성의 구성에 있다는 시각을 채택한다면, 가족과 국

---

132 [역주] 플레처학파란, 앞서 언급한 로널드 플레치 부류의 학자를 의미한다. 이들은 가족이 쇠퇴한 것이 아니라 역사적으로 진보했다고 주장하며, 가족을 따뜻한 인간적 관계맺음의 표상, 애정과 감정의 핵심 장소라고 본다.

133 *Haven in a Heartless World*, New York 1977, p. 130.

가에 관한 질문에 대한 우리 대답은 달라질 것이다. 여성성과 남성성의 생산을 가족의 중심 과업으로 볼 경우, 이 과정들과 국가의 관계에 대해 꽤 다른 결론에 도달하게 되기 때문이다.

앞서 논의한 가족 쇠퇴 명제에 대해 나올 수 있는 반응의 범위를 살펴볼 때, 사람들은 그들이 가족이라는 용어에 부여하는 의미에 따라 그 명제에 다양한 방식으로 동의할 것이 확실하다. 여기서 우리는 다시 한번, '**가족**the family'이란 진정한 지시대상이나 의미에 동의할 수 있는 성질의 용어라기보다는 하나의 구성된 실체라는 문제에 봉착한다. 가족을 '본질적인' 가족의 관점에서 사유하려는 경향이 심각한 이론적 문제와 혼란을 일으킨다는 점이 이제는 널리 인식되지만, 이에 대한 해결책은 그리 정확하게 떠오르지 못하고 있다. 자크 동즐로Jacques Donzelot가 최근 저작에서 취한 접근방식은 가족과 국가의 문제를 다룰 때 이런 이론적 난점들을 피해갈 수단으로 많이 거론됐다. 가족 구성론을 유일하게 옹호하는 그의 작업은 좀 더 상세히 살펴볼 가치가 있다.

동즐로의 『가족의 감호』는 1977년 프랑스에서 처음 출간됐고, 영국에서는 1980년에 발간됐다.[134] 이 책은 요약하기 어

---

[134] *La Police des Familles*, Paris 1977; *The Policing of Families*, New York 1979, London 1980(Robert Hurley 번역). 런던판 참조.

렵고, 중립적 독자가 객관적으로 서술할 수 있을 만한 주장을 담은 텍스트도 아니다. 이 책에 대한 설명은 그것을 읽은 사람의 생각을 반영하며, 우리의 설명 역시 예외는 아니다. 동즐로의 책은 가족 논의에 꼭 따라다니는 인본주의, 도덕주의, 주관주의, 문화주의, 본질주의를 명시적으로 거부한다는 특징이 있다. 그는 가족을 미리 주어진 이론적 혹은 역사적 틀에 끼워 맞추기보다는 푸코의 미시사적micro-historical 방법을 적용해 가족이 얽힌 다양한 실천 속에서 그것이 존재하는 방식을 서술하려 한다. 동즐로의 방법과 문체가 가진 매력은 그가 자기 입장을 아리에스Ariès 및 플랑드랭학파와 대비해 개진한 영국판 서문에서 잘 드러난다.

우리는 가족을 논의의 출발점이나 명백한 현실이 아니라 움직이는 결과물, 불확실한 형태-이 형태를 이해하는 것은 이것과 사회·정치적 수준이 맺는 관계들의 체계를 연구해야 가능하다-로 봄으로써 이런 위험을 피하려 한다. 이는 우리에게 두 개의 등록부register135 사이에 존재하는 모든 정치적 매개들을 탐구하고, 그 교차들이 놓인 공간에서 여러

---

135 〔역주〕 동즐로는 움직이는 결과물로서의 **가족**the family의 궤적, 그리고 그것과 관계맺는 사회·정치적 수준의 궤적을 모두 일종의 등록부로 인식한다.

전환의 노선들을 확인해낼 것을 요구한다.**136**

가족을 주어진 제도로 보지 않고 교차들intersections의 장소로 특징짓는 동즐로의 방식은 급진적이고 해체적이다. 동즐로의 책이 가장 골몰하는 문제는 '사회적인 것the social'의 영역이 구성되는 방식인데, 그 영역은 가족과 관련해 서술되는 일련의 과정 속에서, 그리고 그것을 통해서 구성된다. 이 책의 텍스트는 두 가지 중요한 의미에서 '해체적'이다. 즉 그것은 가족이라는 단일한 관념을 거부하고 계급 차이의 작동에 상당한 주의를 기울이며, 부르주아 가족 실천을 구성하는 과정이 노동계급 가족의 과정과 상당히 구분된다는 점을 강조한다. 동즐로는 자신이 기능주의적 마르크스주의 시각의 특징으로 여기는 점들 또한 거부하는데, 그것은 가족을 퇴보적인 제도로 보고, 사람들이 그 속에서 하는 많은 투자들을 '허위의식' 또는 이데올로기로 보려는 경향을 말한다.

『가족의 감호』를 지배하는 두 개의 상호연결된 테마는 주인공으로서의 가족 소멸, 그리고 사회적 영역의 창조다. 동즐로는 *가족들*families의 통치로부터 *가족*the family을 통한 통치로의

136　*The Policing of Families*, p. xxv.

변화를 서술한다. 그는 앙시앵 레짐**137**하에서의, 즉 18세기 중반의 가족은 공적인 권력의 연장선에 있었다고 본다. 가구의 우두머리, 즉 가장은 '정확히 그의 권력이 공적 질서의 요구 조건과 일치하는 만큼' 자기 가족에게 권력을 행사했다."**138** 가장이 가족의 의무를 제대로 이행하지 않은 자식을 투옥할 수 있게 한 *가족칙령문서*lettres de cachet de famille **139**는 가족 권위가 국가에 의해 비준되고 지지받은 방식을 예증한다. 그러나 이런 상황은 가족 안팎의 변화로 인해 가족들이 권위를 상실하는 쪽으로 변화했다. 20세기 중반에 '가족은 식민화된 것처럼 보인다.'**140** 기존 권력으로부터 떨어져 있을 수 있었던 앙시앵 레짐하의 가족은 '사회적 정명들imperatives을 위해 의무적으로 또는 자발적으로 지원을 보내는 중개자'**141**로서의 근대 가족에 자리를 내주었다. 동즐로는 다음과 같이 깔끔하게 정리한다. '가족은 의존과 충성의 관계들로 이뤄진 복합적인 그물망에서 벗어나, 가족 외부 기구의 계통체계 아래에 있는 말초신

---

137 〔역주〕 프랑스 대혁명 이전의 구체제.

138 위의 책, p. xx.

139 〔역주〕 칙령문서lettre de cachet는 프랑스에서 17세기경부터 사용된 왕이 서명한 명령문서로, 사법 판결을 초월하는 강제력을 가진다.

140 위의 책, p. 103.

141 위의 책, p. 92.

경 결합연쇄가 되었다.'[142]

　동즐로는 이 과정을 가족 가부장주의family patriarchalism로부터 국가 가부장제patriarchy of the state로의 이행이라 부르는데, 그러나 이 동학에 대한 그의 설명은 행위자로서의 국가라는 관념을 채택하지 않는다. 대신 그는 상이한 세팅에서 일어나는 다양한 개입들을 강조한다. 그의 설명이 담고 있는 풍부함을 여기서 다 보여줄 수는 없으므로, 그가 생각한 몇 가지 주제를 예로 들기로 한다. 동즐로의 논의에 따르면, 19세기 들어 의료 전문가와 위생 기술자, 부르주아 가족의 어머니 사이에 동맹이 발전했다. '전문가들'의 동맹자가 된 그녀, 즉 어머니는 가족의 교육자이자 전문가가 내린 지시의 집행자가 되었다. 동즐로는 이 과정에서 도덕주의적 박애주의와 여성의 지위 향상에 초점을 맞추는 프로모션 페미니즘promotional feminism이 연맹을 맺었음을 발견하며, 이 연맹의 작동이 가정성domesticity 이데올로기라 불릴 만한 것을 구성했다고 본다. 부르주아 계층의 어린이들은 이 자애로운 모성주의maternalism 아래에서, '감독된 자유'를 누리며 성장한다. 노동계급에게 이것은 감시surveillance의 증가를 의미했다. 동즐로에 의하면, '대중계층을 가족화

142　위의 책, p. 91.

familializing하기 위한 전략은 여성의 지도에 의지했는데, 그녀는 사회주택social housing143이라는 무기를 부여받았고 (…) 그것의 사용법을 배웠다. 즉 남편과 특히 아이들을 안으로 끌어들이려면 낯선 자들은 밖에 두라는 것.'144 가족들이 가졌던 독립적인 권위는 이런 식으로 가족들을 통한 사회적 관리와 가족에 대한 개입과 감독의 증가에 길을 내주었다. 동즐로는 이를 '후견 복합체tutelary complex'라고 부른다.

동즐로가 상당한 주의를 기울인 부분은 20세기에 발전한 관리 형태다. 이제 부적절한 가족들이 일으키는 '사회적' 문제는 가족관계에 대한 전문가의 감독 기술로 해결되게 되었다. '관계 기술자'들은 희석되고 변형된 형태의 정신분석이 이 목적을 위해 가장 적절한 수단임을 깨달았다. 정신분석은 동즐로가 질문한 두 개의 목적에 대한 성공적인 해답이었다. *'가족은 어떻게 과거에 지닌 권력의 일부ㅡ특히 자녀들의 사회적 운명에 대한 권력ㅡ를 빼앗길 수 있었을까? 그것도 교육과 건강 증진이라는 새로운 과제를 처리할 수 없을 지경까지는 무력화*

---

143 [여주] 정책적으로 사회 주택의 우선권은 새로운 가족 규범을 준수하는 가족에게 주어졌다.

144 위의 책, p. 40.

되지 않는 상태로 말이다.'[145] 법정기관이나 민간기관들에 의해 이뤄지는 상담, 지도, 충고, 관리, 감독의 정교한 구조–동즐로는 이것을 '심리류psy'라고 부른다–는 바로 이 문제로부터 발생한다. 동즐로는 정신분석의 사회적 중요성은 가족을 미묘하게 무력화하는 성격에 있다고 본다. '정신분석은 관습적인 가족 배치와 부성역할 및 모성역할을 비준하고 그 가치를 안정화하지만, 동시에 그것들이 이전에 가졌던 전략적 성향을 축소해 단지 이미지들의 성좌星座, 관계맺음의 표피, *기능적 환영functional simulacrum*으로 복무하는 앙상한 뼈대만 남긴다.'[146]

『가족의 감호』 전체에서 동즐로가 파고드는 중심 주제는 가족의 약화와 사회적인 것이라는 영역의 창조다. 여기서 핵심은 가족주의familialism와 가족주의화familialization에 대한 그의 이해다. 동즐로는 자신의 책에서 가족과 사회적인 것의 복합적 성격을 처음부터 분명히 밝혔다. '이 첫 번째 대상, 즉 가족은 그렇게 뒤편으로 사라져 또 다른 것, 즉 사회적인 것the social에 의해 그늘이 드리워지는 것으로 간주될 것이다. 사회적인 것과의 관계에서 가족은 여왕이면서 죄수이기도 하다.'[147] 사

---

145 위의 책, p. 199(강조는 원문).

146 위의 책, pp. 226–227.

147 위의 책, p. 7.

회적인 것은 부분적으로 가족의 여러 측면들로부터 구성된다. 비록 사회질서의 유기적 기초로서의 가족이 가졌던 기반은 무너졌을지라도 '가족주의는 섹슈얼리티, 재생산, 교육에 대한 현시대 정책의 모든 요소가 연결된 동력 기관차였다'[148]고 동즐로는 주장한다.

이러한 강조점에서 동즐로는 확실히 옳다. 아마도 『가족의 감호』의 가장 중요한 기여는 바로 이 구분, 즉 주인공으로서의 가족과 사회적인 것의 영역에서의 가족주 확산은 다르다고 주장한 점에 있다. 이 지점에서 우리는 동즐로의 책을 가족에 관한 토론의 새 장을 연 선구적 업적이라 평가하는 의견에 동의한다. 그러나 다른 면에서는 문제점도 많다고 본다.

우선 미리 지적해둘 것은 이 책의 텍스트가 지닌 유난히도 오만한 어조다. 그의 논의에 관한 우리의 요약은, 이 책의 자의식적이고 가식적인 문체와 지적 과시로 점철된 내용을 충분히 드러내지 못했다. 이 책은 논의의 밀도가 높고 특이한 어휘와 구문을 사용했다는 점 말고도, 접근성이 떨어지고 엘리트주의적이다. 영국판 서문에서는 책 작업의 맥락을 간단히 소개했으나 프랑스에서 출판된 원저에는 논의의 맥락을 짐작할

---

148 위의 책, p. 198.

수 있는 약간의 힌트조차 없어, 내용을 모르는 독자들에게 책이 그냥 던져지다시피 했다. 올림푸스 산의 신神들인 양 젠체하는 초연함은 이 책 스타일에 담긴 사이비과학성에도 반영된다. 예컨대 기록문서 작업의 '결과'라는 것에 대한 언급이 그러한데, 이것들은 사실 역사가들이라면 다양한 방법론을 사용한 사료 검증으로 오류의 위험을 회피했어야 정상인 문서를 그저 주관적으로 읽고 해석한 것에 불과하다.

동즐로는 마치 천박한 정치 난투극에서 고고하게 물러나 문제에 관한 비정치적이고 객관적인 지식을 제공하려는 것처럼 보인다. 즉 가족에 대한 진정으로 가치자유적인 설명이라고 주장하고 싶은 것이다. 폴 허스트는 동즐로가 어느 편도 택하지 않은 것을 미덕으로 여기는 것 같다. "그는 정신분석의 학문적 혹은 정치적 지위를 판단하지 않기로 했으며, 오히려 그것의 실천적 효과를 설명하고자 한다." 또한 "그는 부모의 권리 대 돌봄과 보호에 대한 아동의 필요와 같은 난처한 문제에서 '어느 편'도 들지 않는다. 그는 자유주의적 개인주의 이데올로기도, 복지주의 이데올로기도 찬성하지 않는다. 대신 법률, 정신 의학, 교육 사이에 어떤 관계가 존재하는지, 사회사업이 어떤 방식으로 '후견 복합체'의 주요 구성요소로 작동하는지 묻는다"라고 쓴다.**149** 하지만 도대체 어떤 이데올로기도 따르지 않고, 어떤 논쟁적 질문에도 견해를 갖지 않는다는 이 모범적 인물이란 누구를 말하는 것인가? 우리가 나중에 살펴보겠지만, 동즐로는 분명한 정치적 입장이 있으며, 학문적 지식을 탈정치화하고 객관적인 것으로 제시하려는 시도는 언제나 그렇듯 신화화에 불과하다.

이 텍스트에 나타나는 신화화의 성격은 마르크스주의가 가족의 호소력을 제대로 끌어안는 데 실패했다고 보는 동즐로의 지적에서도 나타난다. 물론 그의 문제 제기는 훌륭하며, 그가 여기에 초점을 맞춰 기능주의적 마르크스주의의 취약성을 평가한 단락 역시 인용할 만하다.

> 만약 오늘날 가족이 단지 부르주아 권력의 전승을 위한 대리인agent이며, 그래서 전적으로 '부르주아' 국가의 통제하에 있다면, 왜 개인들, 특히 지배계급 구성원이 아닌 수많은 개인들은 가족생활에 그렇게 많은 투자를 하는 것인가? 이를 이데올로기적 주입의 결과라고 단언하는 것은, 조금 거칠게 말해 개인들을 바보 얼간이라고 말하는 것과 같다. 그렇기에 이런 단언은 자신의 해석적 취약

---

149 Paul Hirst, "The Genesis of the Social", *Politics and Power*, 3, 1981, pp. 69-70, 75.

성을 감추려는 조야한 가면에 불과하다.**150**

폴 허스트가 올바르게 지적했듯이, 동즐로의 질문은 마르크스주의와 페미니즘 모두에 도전하는 것이며, "우리가 좋아하든 좋아하지 않든, 가족은 파트너 쌍방 당사자들의 선택을 통해 형성된다"**151**라는 사실은 이데올로기 개념으로 설명되지 않는다. 비록 그가 개인적 '선택'들을 둘러싼 사회적 압력을 무시하기는 했으나 허스트가 제기한 질문은 매우 흥미로우며, 마르크스주의와 페미니즘은 이를 진지하게 다룰 필요가 있다. 그러나 우리는 동즐로 자신이 이 질문에 답할 수 있는지에 대해 정당하게 질문할 수 있다. 동즐로는 그럴 수 없다. 그는 개인들이 왜 가족에 애착을 갖느냐고 스스로 질문했지만, 그가 도출한 대답은 *그냥 그래서 그렇다(because)*라는 것이다. 더 정확히 말하면, 오랜 세월 동안 그것이 긍정적으로 간주됐기에 그렇다는 것이다.**152**

---

150   *The Policing of Families*, p. 52.

151   "The Genesis of Social", p. 71.

152   "사회적 특권과 계급지배를 부정하는 담론들이 점차 가족에 대한 비판을 멀리하게 되었다는 점, 그 요구사항들이 점차 '불이익을 받는' 계층의 가족생활 조건을 보호하고 개선하는 것에 중점을 두게 된 점, 또한 가족이 체계 비판의 지점이 되기를 멈추고, 점진적인 사회적 평등을 지원하는 지점으로서의 의미만을 갖게 된 점 등, 이 모든 것들은 가족을 사회 변화를 가로막는 원천적 장애물이라는 부정

여기서 값싼 결론을 내리고 싶지는 않다. 비록 만족할 만한 해답을 내놓지 못했을지라도 동즐로는 분명 유용한 질문을 제기했다. 동즐로가 (사실은 폴 허스트가) 이 이슈를 다루면서 신화화하는 방식에 머문 이유는, 제기된 질문 자체가 정의상 동즐로가 결코 대답할 수 없는 것이었기 때문이다. 그것은 개인적인 감정, 욕구, 선택에 관한 질문이며, 그러므로 오직 인간주의적 관점humanist perspective**153**에서만 제기될 수 있다. 어떤 반인간주의적인 이론적 담론도 그것에 대해 답할 수 없기에, 그가 그런 질문을 제기하는 것 자체가 부적절하며 심지어 기회주의적이기도 하다. 동즐로는 그의 질문에 답하고자 한 몇몇 마르크스주의자들의 시도에 관심이 없으므로,**154** 결국 그의 질문은 단지 다른 사람들을 때리기 위한 막대기에 불과하다.

이러한 특성이 『가족의 감호』에 관한 일련의 상호관련된 이슈들로 이어진다. 영국판 『가족의 감호』에 대한 서평자들

적 개념으로 파악하게 하기보다는, 국가에 대한 자유주의적 규정으로 인해 발생한 문제들을 해결할 수 있는 수단과 같은 긍정적인 것으로 보게 만드는 충분한 조건이 된다." *The Policing of Families*, p. 53.

153 〔역주〕인간 주체와 그의 행위성을 설명의 중심에 두는 관점을 의미한다. 동즐로는 이런 관점에 정면으로 반기를 든 이론가다

154 노동계급 가족이 왜 그처럼 가족에 많은 노력을 들이는가를 설명하려는 최근 논문으로 Jane Humphries, "Class Struggle and the Persistence of the Working Class Family", *Cambridge Journal of Economics*, vol. 1, no. 3, 1979가 있다.

과 동즐로 자신이 지적했듯이, 이 책은 가족이 자본주의에 기능적으로 필수적이라 보는 버전의 마르크스주의를 거부하는 이론적 틀에서 주조됐다. 실제로 바로 이 때문에 이 책이 대중성을 획득했다고 해도 과언이 아니다. 그러나 명확히 말해보자. 동즐로가 거부한 것은 기능주의(마르크스주의적 기능주의든, 다른 어떤 것이든 간에)가 아니라, 마르크스주의 분석이 구성하는 행위자the agents155다. 『가족의 감호』는 철저하게 기능주의적인 텍스트다. 동즐로의 구절들을 예로 들어보자. "가족은 '사회규범과 가족 가치의 유동화floating'를 초래하는 절차를 세움으로써 사회적 요구사항에 대한 자신의 불일치를 감소시키거나, 그에 대해 스스로를 기능적으로 만들 수 있는 기관agency이다." 그리고 "이것이 바로 가족을 우리 사회의 핵심 인물essential figure, 의회민주주의의 불가결한 상관물correlate로 만든다."156 동즐로는 자신이 가족을 자본주의 사회관계의 대리인으로 보는 기계적 버전의 '재생산 테제'를 거부한다고 분명히 밝힌다. 그러나 그는 ① 앙시앵 레짐 가족에 대해서는 이 논리가 진실이고, ② 가족이 실패하는 지점에서

155　[역주] 어떤 것의 원인이 되는 행위를 하는 주체들. 작인作因, 대리인, 기관 등으로도 번역할 수 있다.

156　*The Policing of Families*, pp. 8, 94(인용자 강조).

사회 기관들이 개입한다고 말함으로써, 이 테제를 약간 변형된 형태로 수용한다. 특히 ② 논의는 극명하게 드러난다. 폴허스트는 이 부분을 마르크스주의적 기능주의에 대한 동즐로의 비판이 잘 드러난 부분이라며 인용했지만, 사실 이것은 체계에 기능 장애가 발생할 때 개입이 따른다는 가정으로, 고전적인 기능주의적 입장이다.[157]

동즐로의 정식화가 갖는 기능주의는 그가 이슈를 제기하는 모든 방식과 사건 서술에 사용하는 모든 언어에 내재해 있다.[158] 때로 그의 접근은 한때 음모이론이라 불렸던 접근과 유사하다. 도덕주의적 박애주의와 페미니즘 사이의 '동맹'에 대해 그는 "이것은 담론의 문제가 아니라 능동적인 동맹과 효과적인 작동의 문제다"[159]라고 말한다. 그러나 이 모든 것에서 중심 이슈는 보통 제기되는 방식의 기능주의적 문제는 아니다. 동즐로의 책은 기능주의적 텍스트다. 하지만 그의 접근은 급진적이며, 그의 책은 반기능주의적 입장을 가진 사람들

---

157 실제로 우리 중 한 명도 그런 주장 때문에 비판받아왔다. 메리 맥킨토시의 글("The State and the Oppression of Women", Annette Kuhn and Ann Marie Wolpe, eds., *Feminism and Materialism*, London 1978)에 대한 다이애나 애들럼Diana Adlam의 논평("The Case Against Capitalist Patriarchy", *m/f*, no. 3)을 보라.

158 예컨대 *The Policing of Families*, pp. 8, 37, 39, 44, 73, 77, 94, 199, 220을 보라.

159 위의 책, p. 36.

에게도 수용되어왔다. 그 이유는 그가 기능주의적 관점의 통합된 논리를 거부하기 때문이다. 동즐로는 특히 자본주의 국가와 부르주아 계급을 자기 이익의 안정화를 추구하는 행위자agent로 다루는 마르크스주의적 개념을 거부한다. 이런 실체들은 급진적으로 해체되고, 우발적이고 잡다하며 자의적인 기관들agencies로 대체된다. 사실 행위성agency의 질문이야말로 동즐로 텍스트가 담고 있는 중심적인 거부 사항이다. 의문시된 것은 '마르크스주의적 기능주의'의 방법이 아니라, 도전받고 있는 마르크스주의의 분석 범주 그 자체다. 동즐로의 책에서 '앙시앵 레짐'이나 '의회민주주의' 같은 개념이 아무런 비판적 분석을 거치지 않고, 국가나 부르주아지라는 마르크스주의적 범주들을 대체한다는 사실은 흥미롭다. '원인'이라는 개념은 부정되는데 왜 '효과들'이라는 어휘는 사용되는지, 왜 (기능주의적) 방법이 계속 유지되어야 했는지도 의아할 따름이다. 동즐로의 설명은 전체적으로 군사적인 어조와 이미지를 띤다(전략, 감시, 전술, 감독, 개입, 도구, 무기, 수단, 기제, 동맹, 작동 등). 아타르 후세인Athar Hussain과 질 허지스Jill Hodges는 동즐로를 해석하면서 '비의도적 전략'[160]이라는 관념을 동원

---

160 *Ideology and Consciousness*, no. 5.

했는데, 우리에겐 이 말이 무익한 용어상의 모순으로 보인다.

국가와 부르주아지의 해체라는 동즐로의 과제는 가족 해체를 통해 부분적으로만 보완되지만, 사실 그의 책의 명백한 목표는 가족의 해체가 맞다. 가족은 그의 서사–앙시앵 레짐의 '주인공'으로서의 가족으로부터 그 자체가 근대 가족인 교차들의 연쇄망nexus of intersections에 이르는–에서 역사적으로 해체되지만, 이론적으로는 해체되지 않는다. 그가 제시한 "가족의 통치로부터 가족을 통한 통치로의 이행"[161]에서 우리는 원래의 가족the original family이라는 것이 역사의 주체, 권력을 가진 대리인, 권위를 지닌 제도로 떠오르는 것을 발견한다. 원래의 가족은 뒤에 나타난 좀 더 취약한 가족을 다루는 동즐로의 서술에 비교 대상으로 등장하면서 보편화된다. 동즐로는 원래의 가족을 '**가족**the family' 일반으로 다루며 준거로 삼는데, 애초에 그것을 우리에게 소개할 때는 분명 특정 계급의 가족형태라고 했으면서도 그렇게 한다. 그러므로 우리가 이것을 잔여적 본질주의, 지금은 잃어버린 어떤 '**가족**the family'에 관한 이상화된 환기라 읽는다고 해서 우리의 상상력이 지나치다고 할 수는 없을 것이다.

161　*The Policing of Families*, p. 92.

동즐로가 객관적인 주석자라는 일반적인 평가가 틀렸음을 보여주는 상당한 증거가 있다. 동즐로의 책은 어떤 이상화된 가족에 대한 감정적 수사학으로 점철되어 있으며, 사실 제목부터 의미심장하다. 감호를 받는*policed*이라는 지점에 이르면, 우리는 자신이 누구 편에 서 있는지 알게 된다. 앞서 이상화된 '가족'의 옹호는 언제나 반페미니즘적 함의를 지닌다고 말한 바 있다. 동즐로의 책을 주관적으로 읽어 페미니즘이 가족에 맞서 투쟁하기보다는 가족 안에서 싸워야 한다고 결론내린 폴 허스트나, 그의 이 말이 불러온 상당한 반향[162]은 차치하더라도 우리는 동즐로의 책 자체에서 그런 경향을 발견할 수 있다. 동즐로는 근대 가족을 '병리적'이라 본다. "위생학적, 심리학적, 교육학적 규범으로 포화된 가족은 사회기구들의 훈육적 연속체와 구분하기 어려워졌다."[163] 이는 일찍이 동즐로가 아내의 유죄–전문가들, 기술자들과 협력해 의사들과 동맹을 맺은 것은 바로 그녀다–를 선포한 것과도 들어맞는다. 동즐로는 페미니즘이 이에 일부 책임이 있다면서, '노동계급 남자들

---

162 Fran Bennett et al., "Feminists–the Degenerates of the Social?", *Politics and Power*, 3, 1981.

163 *The Policing of Families*, p. 227.

의 독립적 영혼을 근절'[164]하기 위한 수단으로 주부이자 어머니를 언급하는 등 그답지 않게 정치적 클리셰를 사용하는 실수를 했다.

『가족의 감호』 저변에는 매우 낯익은 주제가 깔려 있다. 권위주의적이고 가부장적인 가족은 애도의 대상이 되고, 여성은 사회질서의 이 유기적 기초를 상실시켰다고 비난받는다. 이 책은 애초부터 반페미니즘적이며, 심지어 '가엾은 가족'과 바가지 긁히는 남편에 대해 독자의 동정심을 유도하기도 한다.[165] '심리류' 복합체를 다루는 동즐로의 방식과 페미니스트 관점의 현저한 차이는, '사회적인 것'의 전문 지식에 관한 동즐로의 고찰을 바바라 에렌라이히Barbara Ehrenreich와 데어드르 잉글리쉬Deirdre English의 접근과 대조할 때 잘 나타난다. 에렌라이히와 잉글리쉬가 쓴 『그녀 자신을 위하여: 여성들에 대한 전문가의 충고 150년』For Her Own good: 150 years of the Expert's advice to Women은

---

164 위의 책, p. 36.

165 위의 책, p. 103: "가족의 자유화와 자녀 권리의 등장, 남녀관계의 재균형이 가져온 역설적 결과는 이들 권리가 주창될수록 보호적 권위의 억압적 힘은 더욱더 불쌍한 가족을 죄어온다는 것이다. 이런 체계에서 가족 부권주의는 국가 가부장제에 의해 파괴된다. 아버지 부재의 빈번한 현상은 이를 증명한다. 단지 그가 바빠서일까? 분명 그럴 수도 있지만, 그것이 전부는 아니다. 왜냐하면 십중팔구 그는 집에 있을 때조차 조용하고, 아내가 말할 수 있게 하려고 그러는 것이기 때문이다."

『가족의 감호』와 같은 영역, 즉 의학적, 아동학적, 교육학적, 정신분석학적 개입들을 다루지만, 여성이 적의 협력자로 그려지지 않으며, 가부장적 가족의 영광을 붕괴시켰다는 비난을 받지도 않는다.166 이후에 논의하겠지만 동즐로의 분석은 크리스토퍼 라쉬의 분석과 공통점이 많은데, 라쉬는 그나마 페미니즘에 관한 자신의 입장을 −비록 페미니즘에 맞서는 쪽이긴 하지만− 적어도 분명하게 표현하며, 토론에도 열어놓는다.

---

166 London 1979. 반대로 에렌라이히와 잉글리쉬는 −대체적으로− 여자를 악당보다는 희생자로 파악한다. 이 접근 역시 문제가 있지만, 이러한 비교도 역사적 해석이 정치적으로 중립적이지 않다는 점을 시사한다.

2. 주체성과 권위

가족이 산업 자본주의나 국가의 필요에 대해 맺는 관계를 다룬 여러 주장들은 가족이 사회에서 일반적으로 어떤 위치에 있는지에 관심을 둔다. 우리는 이제 가족의 내적 동학에 대한 논쟁에 집중하려 한다.

사회과학자들은 전통적으로 가족생활이 갖는 두 개의 주된 측면을 연구해왔다. 가족은 한편에서 계약적 사회의 현금 관계망으로부터 떨어져 있는 애정적인 삶의 중심으로 여겨진다. 다른 한편에서 가족의 작동이 갖는 결정적으로 중요한 차원은 '사회화'로 확인된다. 아이들은 가족 안에서 적합한 역할로 사회화되고, 적합한 지위기대를 갖도록 문화화된다. 많은 고전적 연구들은 사회계급에 따라 달라지는 자녀양육의 다양한 스타일들이 이 가장 중요한 과제를 어떻게 성취하는지에 대한 기록이다.

페미니스트들은 가족생활의 애정적 측면에 스며든 불평등

과 강압을 강조하는 경향이 있다. 하지만 그들도 사회화 기능의 중요성은 받아들였으며, 그것의 새로운 측면, 즉 *젠더* 사회화를 도입했다. 생물학적 범주로서의 성sex과 사회적 범주로서의 젠더를 구분함으로써 페미니즘은 아동기에 젠더가 어떻게 구성되는지 탐구할 길을 닦았다. 시몬느 드 보부아르는 『제2의 성』 중 '아동기childhood'장의 첫 마디를 다음과 같이 시작함으로써 사회화를 분석하는 페미니스트 프로젝트의 서막을 열었다.

> 여자는 태어나는 것이 아니라 만들어지는 것이다. 그 어떤 생물학적·심리적 또는 경제적 운명도 인간 암컷human female이 사회에서 어떤 인물로 드러날지를 결정하지 않는다. 이 피조물, 수컷male과 거세된 자eunuch 사이의 매개자, 즉 여성적feminine이라 묘사되는 바로 이것을 만드는 건 총체로서의 문명이다.[167]

젠더 사회화에 대한 페미니즘적 분석은 많은 면에서 시사적이고 의식고양을 촉발했다. 수동적이고 의존적인 여성성의 구

---

[167] Harmondsworth 1974, p. 295.

성에 연루된 가족 과정들과, 그리고 더 일반적인 여러 과정들에 대한 일련의 강력한 설명들은 교육적으로도 정치적으로도 유용한 것으로 판명됐다. 그러나 '사회화' 개념에 문제가 없는 건 아니며, 더 주의 깊게 사용할 필요가 있다. 그 개념의 주된 약점은 한 세대에서 다음 세대로 기계적으로 전달되는 이미 주어진 내용이 있는 것처럼 가정하는 경향에 있다. '역할'은 사회에 이미 존재해 있고, '사회화'의 과제는 이미 각본이 쓰인 연극에 사람들을 배우로 집어넣는 것이라는 식이다.

'성역할sex role', '사회화', '고정관념stereotype' 같은 개념들은 강단 사회과학이 세운 특정 관점을 이루는 어휘들 중 페미니스트들이 차용하기 쉬운 판본이었다고 할 수 있다. 이 특정 관점은 영국에서, 그리고 미국에서는 더 강하게, 강단 여성학academic women's studies을 지배하고 있다.

사회화는 행동, 역할, 태도, 신념을 다음 세대에 전수하는 것이다. 다양한 사람들이 다양한 관계 속에서, 직접적인 지시나 전범典範 제시, 암묵적 기대 등을 통해 성장하는 개인에게 영향을 미친다. 아이들은 자기가 배운 바를 점차 *내면화internalize*한다. (…) 사회화의 대리인들은 성에 따라 적합한 특성에 대해 고정관념적인 여러 신념을 지니

고 있다. 성역할 사회화는 이런 신념들에 기초한 기대들을 반영한다.[168]

여기서 핵심어는 전수transmission다. 개인들이 그것들을 획득하기 전에 이미 구성되어 있는 역할들과 신념들을 전해주는 것 말이다.

전수로서의 사회화라는 관념은 강점과 약점을 모두 갖고 있다. 우리 사회에는 남성들과 여성들에게 주어지는 협소하고 고정관념적인 '역할'이 분명히 있으며, 우리를 끼워 맞추려는 시도들이 −왼손잡이 아이에게 억지로 오른손을 쓰게 하는 것처럼− 남성이든 여성이든 모든 개인들에게 손상을 입힌다는 것이 조금씩 인식되고 있다. 그러나 사회화를 이런 식으로 보는 것은 모든 개인을 획일적 체계의 수동적 희생자로 간주하는 것이다. 이렇게 되면 그러한 정체성들의 적극적 수용에 대해서는 이해할 수 없다. −보부아르의 실존주의적 관점이나 정신분석은 이에 관해 품격 있는 분석을 담고 있는데 말이다. 이런 식의 사회화 이해는 그 역할이나 기대들이 정적靜的인 것도, 선험적인 것도 아니라는 점을 불투명하게 하며, 변화들에 대한 분

---

168 Helen Weinreich, "Sex-role Socialization", Jane Cherwynd and Oonagh Hartnett, eds., *The Sex Role System*, London 1978.

석도 어렵게 한다.

이러한 이유들로 사회화 개념은 포기되진 않더라도 최소한 주체성에 대한 적절한 이해를 통해 보완되어야 한다. 이는 다시 몇 가지 다른 문제들을 제기하는데, 이것들은 이데올로기에 의해 이해되는 것들과 관련된다. 이 이슈들에 관한 최근 페미니스트 저작은 정신분석 이론의 적합성과 가부장제 개념의 적절성에도 의문을 제기한다. 우리가 가진 것은 해결책이 당장 눈에 보이지는 않지만, 마르크스주의와 페미니즘에 가장 근본적인 이슈를 제기하는 상호관련된 문제들의 군집이다. 가족에 대한 우리의 개념화는 젠더화된 주체성gendered subjectivity을 어떻게 이해하는지, 이데올로기를 통해 무엇을 의미하는지, 정신분석 이론에는 얼마만큼의 신뢰성을 부여하고, 가부장제에는 어떤 중요성을 두는지에 달려 있다.

우선 지적할 수 있는 것은, 마르크스주의는 다른 유물론적 접근들과 마찬가지로 주체성**169** 문제를 다루지 않는다는 것이다. 계급의식이라는 좁게 규정된 문제를 제외하고는 말이다. 마르크스주의에서 주체들은 개인들이라기보다는 집단성collectivity이다. 그러나 이렇게 말한다고 해서 마르크스주의

169　〔역주〕혹은 주관성, subjectivity.

가 이런 문제들을 다루는 데 완전히 실패했다고 보는 관점을 승인하는 건 아니다. 소외, 물신주의, 이데올로기, 종교, 의식 consciousness에 관한 마르크스 자신의 논의는 오늘날 유행처럼 받아들여지는 것보다 훨씬 통찰력 있고 시사적이었기 때문이다. 하지만 주체성에 대한 지속적인 탐구는 이뤄지지 않았고, 이것이 페미니즘과 마르크스주의의 범주 모두를 가지고 작업하려는 시도가 봉착하는 주된 어려움이 되고 있다. 페미니즘은 체험, 의식, 주체성에 근본적인 중요성을 부여했기 때문이다.

모든 증거들은 계급 정체성과 계급의식이 아무리 끈질기더라도 우리의 퍼스낼리티 깊이 배인 젠더 정체성과 여성적 혹은 남성적 주체성보다는 덜 근본적이라는 점을 보여준다. 영국과 같은 사회에서 다른 계급의 구성원으로 '행세하는pass' 것은 어렵지만, 성별의 경계를 넘어 '행세하기passing'보다는 쉽다. 젠더 정체성은 너무나 강력하기에, 출생 시 성별이 잘못 배정된 아이는 그 괴리를 해결하기 위해 외과수술을 받기 쉽다. 그 아이의 심적 정체성psychic identity을 바꾸려고 시도하는 것보다는 수술이 쉬운 방법이기 때문이다. 출생 후 여성으로 살다가 청년기에 남성으로 성별을 재지정받고 그 사실과 타협하는 유일한 방법으로 자살을 선택한 에르퀼랭 바뱅Herculine Barbin

의 회고록은 전혀 놀랍지 않다.[170] 젠더 정체성의 안정성은 성적인 관계맺음 혹은 성적 선호의 안정성보다 훨씬 더 본질적이다.

주체성의 이론화는 물론, 역사적으로 특수한 현상에 대한 이론화다. 주체성에 대한 관심은 부르주아 사회의 한 특징으로, 우리 문화가 침윤된 개인주의와 손잡고 있다. 그러나 젠더 차이는 이 가장 기본적인 지향에조차 자국을 남긴다. 우리가 말하는 개인주의란 지극히 남성적이기 때문이다. 시몬느 드 보부아르는 주체이자 초월적인 건 남성이고, 여성은 남성과의 관계에서 -타자로, 부수적 존재로, 제2의 성으로- 규정되며, 그 속에서 여성은 동등한 주체가 아니라 하나의 대상이기 때문에 남성의 보충적인 짝일 수 없다고 주장한다. 여성의 타자성'alterity'에 대한 보부아르의 강조는 여성 주체성을 남근phallus의 결핍, 문화에의 부정적 진입으로 규정한 라깡주의 시각에도 공명한다. 두 접근의 차이라면, 보부아르가 이런 문제들을 도덕적 문제라고 여기는 데 비해 -여성의 독립성과 진정성은 궁극적으로 가치의 문제다- 라깡에게 가부장적 질서는 인류 사회의 보편이며, 이런 유형의 의식적·정치적 선택을 따르는 문제가

---

170 *Herculine Barbin: Memoirs*, New York 1980(미셸 푸코 서문).

아니라는 점이다.

여성 주체성 설명에서 지배적인 테마는 수동성, 의존, 복종, 존경심이다. 정신분석에 관한 최근의 페미니스트 저작들은 프로이트와 라깡의 전통에 따라 아버지의 법the law of the father이라는 관점에서 젠더화된 주체성의 구성을 탐구한다. 이런 선입견은 어린 여자아이의 주체성 발달에 나타나는 특정 단계에 대한 보부아르의 설명에도 언뜻 나타난다.

여자아이가 양성의 상대적 서열, 위계에 제일 먼저 주목하는 것은 가족생활에서다. 그녀는 아버지의 권위가 매일의 생활에서 자주 느껴지는 그런 것이 아님을 차츰 깨닫는다. 아버지의 권위는 그야말로 지고至高의 것이다. 그것은 일상적으로 사용될 만큼 격하되지 않기에, 더욱 위엄을 띤다. 실제로는 어머니가 안주인으로서 집안을 다스리더라도 우선적인 것은 아버지의 희망임을 알아챌 만큼 보통의 소녀는 충분히 영리하다. 어머니는 중요한 문제에 관해 아버지의 이름으로, 아버지의 권위를 통해 요구하고 상을 주고 벌을 내린다. 아버지의 생활은 미스터리한 특권을 갖는다. 아버지가 집에서 보내는 시간, 아버지가 일하는 방, 아버지의 물건들, 아버지가 추구하는 것들,

아버지의 취미, 이 모든 것은 신성하다. 아버지는 가족을 부양하며, 가족의 책임 있는 가장이다. 아버지의 일은 그를 밖으로 나가게 하며, 따라서 가족은 그를 통해 세계의 나머지 부분과 교류한다. 아버지는 거대하고 난해하며 경이로운 모험의 세계를 몸으로 구현한다. 그는 초월을 의인화하며, 따라서 그는 신이다. 아이가 자기를 안아 올리는 아버지의 힘센 팔뚝에서, 안겨 잠드는 가슴팍의 강인함에서 물리적으로 느끼는 것이 바로 이것이다. 라Ra로 인해 아이시스Isis가 그랬듯이,**171** 태양에 의해 지구가 그렇게 됐듯이, 어머니는 아버지를 통해 권좌에서 폐위당한다.**172**

이 단락은 여자아이의 주체성에 대해 잘 정제된 생각을 담고 있다. 그것은 가족에서 아버지the father가 갖는 권위와 그것이 세워지는 바탕인 남편과 아내의 물질적 관계를 환기할 뿐 아니라 아이의 욕망과 욕구도 웅변한다. 여자아이는 현재는

---

171 〔역주〕이집트 신화에서 Ra는 태양신이자 모든 것의 창조주인데, 여신 Isis가 계략을 써서 Ra가 가진 지고의 힘을 넘겨받아 아들을 권좌에 앉히고 세상을 통치했다고 한다. 이 이야기에 따르면, 여신 Isis가 인간에게 발휘한 모든 힘은 Ra로부터 나온 것이므로, 실제로 세계를 지배한 지고의 신은 Isis가 아니라 Ra다.

172 *The Second Sex*, p. 314.

보호받고 안심하지만, 이러한 흠모의 행위 속에서 자기 미래의 독립성과 진정성을 저당잡히게 된다.

보부아르의 설명은 가족관계의 주관적 경험과 부녀관계의 심적 패턴들을 보여줌에 있어서 느슨하게나마 프로이트 정신을 끌어들인다. 페미니스트들에게 결정적으로 중요한 질문은 오늘날의 젠더화된 주체성이 정말로 가부장적 권위모델을 따르는가이다. 보부아르의 설명에서 환기되고 당대 정신분석에서 정교화되는 가부장적 권위모델 말이다. 줄리엣 미첼의 '숙녀 만들기the making of a lady'에 대한 설명은, 정신분석을 여성성과 남성성 획득 방법 이해의 열쇠로 보는 가장 잘 알려진 주장을 담고 있다.[173] 정신분석은 가부장 사회에 대한 가장 정확한 묘사(처방이 아님)를 제공하며, 우리가 무지해서 그것을 놓치고 있다는 것이 미첼의 주장이다. 우리는 미국 문화비평가 크리스토퍼 라쉬의 저작을 살펴봄으로써 이 문제를 조금 다른 각도에서 탐구하려 하는데, 그는 정신분석에 공감하는 입장에서 정신분석이 묘사한 가족형태가 이제 바뀌고 있다고 주장한다. 상당한 페미니스트 비판을 불러일으킨 라쉬의 책은 이 논쟁을 평가하는 데 유용한 기초를 제공한다.

---

[173]   *Psychoanalysis and Feminism*, Harmondsworth 1974.

라쉬는『뉴 레프트 리뷰』*New Left Review*에 실은 글에서, 자신에 대한 페미니스트 비판에 맞서는 반론으로 두 주저『삭막한 세상의 안식처: 포위된 가족』과『나르시시즘의 문화: 기대치 감소 시대의 미국적 삶』의 주제를 재진술하고 옹호한다.[174] 라쉬는 '구'좌파나 '신'좌파, 페미니스트 좌파 모두가 가부장적 가족에 대한 비판을 고수한다는 점에서는 같다고 믿는다. 그는 가부장적 가족에 대한 이런 비판이 부적절하고 사태를 오도한다고 봤는데, 이는 그가 지난 한 세기 동안 혹은 그 이전부터 이 가족형태가 '산산이 부서져'왔다고 믿는다는 점을 고려할 때 놀라운 일이 아니다. 이런 라쉬의 입장은 미국 페미니스트들 사이에 불편함과 분노를 불러일으켰지만, 미국 좌파의 많은 (남성) 분파로부터는 공감을 얻었다. 이 상황을 더욱 복잡하게 만든 것은 라쉬가 미디어의 관심을 끄는 사회주의자이며, 전국적으로 베스트셀러가 될 만큼 높은 판매량을 기록한 책의 저자로서 범상치 않은 지위를 갖고 있다는 사실이다. 영국에는 그의 저작이 덜 알려졌지만, 몇몇 좌파 분파를 중심으로 차츰 영향력이 커지고 있다. 페미니즘에 대한 라쉬의 최근 '응답reply'이 갖는 정치적 함의를 살펴보기 위해서라도 그의 이

---

174 New York 1977; New York 1979; NLR 129.

전 저작들의 주요 논점을 되짚어볼 필요가 있다.

『삭막한 세상의 안식처』는 "옛날에는 진짜 가족이란 것이 있었다…"로 시작해 이 성채를 침입한 악의 세력들을 묘사한 뒤 결국 모두의 불행에 대한 음울한 묘사로 끝나는, 너무나 귀에 익은 이야기다. 서술자는 한 마르크스주의자다.

> 어떤 관점에서 보면, 근대 사회의 역사는 한때는 개인적인 활동 혹은 그 가족들의 활동이던 것들에 사회통제가 주어져온 역사다. 산업혁명 초기 단계에 자본가들은 가구로부터 생산을 박탈해 자신들의 감독하에 있는 공장으로 집단화했다. 다음으로 그들은 '과학적 관리'라는 수단으로 노동자의 숙련과 기술적 지식을 전유해 경영 관리의 지시 아래 두었다. 마지막으로 그들은 노동자의 사적 생활에까지 자신들의 통제력을 확장했으며, 그리하여 이제 의사, 심리치료사, 교사, 아동지도 전문가, 청소년법정 관료, 여타의 전문가들이 과거에는 가족의 소관이던 자녀양육을 감독하기 시작했다.[175]

---

175 *Haven in a Heartless World*, pp. xiv-xv.

라쉬는 가족을 사적 영역을 지킬 최후의 보루로 보는데, 이제 그것은 공공정책과 증대하는 국가 조정에 의해 침입당하고 있다. 가족들은 소비주의의 에토스 속에서 살아가며, 가족 관계는 공장과 시장에서의 사회적 관계와 구분하기 어려워졌다. 부모의 권위는 탐욕적이고 개인주의적인 아내와 자식들이 바라는 상품을 살 수 있도록 재정적 자원을 제공하는 의무—주로 아버지의 의무—로 재정의됐다. 라쉬는 광고와 소비주의를 '재생산의 사회화'의 핵심적 측면으로 본다. "가족 보조 전문직들과 마찬가지로 광고와 소비주의는, 남성에 맞서는 여성 및 부모에 맞서는 아이들과 미묘하게 연대함으로써 청교도 도덕과 가부장적 권위의 바탕을 무너뜨렸다."**176** 이제 가족 내 관계맺음은 오직 자기 이익만 따지는 것이 되었고, 전투적이고 돈만 바라는 것이 되었다. 이와 더불어 낭만적 사랑에 대한 평가절하, 열정에 대한 무시, 결혼을 일련의 '구속력 없는 헌신들' 가운데 하나로 격하시키는 일이 일어났다.

라쉬가 이 변화를 묘사한 방식은 역설적이고 신랄하기까지 하다. 그는 현재의 가족—스포크 박사 육아법에 의존하는 어머니, 훈육주의에 반대하는 아버지, 엄격한 오이디푸스적 경쟁구도에 직

---

176 위의 책, p. 19.

면하지 않는 어린이들로 구성된–을 심적 재난이자 사회적 재난으로 간주한다. 라쉬의 논의에 따르면, 가족은 주로 젊은이들의 사회화를 위한 대리인이며, 가족의 '기능'이라 추정되는 어떤 것도 이 목표로부터 분리될 수 없다. 사회화는 부모의 권위와 가치를 내면화함으로써 일어나는데, 여기서 아버지는 개인적 양심의 발달을 위해 선행되어야 하는 갈등의 기반을 제공하며, 어머니의 사랑은 현존하는 가혹함을 초월하는 가치들을 엿볼 수 있게 해준다. 개인들을 사회화하여 사회적 가치들을 수용하도록 하는 과정에서 가족은 개인과 사회, 본능과 문화를 매개한다. 라쉬는 "문화와 본능 사이의 화해 불가능한 적대"를 프로이트 정신분석의 가장 중요한 통찰이라고 본다. 그는 다음과 같이 주장한다.

> 이러한 통찰이 없다면, 가족이 어떻게 그 둘을 매개하는지 이해하는 것도, 재생산의 사회화[177]가 이런 매개를 약화하거나 없애버릴 때 심리학적으로 무슨 일이 발생하는

---

177 〔역주〕여기서 '사회화'란 개인이 역할규범이나 가치를 내면화한다는 것을 뜻하는 개념어가 아니라, 재생산을 개별 가족에게만 맡겨두지 않기 위해 재생산 과정 전체에 대해 광범하게 사회적 개입을 증대하는 것을 뜻한다.

지 이해하는 것도 불가능하다.**178**

　지금 '심리학적으로' 발생하는 일이란 전형적인 프로이트적 가족에서 상연되던 갈등이 무한정 연기되는 것이다. 오이디푸스적 위기는 책임감 있는 성인기 발달의 기초인데, 라쉬는 부모 권위의 쇠퇴로 인해 그것의 회피가 가능해짐으로써 유아적이고 자아도취적인 퍼스낼리티 구조가 형성된다고 주장한다. (나중에 살펴보겠지만, 이것은 남자아이가 아버지에게 갖는 경쟁 구도를 근거로 단정되며, 나르시시즘의 증가를 퍼스낼리티의 일반적 여성화와 등가적인 것으로 보는 시각을 함축한다.) 라쉬는 프로이트가 묘사한 과정들, 즉 경쟁구도와 죄의식을 통한 사회화 과정은 프로이트가 밝혀냈을 때 이미 현실적인 힘을 잃어가는 상태였다고 주장한다. 이 과정들은 부르주아적인 가부장적 가족형태의 특징이었는데, 당시에 이미 그 가족형태가 기반을 잃고 있었기 때문이다. 그러나 세대 간 갈등 회피가 문제의 해결은 아니다. 라쉬는 그것이 더 원시적인 형태로 잔존한다고 주장한다. 아버지가 부재하거나 혹은 아버지가 있어도 그가 자신의 권위 행사를 거부하면, 아이는 처벌의 환상과 보복의

178　위의 책, p. 77.

공포를 절대 극복할 수 없으며, 다만 그것들을 불확실한 미래로 투사할 뿐이다. "처벌의 유예는 욕망 충족의 불유예에 지급해야 할 대가를 표상한다."[179]

연기된 처벌에 대한 두려움은 눈앞의 가족을 넘어 사회세계로 투사된다. 오늘날의 나르시시스트들은 차츰 침입하는 사회정책과 더 전체주의화되는 국가 앞에서 침울한 분노와 체념을 보인다. 라쉬는 가족을 개인과 사회의 매개자–실제로는 하나의 완충기구–로 보며, 가족이 약화하면 구속뿐 아니라 그것이 낳은 이상주의 역시 잃는다고 본다. 그리하여 우리는 새로운 형태의 지배–소비주의와 국가의 지배–에 취약해질 것이라는 주장이다.

이 주제들은 라쉬가 그 뒤에 펴낸 대중서 『나르시시즘의 문화』에서 정교화된다. 아이들은 부모에게 벌을 받지 않고 자라며, 부모의 처벌에 대한 공포와 환상을 관료화된 사회의 자의적 폭력에 투사한다. 사회통제 기관들은 진정성 있는 판단과 도덕적 권위를 효과적으로 무력화하는, 허용적이고 치료적인 수사修辭를 채택하고 있다. 바로 이런 문화가 미디어 셀레브리티들을 칭송하고, 모든 사람에게 나르시시즘과 유아성을

---

179   위의 책, p. 189.

조장한다. 가족적 권위의 약화는 공과 사의 구별을 침식하여 '계몽된' 전문가의 인간관계 가이드 앞에 모든 것을 노출시킨다. 허용성, 심리치료, 페미니즘은 '느낌으로부터의 도피', 즉 섹슈얼한 관계를 맺고 싶은 욕구에 몰입하기보다는 회피해버리는 것의 사례를 표상한다. 라쉬는 이런 경향을 유해하고 불가역적인 것으로 보았다.

> 그러나 가부장적 가족, 또는 그것을 대체한 '동반자적companionate' 가족의 부활을 요구하기에는 너무 늦었다. 정제된 사회과학적 은어로 '기능의 이전'[180]이라 표현되는 것–사실은 아동돌봄child care의 퇴행–은 오랫동안 수행됐으며, 이제 그 결과는 뒤집힐 수 없는 것으로 보인다.[181]

부르주아적인 가부장적 가족에 대한 라쉬의 묘사는 애수에 차 있다. 이 권위주의적 제도의 죽음에 대한 그의 노골적인 탄식에 여러 사람들이 불편함을 느꼈다. 페미니스트들이 비판을 위해서가 아니라 승인의 의미로 '가부장적'이라는

180　〔역주〕 가족기능의 사회화를 의미한다.

181　*The Culture of Narcissism*, p. 290.

형용사를 사용하는 작가를 반대하는 것은 전혀 놀랍지 않다. 놀라운 것은 라쉬가 노골적인 반페미니즘 태도를 보였는데도 좌파의 신뢰를 얻었다는 사실이다. 이 사실 자체가 페미니즘과 좌파가 가족에 대해 무조건적인 공격으로 대동단결했다고 본 라쉬의 주장이 틀렸음을 드러낸다. 실제로는 가족에 대한 태도야말로 여러 페미니스트들과 사회주의자들 사이에 일어나는 갈등의 주요 원인이다. 여기서 우리는 라쉬 저작에 대한 페미니스트들의 비판을 숙고하기 전에 몇 가지 논점을 제기하려 한다.

앞으로 우리는 크리스토퍼 라쉬가 제시한 역사, 분석, 정치, 도덕성에 이견을 낼 것인데, 그 전에 먼저 그의 발상이 긍정적인 자극을 준다고 여겨지는 영역을 지적해두고자 한다. 정치적 수사학들뿐 아니라 가족과 인간관계를 다루는 학문 작업에서도 너무나 자주 외면되어온 현실의 물질적·감정적 이슈들을 확인했다는 점에서 라쉬는 분명 옳다. 우리는 현실적 욕구들에 대한 라쉬의 휴머니즘적 관심을 공유하며, 개인적이고 심적인 관계맺음의 영역이 사회주의자들에게도 결정적인 중요성을 갖는다고 본 그의 주장에도 동의한다. 우리는 라쉬의 문제의식의 출발점이 된 질문들을 지지한다. 이에 대한 그의 대답들에는 동의하지 않지만 말이다.

가족에 대한 대부분 연구들은 우리가 가장 알고 싶어 하는 것만 빼고 나머지 모든 것들을 이야기한다. 가족생활은 왜 이리도 고통스러운가, 결혼은 왜 그리도 깨지기 쉬운가, 부모와 자식의 관계는 왜 적대와 반목으로 가득 차 있는가?[182]

이런 이슈들을 탐구하면서 라쉬는 당대 사유의 어리석음과 위선을 명쾌히 드러낸다. 그는 '구속 없는 헌신non-binding commitment'이라는 모순 어법에 대해, 그 말이 당연히 받아야 할 조롱을 보낸다.

가족에 관련한 소비주의에 대한 라쉬의 분석이 지금껏 가족-가구 조직과 가족 이데올로기에서 간과해온 차원을 적절히 강조한다는 점도 언급해야 한다. '소비 단위'로서의 근대 가족이라는 관념은 사회학에서 너무나 당연하고 진부한 말이 됐지만, 좀 더 최근의 정치화된 논쟁은 가구 생산에 관한 것으로 대체되고 있다. 라쉬는 광고, 여가 운영, 그리고 가족관계에 내재한 탐욕적인 금전 추구에 대해 매우 흥미로운 서술을 제시했다. 또한 다음의 지적과 같이, 그가 가족과 개인의

---

182 *Haven in a Heartless World*, p. xvi.

통합성을 저해한다고 보는 모든 것들로부터 이득을 얻는 수혜자들에 대한 참신하고 발랄한 계급분석을 제시하기도 했다.

> 우리는 대개 체계는 볼 수 있지만, 그 체계를 움직이고 그것이 낳는 부를 독점하는 계급은 보지 못한다. 우리는 현대 사회의 계급분석을 '음모이론'이라면서 거부한다. 그렇게 우리는 현재의 어려움이 어떻게 발생했는지, 왜 지속하는지, 어떻게 해결될 수 있는지를 이해할 수 없도록 스스로 가로막는다.[183]

라쉬는 소비주의가 기업국가coporate state에 의해 가족 *위에* 부과된다고 보지만, 우리 두 필자는 가족주의를 소비주의의 중심 구성요소로 본다. 이런 차이에도 불구하고 우리는 라쉬가 가족과 소비주의라는 문제를 강조했다는 점 자체를 높이 평가한다.

그러나 다른 한편, 가족사에 대한 라쉬의 관념이 극단적으로 편향됐음은 지적해야 한다. 라쉬가 사라지고 있다며 아쉬워한 바로 그 가족형태의 심적·사회적 지위에 대한 평가

---

183 *The Culture of Narcissism*, p. 376.

는 논외로 하더라도, 그가 제기한 이른바 '포위된 가족the family besiged' 이론 자체가 문제적일 수 있다. **가족**the family에 대한 라쉬의 개념화는 명백히 19세기 자본주의에 특징적인 부르주아 가족모델에 기대고 있는데, 사실 그것은 다양한 가족형태 중 하나일 뿐이고, 귀족이나 노동자, 농민의 가족모델과는 상당히 다르다.184 라쉬는 이 부르주아 가족형태의 불안정한 존재성을 강조했지만, 그럼에도 불구하고 이것을 다른 모든 가족형태를 측정하는 기준이 되는 이념형 혹은 가늠자로 다루는 경향이 있다. 계급적·문화적 구체화가 되지 않은 것은 차치하고라도 엄밀한 시기 구분조차 없이 이뤄지는 그의 설명에서, 이 유형의 가족은 보편주의적이고 본질주의적인 성격을 띤다. 라쉬의 두 책은 문화사 저작으로서는 놀랄 만큼 모호하며, 시간과 장소의 디테일이 부족하다. 라쉬는 가족이 힘을 잃은 순간을 예민하게 명시하는데, 이는 정신분석과 프랑크푸르트학파가 가족을 이론화할 때 이미 그런 가족은 사라지기 시작해 그 이론의 틀을 벗어났음을 우리에게 보여주기 위해서다.185

---

184   Mark Poster, *Critical Theory of the Family*, London 1978을 볼 것.

185   "라이히와 프롬, 프랑크푸르트학파는 권위주의 가족이 붕괴하기 시작한 시점에서 가족을 분석했다. 그들은 사회통제 수단으로서 벌이 무의미해졌을 때 가족이 어떻게 '고통 감수 능력'–부정을 종교적 체벌이라 받아들이는 성향–을 주입하는지 보여주었다." *Haven in a Heartless World*, pp. 90~91과 p. 180을 볼 것.

그러나 그는 가족이 최고조에 있던 순간, 즉 그것이 언제 시작됐고 얼마나 오래 지속했는지를 기록하는 데는 상대적으로 덜 예민하다. 라쉬에게 있어 이 가족은, 동즐로에게 앙시앵 레짐 가족이 그랬던 것처럼, 사라져 버린 것의 표상, 우리를 '진짜' **가족**the 'real' family이라는 신화에로 유혹해 들이는 표상으로 나타난다.

라쉬는 (나르시시즘의 문화에서 퇴화하기 이전의) 가족을 현금 관계가 개입하지 않는 감정성affectivity의 안식처로 실체화한다. 가족은 자본주의가 장악하기 가장 어려운 최후의 장소이며, 사회주의적 국유화 프로그램에 대한 공포심("그들은 나중에 섹스까지도 국유화하고 싶어 할 거야")과 연결되는 감정들까지 불러들이는 마법을 부린다. 라쉬는 이렇게 쓴다. "경제적 합리성의 정신은 현대 사회에 너무도 널리 퍼져 있어서 전자본주의적 사유 양식과 감정 양식의 최후 요새인 가족까지도 침범했다."**186**

가족이 어떤 의미에서 전자본주의적 사유와 감정의 요새인지는 설명되지 않으며, 사실 설명하기 어렵기도 할 것이다. 이 진부한 가정은 라쉬 저작에 빈번하게 등장하지만, 어떠한

---

186 *Haven in a Heartless World*, p. 36.

설명이나 근거도 제시되지 않는다. 열정적이고 낭만적인 사랑 passionate romantic love이라는 발상은 몇 군데에서 '초월적'이라며 지나가듯이 언급되지만, 그 실체는 결코 채워지지 않는다. 성적인 관계맺음에 대한 라쉬의 희망사항들은 실제로 그가 찬성하지 않는 사람들을 설명하는 어조tone에만 등장하는데, 이 또한 라쉬 글의 특징이다. 일부일처제를 예로 들자면, 라쉬가 그것을 명백하게 권장하는 서술은 없으나, 일부일처제 비판을 묘사할 때는 그 비판이 몹시 어리석은 것처럼 비하하며 쓰는 식이다.[187]

라쉬는 몇 가지 점에서 자기 가치관을 명백히 드러내지만, 라쉬의 관점에서 가장 보수적인 부분은 논쟁하기보다는 함의를 던지는 방식으로 처리한다. 가족-국가 관계를 다루는 그의 방식을 보자. 라쉬의 테제에서 실질적인 요소는 기업국가의 지도 기관들guidance agencies이 우후죽순 늘어남에 따라 가족이 이전에 갖고 있던 지위를 박탈당했다는 주장이다. 이 과정에 대한 라쉬의 기나긴 설명은 앞서 살펴본 동즐로의 『가족의 감호』 논의와 크게 공명하며, 따라서 동즐로 책의 미국판 안

---

187 위의 책, p. 147: "미드와 프롬, 여타의 '공동체' 숭배자를 좇아서 그(Philip Slater)는 한 사람에게 신경증적으로 집착하고 과거를 회고함으로써 향수와 상실감에 몰입하게 하는 '근본적으로 근친상간적인' 정열 대신, 분산되고 심각하지 않으며 서로에게 아무것도 요구하지 않는 그러한 정도의 따뜻함만을 요구한다."

내문에 라쉬가 쓴 찬사가 소개글로 들어가 있는 것은 놀랄 일이 아니다. 두 저자는 가족에 대한 국가 개입을 '전문가'로 은폐해주는 수많은 기관들과 여성들이 동맹을 맺었다고 보며, 그 동맹이 건전한 것은 아니라고 평가하는 데서 의견이 일치한다. 권위주의에 대한 은밀한 지지를 담은 전형적인 단락에서 라쉬는 이렇게 쓴다. "계몽적인 의견은 이제 스스로를 사회의 의료화와 동일시하게 되었다. 이제 신뢰를 잃은 권위주의적 훈육 양식의 대표자로 비난받게 된 부모와 사제, 법률가의 권위는 의료적·정신의학적 권위로 대체되었다."[188]

라쉬와 동즐로는 범죄의 의료화와 '치료적 사법therapeutic justice'의 만연에 상당한 관심을 표명한다. 이 변화는 피의자가 보호관찰관과 심리 사회사업가, 온정주의적인 치안판사로부터 재판을 받는 소년법원으로 예시되는데, 이는 피의자가 자신의 피의사실에서 벗어나려 할 때 가졌던 전통적 권리를 박탈하는 경향이 있다는 것이다. 라쉬는 소년법원이 가족사를 캐고 어린이들을 '부적합한' 집에서 떼어내며, 보호관찰을 명목으로 집을 침범할 수 있게 됐다고 불평한다. 동즐로 역시 치료적인 소년사법 모델 때문에 피의자의 권리들이 폐지되고

---

188 위의 책, p. 100.

있다며 분개한다.189 물론 약물을 사용한 죄수 통제나 그 외 다양한 체계에 의한 학대에 관심을 두는 데는 진실한 명분이 있다. 그러나 이것이 라쉬가 (그리고 동즐로가) 제기한 이견의 진짜 이유는 아니다. 그들의 반대는 소년사법 체계가 가족의 권위를 잠식했다는 사실을 향해 있는데, 여기서 가족의 권위란 자식에 대한 *아버지*의 권위를 의미한다. 그들은 소년법원에 관해, 자식의 권리가 없어진 것에 대해서가 아니라 아버지의 권리가 철폐된 것에 대해서 비판한다.190

사법이라는 문제는 권위의 배당을 상징하므로 대단히 중요하다. 라쉬와 동즐로는 치료적 사법을 원고와 피고 간의 대립체계와 부당하게 비교한다. 두 사람 모두 원고-피고 대립체계의 야만성과 부정의함을 인정하지 않으며, 오히려 그 체계야말로 개인들을 자신의 행위를 책임지는 존재로 다루는 진정한 방식이라고 선언한다. 이런 입장은 사회주의자로서는 좀 어울리지 않는다. 우리가 보기에 사회적 사법social justice의 형태는 분명 개인적 대립체계보다 우월하다. 개인적 대립체계는 부르

---

189 *The Policing of Families*, p 106-107.

190 일라이 자레스키는 이와는 대조적으로, 소년법원이 사적 가족을 대체하기는기녕 보호한다고 말한다. "The Place of the Family in the Origins of the Welfare State", Barrie Thorne and Marilyn Yalom, eds., *Rethinking the Family*, p. 213.

주아 민주주의의 특징적인 재산권과 계약 관념에 기초하기 때문이다. 만약 '치료적 사법'이 비판받아야 하더라도, 과거에 존재한 순수하게 사회적인 통제나 직접 민주주의적 정의의 이상을 기준으로 이루어져야 할 것이다.

국가 비판, 가족에 대한 국가 '개입' 비판은 다양한 시각에서 가능하다. 라쉬가 채택한 입장은 개인주의 시각이다. 그것은 가족 안에 작동하는 아버지의 권위라는 관념을 통해 표출된다. 이런 입장은 집단적 의사결정과 통제에 대한 사회주의적 당파성은 차치하고라도 국가에 대한 무정부주의적 비판만큼도 진보적이지 않다. 물론 라쉬의 논점이 자본주의하에서의 아동 사회화라는 특수 주제에 한정됐음을 인식하는 것은 중요하다. 그는 자본주의 국가와 그 안에 작동하는 복지주의 이데올로기 및 그 대리인들이 소비주의를 증진할 뿐 아니라 사회통제를 안정화하려는 필요성에 의해 동기화된다고 정확하게 파악했다. 그러나 라쉬는 복지국가 성립에 존재하는 중요한 모순을 무시한다. 즉 복지국가란 노동계급 투쟁이 이룬 성과와 돌봄의 집단화 정도를 표상하기도 한다는 것이다. 일라이 자레스키가 지적했듯이, "라쉬는 복지국가를 중간계급 개혁가들과 전문직들의 창조물이라 보고, 개혁이 일어나기까지 도시 노동계급과 빈민들이 수행한 능동적 주도권을 무시한다."**191** 물론 사회주의자들은 복지국가의 급여 수준이 -영국이건 미국이건 간에- 우리가 사회주의에서 기대하는 것보다 훨씬 미약하고 열등하다고 보는 입장일 수밖에 없다. 그러나 최근의 야만적인 복지 삭감-영국에서는 이것이 종종 복지국가의 '붕괴dismantling'로 지칭된다-이 우리에게 준 교훈은, 자신을 돌보지 못하는 사람들에 대한 돌봄을 가족에게 (좀 더 정확히는 여성들에게) 다시 전가하려는 시도에 맞서 복지급부의 사회적 공급이 (비록 적절한 수준에 못 미쳤었더라도) 반드시 옹호되어야만 한다는 것이다.

라쉬의 접근은 사회적 급여social provision의 개선과 민주주의를 위해 투쟁할 것을 강조하는 사회주의적 입장과는 매우 다르다. 사회적 급여의 현재 형태와 아동에 대한 집합적 책무성에 대한 적대감이 라쉬로 하여금 사회적인 것the social은 필연적으로 침략적이고 전체주의적이라고 말하도록 이끈 것 같다. 그는 사회적인 것의 요소들을 가족적인 것the familial, 개인적인 것the individual과 부당하게 대비하며 연결한다. 사회주의자라면 아동돌봄과 사회화에 대해 사회적 책무성이 증가해야 한다는

---

191 자레스키는 또한 페미니스트들이 복지국가를 남자들의 창조물로만 보고, 스스로 복지국가의 탄생에서 수행한 역할을 무시하는 것에 대해서도 언급한다("The Place of the Family", pp. 191-192).

논증을 원하기 마련일 테지만, 라쉬는 이 기능들이 개별 가족의 수중에서 떨어져 나온 것을 아쉬워할 뿐이다.

권위주의적 스타일의 사회화에 대한 라쉬의 일반적 지지에는 오이디푸스 갈등으로부터 심리적 강인함이 키워질 수 있다고 보는 낭만적 시각이 깔려 있다. 라쉬의 이런 시각은 아미쉬Amish 사회 아이들을 종교적 구속으로부터 떼어내 주립학교에서 의무교육을 받게 한 미국 위스콘신주의 법적 조치에 대한 그의 논의에서 잘 드러난다. 라쉬는 아미쉬 사회의 자녀통제권에 반대한 더글라스Douglas 판사를 비판하면서, 그의 입장이 감상적인 자유주의적 인도주의humanitarianism에 불과하다고 봤다.

> 무엇보다 더글라스 판사의 주장은 감상적이다. 부모의 전통과 단절하기로 결정한 아이가 그런 단절이 필연적으로 일으키는 아픔, 고통, 죄의식을 느끼지 않도록 국가가 막을 수 있다고 가정하기 때문이다. 그러나 실은 그런 어려움과 부딪히는 것이야말로 그러한 경험의 심리적·교육적 가치를 구성한다. 더글러스는 진정한 온정주의적 방식으로 고통스러운 장애물을 완화해 아이의 진보를 이룰 수 있다고 보는데, 그것은 아이의 진보가 그런 장애물을 극

복함으로써 구성된다는 점을 망각한 것이다.[192]

라쉬가 직접 논의를 발전시키지는 않았지만, 이런 시각이 내포한 함의들은 반드시 지적해야 한다. 여기서 (도덕적 기질의 등가물로 개념화된) 심적 강인함을 발전시킨다며 예찬되는 고통과 죄의식이 편협하고 고답적인 종교적 도그마의 산물인 것은 우연이 아니다. 우리 자신도 (가령 제임스 조이스James Joyce 의 『젊은 예술가의 초상』에서 묘사된 것 같은) 로마 가톨릭 교리에 의거한 사회화가 형성한 죄의식이, 영국 국교회의 명목론적 교리 수업만 들은 사람들이 갖지 못한 이득을 가져온다고 믿도록 요청받지 않는가? 또 정통 유대교 양육법으로부터 단절해 나온 사람들에게 남아 있는 강력한 죄의식이 인간을 왜곡시키기보다는 오히려 강하게 만든다고 믿으라 하지 않는가? 라쉬는 특정한 종교적 신념이 갖는 어떠한 장점도 옹호하지 않으면서도 세속적인 것에 맞서 종교적인 것의 편에 선다. 라쉬의 논의에 은밀한 친종교적pro-religious 시각이 있음을 보여주는 전형적인 예는, 그가 정신분석가 재닌 샤세그-스머겔Janine Chasseguet-Smirgel에 대해 쓴 단락에 나타난다. 거기서 라쉬의 주

---

192   *The Culture of Narcissism*, p. 382.

된 강조점은 그녀의 저작이 그것을 전유하려는 페미니스트들에 의해 어떻게 오해됐는지 보여주는 것에 있었으므로, 독자들은 그의 핵심 주장을 읽느라 자칫 종교문제에 대한 언급을 건너뛰기 쉽지만 말이다. 라쉬는 "우연하게도" 샤세그-스머겔의 논의가 "신의 죽음은 왜 인간을 좀 더 자립적이고 자율적으로 만들지 않았는가"를 설명할 수 있게 해준다고 주장한다.

자립적·자율적이 되기는커녕, 종교적 환상의 붕괴는 그것보다 더 은밀하게 작동하는 다른 환상들로 가는 길로 이어졌다. 과학은 계몽의 대리인으로 봉사하는 대신에 테크놀로지의 기적, 놀랍도록 효과 좋은 약물과 치료법, 인간의 노력을 필요 없게 만드는 전자제품 등을 끝없이 내놓으면서 스스로를 사람들의 삶에 각인했고, 이를 통해 아기 같은 취향과 환상에 대한 유아적 욕구가 부활하도록 돕는다.[193]

그러나 '은밀하게 작동하는 환상'이라는 잣대로 본다면, 신앙이야말로 점수가 꽤 높을 것이며, 세계사적으로 보더라도

---

[193] *New Left Review*, 129 (September–October 1981), p. 32.

과학의 능력에 대한 낙관론보다는 신앙심이 인간에게 훨씬 더 많은 고통을 주었다. 불치병으로 고통받는 사람이 '기사회생의 영약' 발견을 바란다면, 그 희망은 '유아적'일지는 몰라도 신이 도와줄 것이라는 바람보다 훨씬 더 합리적이다.

우리는 라쉬가 '종교와 연결되어 있으므로 유죄'라고 생각하지는 않지만, 그의 주장이 승인하는 보수적 논제들이 얼마나 광범하고 다양한지에 대해서는 말할 필요가 있다고 본다. 라쉬의 논의들은 성상파괴주의aniconism에 가까울 만큼 파격적이지만, 엄연히 사회주의 전통 안에within 있는 것으로 제시되고 수용된다. 라쉬 자신이 가족을 교조주의적으로 반대한다고 비판한 그 사회주의 전통 안에 말이다. 『나르시시즘의 문화』 끝부분에서 라쉬는 드물게도 의지에 대한 낙관주의를 드러내면서 시민이 만든 "역량의 공동체communities of competence"에 의한 창조를 요청하며, "오직 새로운 사회, 좋은 사회에 대한 비전만으로 새로이 활력을 얻게 될 로컬리즘, 자조自助, 공동체 행동이라는 전통"194을 언급했다. 그러나 그의 이러한 요청은 너무 불충분하고 너무 늦은 것이다. 가족과 국가에 대한 그의 분석 전체가 부르주아적·가부장적·기독교적 가족형태에 대

---

194   *The Culture of Narcissism*, pp. 396-397.

한 반동적인 옹호에 의지하며, 역사적 변동에 대한 왜곡되고 과장된 설명으로 이어진다. 더구나 그의 분석은 개인주의로 일관되어 있으므로, 책 끝에 설득력 없이 제시된 새로운 사회의 '비전'은 아무런 확신도 주지 못한다.

라쉬의 저서가 과연 사회주의 전통에 서 있는가라는 주제가 조금 의심스러운 정도라면, 페미니즘에 전투적인 입장을 갖고 있다는 것에는 혼동의 여지가 없다. 명백한 지표는 라쉬가 그토록 찬양한 가부장적 가족 내에서 일어나는 여성억압에 대해 전적으로 침묵한다는 데서 찾을 수 있다. 라쉬가 선택적으로나마 그 논의를 따르는 프랑크푸르트학파의 저술들은 바로 이 점에서 라쉬와 훌륭한 대조를 보인다.

> 가족의 위기 속에서 뒤의 것은 새 시대의 초기 단계에 약자인 여성들과 더 약자인 아이들이 가장의 손아귀에서 겪어야 했던 야만적인 억압뿐 아니라, 다른 모든 점에 있어서 시장법칙을 따르는 사회에서 가사노동을 무상으로 착취하는 경제적 부정의에 대해 책임을 져야 할 것이다.[195]

---

[195] "The Family", *Aspects of Sociology*, London 1974, p. 137. 라쉬가 이 문제를 확실히 밝히지 못한 것에 대해 페미니스트들이 비판한 것을 보려면, Wini Breines,

라쉬는 페미니즘을, 성적 분리주의sexual separatism · 약물 사용 · 자살 · 금욕 · 성적 방탕 · '쿨한 섹스cool sex'에 대한 예찬 · 1인가구 증가와 함께, 이즈음 만연한 '감정으로부터의 도피flight from feeling'의 일부로 규정한다. 나르시시즘의 문화와 '전문가'에 대한 의존이 성적인 긴장과 적대에 맞설 능력의 감소를 가져왔다는 것이다. 라쉬는 우리가 바랄 수 있는 건 기껏해야 자신이 '상대 성opposit sex에 대한 일상적 가치절하'라고 부르는 것 정도라고 주장하는 것 같다.

> 페미니즘, 그리고 친밀성의 이데올로기는 성적 고정관념들sexual stereotypes의 힘을 약화시켰다. 여성들을 그들의 자리에 머무르게 하는 동시에, 성적 적대를 인정하면서도 그것이 전면전을 일으킬 수준까지는 올라가지 않도록 해왔던 바로 그 고정관념들을 말이다.196

라쉬의 목표는 우리가 갈등의 말뚝을 세우거나 열정 없는 양성성androgyny으로 미끄러져 들어가기보다는, 성적 적대를 그

Margaret Cerullo and Judith Stacey, "Social Biology, Family Studies and Anti-Feminist Backlash", *Feminist Studies*, vol. 4, 1978을 참고할 것.

196　*The Culture of Narcissism*, pp. 331-332.

냥 둔 채 그것과 함께 "좀 더 우아하게" 살게 하는 것에 있는 것 같다.

그러나 어느 한쪽이 권력구조에서 일방적으로 수혜적 위치에 있을 때 그 적대와 함께 '우아하기'란 매우 어렵다. 라쉬와 페미니즘의 갈등에서 주요 포인트는, 라쉬가 젠더관계를 객관적인 방식으로 다루는 듯하지만 그의 입장은 철저하게 배타적으로 남성적이라는 것이다. 라쉬는 반복적으로 '아이들'에 관한 논의라고 쓰면서 실제로는 오직 남자아이들에게만 해당하는 이야기를 하는데, 이는 그가 자신의 주요 초점이 젠더라고 말하는 사람임을 고려할 때 참으로 놀랍다. 좀 더 사회학적 논의, 즉 라쉬가 자산계급의 가족 패턴을 이야기하는 부분이나 자신의 정신분석적 해석들을 제시하는 데서도 이런 모습이 마찬가지로 나타난다.[197] 라쉬의 분석은 오이디푸스적 사회화나 아버지와의 경쟁구도를 중심으로 두지만, 이 모델이 여자아이의 심리–성적 발달을 얼마나 설명할 수 있는가라는 결정적으로 중요한 문제는 제대로 다루지 못했다. 여성의 섹슈얼리티와 심적 세계psyche에 대해 프로이트가 제시한 논의들은 남성성에 대한 설명보다 덜 만족스럽게 여겨진다. 이 점

---

[197] *The Culture of Narcissism*, pp. 371–372; *Haven in a Heartless World*, pp. 181–182.

은 사실 프로이트 자신도 인정한 바다. 프로이트 접근의 다양한 차원을 수용하는 사람들도 여성 섹슈얼리티에 대한 그의 설명만큼은 설득력도 덜하고 공감을 일으키기 어렵다는 것을 알게 된다. 정신분석에 제기되는 주된 문제점 중 하나는, 그것이 젠더라는 질문을 어느 정도 특권화하면서도 실상 발견한 것은 별로 없다는 점이다. 그렇기에 여성성에 대한 프로이트의 설명에 도전하는 것은 단순히 국지적인 논박에 머물 수 없으며, 프로이트 이론의 전체 체계에 대한 도전이 될 수밖에 없다. 그러나 라쉬는 이 도전을 단지 프로이트에 대한 '문화적' 공격을 좀 더 쉽게 만들 수단 정도로 취급한다. 그는 여성들의 심리학을 탐구하려 한 사람들, 즉 카렌 호나이Karen Horney 이후의 여러 저자들을 오이디푸스적 사회화를 생물학적이 아닌 문화적 관점으로 읽는 인류학자들과 뒤섞으며, 이들을 묶어 '개량주의자'라는 범주를 창조한다. 물론 정신분석에서 문화/본능 논쟁이 매우 중요하다는 것은 부인할 수 없다. 그러나 라쉬는 이 논쟁을 페미니스트 도전을 완전히 주변화하기 위한 수단으로 이용하며, 이는 그가 근본적으로 이 문제를 진지하게 취급할 의사가 없음을 드러낸다.[198] 라쉬는 자신이 이것을

---

[198] "여성 심리학이 프로이트에 대한 '문화적' 비판이라는 목적을 위해 사용된 이유를 이해하는 것은 어렵지 않다. 이 논쟁에서는 여성 심리학보다 더 많은 핵심이

조금이라도 언급했다는 사실에 만족하는 것이 틀림없다.

페미니스트 비평가들에 맞서 자신의 테제를 옹호한 라쉬 주장이 실은 자신에 대한 페미니스트 비판에 직접 답하지 않는다는 흥미로운 지적도 있다. 라쉬의 저작에 대해 가장 설득력 있고 직접적인 반응을 보이는 스테파니 엥겔Stephanie Engel의 관찰에 의하면, "오이디푸스 통치가 쇠락하고 나르시스적인 남성이 출현한 것에 대해 라쉬가 드러낸 실망의 밑바탕에는, 명백히 표현된 건 아니지만 나르시시즘을 거세로 보는 감각이 깔려 있다."[199] 엥겔은 이 감각을 밝히기 위해 의존적 대상-선택(anaclitic object-choice, 즉 자기와는 다른 어떤 사람에 대한 사랑)과 자기를 닮은 대상을 향하는 나르시시즘적 사랑을 구분한 프로이트의 이론적 역사를 역추적한다. 엥겔은 정신분석 이론에서 여성들의 주변화는 남자아이들뿐 아니라 여자아이들에게도 엄마가 일차적이고 형성적인 대상-선택이 된다는 사실 그 자체가 낳은 결과라고 본다.

프로이트가 결코 풀지 못한 문제는 여자아이들의 일차적

있다." *Haven in a Heartless World*, p. 76.

199 "Femininity as Tragedy", *Socialist Review*, no. 53, 1980, p. 88.

사랑관계가 그들에게 오직 나르시시즘적인 대상관계들만을 준비해주는데도 불구하고, 여성들이 어른이 된 뒤에는 반드시 반대 성200에 대한 사랑을 선택한다는 사실이었다. (⋯) 의존·미성숙함·고지식함·마조히즘이 여성성의 심리학적 대명사인 '나르시시즘'이라는 분석적 우산 아래 하나로 뭉뚱그려져왔다.201

엥겔은 라쉬가 나르시시즘에 대한 프로이트의 언급 중 경멸적인 부분만을 빌려와 부르주아 가족에 대한 이상화와 결합함으로써, 애착, 상호성, 동일시, 관계됨relatedness의 감정들뿐 아니라 여성들의 경험까지 체계적으로 평가절하하는 입장에 이르렀다고 논한다.

라쉬는 이런 비판에 대해, 나르시시즘의 문화를 무규제적 에고-이상uninhibited ego-ideal의 문화로 부르자는 제안으로 응답한다. 그러나 다른 많은 부분에서 그는 비판에 응답하기보다는 자신의 원래 입장을 반복할 뿐이다. 가부장제, 가족, 아버지라는 문제는 좌파의 관심을 기업과 국가라는 진정한 문제

---

200 〔역주〕즉 남성.

201 "Femininity", pp. 87-88.

로부터 다른 곳으로 분산하기 위한 '사이비 문제'라는 것이다. 페미니스트들은 이미 고꾸라진 가부장에 맞선 투쟁에 에너지를 낭비하고 있으며, 그러는 사이 산업적 소비주의라는 절대권력이 아무 저항도 받지 않고 통치한다는 것이 라쉬의 주장이다.

라쉬와 엥겔 같은 비평가 사이에는 여러 불일치들이 있지만, 어쨌든 (프로이트가 서술한 바와 같은) 가부장적 권위를 통한 사회화 과정이 영원하지 않을 것은 합의되고 있다. 가부장적 가족에 대한 라쉬의 설명은 사회화의 현재 상태에 대한 서술이라기보다는, 그에 대한 처방을 제공하는 것에 가깝다. 최근 페미니즘 사상과 사회주의 사상 모두에서, 여성들 사이의 관계맺음에 대한 관심과 모녀관계들에 대한 탐구가 증가했는데, 이 현상의 바탕에는 가부장적 권력의 상대적 취약성과 비영원성에 대한 이같은 인식이 깔려 있다.

각기 다른 방식으로 이런 접근에 기여한 대표적 인물로 낸시 초도로우Nancy Chodorow, 도로시 디너스타인Dorothy Dinnerstein, 제시카 벤자민Jessica Benjamin이 있다.[202] 여기서 이들의 주장을

---

[202] 초도로우와 디너스타인은 종종 함께 거론되나 매우 다른 접근을 보여준다. Nancy Chodorow and Susan Contratto, "The Fantasy of the Perfect Mother", *Rethinking the Family*, p. 72, n. 13.

자세히 검토하기는 어렵지만, 이 작업들의 의미는 반드시 지적해야 한다. 초도로우, 디너스타인, 벤자민은 오이디푸스 갈등을 과도하게 강조하거나 평가하지 않는, 새로운 정신분석의 유용성을 보여준다. 기존의 정신분석 이론은 오이디푸스시기에 일어나는 아버지 권위의 내면화를 남자아이들이 가부장적 질서로 들어갈 수 있게 하는 기초로 보았으며, 여자아이들에게 주어지는 오이디푸스 정황의 상대적 취약성[203]은 여성들의 내적 규제inner-direction, 책임감, 죄의식 등이 덜하다고 설명하기 위한 자원이 되었다. 그리고 이렇게 오이디푸스기의 투쟁 결과를 강조하느라 남자아이와 여자아이의 발달 모두에서 전前오이디푸스기pre-oedipal의 관계맺음이 갖는 의미에 대해서는 주의를 덜 기울였다. 특히 아이와 어머니 사이의 일차적 관계에 대한 적절한 숙고를 희생해서, 결과적으로 아버지의 가부장적 권위를 더욱 강조하게 되었다.

어머니와 아이의 일차적 관계는, 비록 갈등이 아예 없지는 않지만, 대체로 양육성nurturance과 애착을 특징으로 한다. 그리고 바로 그래서 나중의 대상 선택object-choices에 있어 여자아

---

203 〔역주〕 여자아이들은 해부학적 구조상 거세 공포를 겪을 수 없으므로, 그녀들의 심적 세계에서는 강한 오이디푸스적 국면이 만들어지기 어렵다는 것이 프로이트의 주장이다.

이들이 남자아이들처럼 단호할 수 없다고 논의된다. 남자는 성인기 이성애 안에 어머니와의 일차적 관계를 복제할 수 있지만, 여자는 (이성애적인) 대상-선택과, 자신과 어머니의 초기 유대처럼 친밀성과 양육성을 재생산하는 여러 관계에 대한 애착 사이에서, 좀 더 근본적으로 둘로 찢긴 상태에 머무르기 쉽다는 것이다. 이처럼 오이디푸스 이전의 어머니-아이 관계를 강조하는 접근은 고전적인 프로이트 전통과 매우 다르다. 물론 기본적인 여러 요점들은 공유되지만 말이다. 이 새로운 접근은 가부장적 권위와 오이디푸스적 사회화에 대한 프로이트의 강조를 계급과 문화의 구속을 받는 특수한 역사적 시기의 특정 가족형태의 산물로 본다.[204] 또한 아동발달 초기에 경험되는 상호성과 결합에 마땅히 주어져야 할 긍정적 가치를 강조하며, 부성적paternal 권위가 -현재는 서술적으로, 미래에는 규범적으로- 갖는 중요성은 약하게 본다. 어머니-아이 관계가 갖는 형성적formative 특징의 강조는 덜 경쟁적이고 더 양육적인 관계 일반을 재평가하게 하며, 특히 이후[205] 여성들 사이에 나

---

[204] 환영할 만한 일이긴 하지만, 페미니스트들이 정신분석 이론의 계급적 경계에 대해 누구보다 많은 관심을 기울인 것은 매우 역설적이다. Jessica Benjamin, "Authority and the Family Revisited", *New German Critique*, no. 13, 1978, pp. 52-53.

[205] 〔역주〕 초기 발달 단계 이후의 생애에서.

타나는 밀접한 관계맺음의 역사와 지속성을 설명하도록 도와
준다.

　이런 의미에서 낸시 초도로우 등이 발전시킨 이 접근은 여
성들 간의 관계-반드시 성적이어야 하는 것은 아니며, 감정적으로
의미 있는-가 갖는 힘에 대한 분석이나 설명일 뿐 아니라, 그 관
계가 갖는 힘의 가치와 심적 내용이 가부장적인 오이디푸스적
사회화로부터 파생된 것과 대비해 정립될 수 있어야 한다는
주장이기도 하다. 크리스토퍼 라쉬는 '새로운 정신분석적 페
미니즘the new psychoanalytic feminism' 프로젝트를 "나르시시즘을 소
유적 개인주의에 대한 이론적 대안으로 만들려는 노력"이라고
보았다.**206** 우리가 더 정확하게 말해보자면, 일차적 나르시시
즘**207**이 얼마간 명예회복되어 배타적으로 부정적이기만 한 것
이 아니라 긍정적인 변화형을 얻었다고 할 수 있다.**208**

206　NLR, 129, p. 31.

207　[역주] 오이디푸스 이전 단계의 일차적인 어머니-아이 관계에서 나타나는 애정을
　　　표현한 말이다. 이 단계에서 아이의 자아는 어머니와 구별되지 않으므로, 어머니
　　　와의 연결에 대한 아이의 사랑은 자기애의 일종으로 볼 수 있다.

208　엥겔은 라쉬처럼 페미니즘에 대해 어느 한 편의 입장을 취하기보다는 타협점을
　　　찾고 있음을 분명히 한다. "만약 슈퍼에고와 에고 아이디얼이라는 도덕성의 두 기
　　　구 중 어느 하나가 우위에 있는 것이 아니라 서로 자율적임을 인정한다면, 억압적
　　　공포와 무한정한 퇴행의 양극단 중 하나를 선택할 필요는 없을 것이나. 오이디푸
　　　스 콤플렉스의 산물은, 슈퍼에고는 현실, 어머니로부터의 자녀 분리를 강조하는
　　　데 반해, 나르시시즘의 산물인 에고 아이디얼은 상상력과 욕망의 약속, 재융합의
　　　열망을 회복시켜준다."("Femininity as Tragedy", p. 101.)

이 접근의 초점은 정신분석의 일반적 관점 안에서 '엄마노 릇mothering'을 재평가하자는 것이다. 제시카 벤자민에 따르면, 페미니즘적 저항은 가부장적 사회화에 의해 발생한 공격성으 로부터가 아니라 타자들과의 동일시로부터 나온다. "상호인정 과 양육적 행위로부터 나오는 이 저항의 이미지가, 아버지 없 는 사회를 향해 도구적 합리성과 맞서 싸우는 우리의 투쟁을 안내한다."209 낸시 초도로우는 우리가 추구하는 세계는 또한 어머니 없는 세계이기도 하다고 결론내린다. "젠더 불평등한 사회조직의 구속으로부터 해방을 추구하는 어떠한 변화 전략 도 부모노릇의 근본적 재조직의 필요성을 설명해야 하며, 일 차적인 부모노릇이 남성들과 여성들 사이에 공유되도록 해야 한다."210 엄마노릇에 대한 초도로우의 논의는, 엄마노릇이 배 타적으로 여성과만 연결될 필요가 없다는 가능성–그녀 입장에 서 보면 바람직한–을 인정한다. 그녀는 사회화를 통해 여성들을 엄마노릇으로 이끄는 심적 역동을 묘사했지만, 그런 세대 순 환은 남성들이 '어머니' 역할을 공유함으로써 깨질 수 있으며 또 깨져야 한다고 주장한다. 물론 이것은 엄마노릇의 심적 내

---

209   "Authority", p. 57.

210   *The Reproduction of Mothering*, California 1978, p. 215.

용이 문화적 기초에 의지하는지, 생물학적 기반에 의지하는지에 대한 논쟁적 질문을 제기한다. 거칠게 말하면 초도로우의 주장은 남성들도 '엄마노릇'을 할 수 있다는 것인데, 이런 주장은 어머니-아이 관계가 갖는 생물학적 결정성 때문에 제한될 수밖에 없다는 반응에 직면할 것이 틀림없다. 이런 반응은 페미니즘적 시각에서나 반페미니즘적 시각에서나 고전적인 반동적 입장으로 생각된다. 남근 선망과 여성성 형성에 초점을 맞추는 정신분석적 설명에 특징적으로 나타나는 생물학 논쟁은 여기서도 재등장하여, 엄마노릇이 유즙 분비 및 젖가슴과 관련된 '자연적인' 것인지 아니면 '사회적인' 것인지라는 질문으로 나타난다.

마이클 러스틴Michael Rustin은 이런 맥락에서 멜라니 클라인Melanie Klein의 저작에 나오는 흥미로운 논의를 소개한다. 그는 적절하게도, 페미니스트들이 프로이트보다 클라인에 주의를 훨씬 덜 기울이는 이유가 무엇인가라는 질문을 제기하고 답변을 제시한다. 클라인의 저작은 무엇보다 프로이트 저작에 있는 '가부장주의'를 뚜렷하게 '전복'한다. 러스틴은 클라인주의가 어머니-아이 관계의 양육적 측면뿐 아니라 파괴적 측면에도 관심을 갖는 등 페미니스트들을 불편하게 할 정도로 모성에 대한 감상적 설명과 거리를 둔다고 강조한다.

그럼에도 불구하고 이 모든 엄격성 덕분에, 클라인의 이론은 돌봄의 기능을 높게 가치평가한다. 이 사회에서 규범적인 기존 역할을 수행하는 여성들에게 지배적으로 부과되는 그 기능을 말이다. 직설적으로 말해보자면, 여성 운동은 이 역할의 이데올로기적이고 실제적인 지배로부터 탈출해서 남성적 기능들에 배당됐다고 여겨지는 상대적 자유와 명료한 권력으로 진입할 수단을 추구해왔다. 즉 아기들을 돌보는 역할에 대한 이론적 승인은 찾으려 하지 않았던 것이다.[211]

생물학이라는 질문과 관련해 클라인에 대한 러스틴의 논의에는 프로이트에 대한 줄리엣 미첼의 설명에서 발견되는 것과 다르지 않은 긴장이 있다. 클라인주의는 개인적인 것에 대한 사회적인 것의 우위를 단언하지만, 그럼에도 불구하고 생물학적 부모됨biological parenthood을 특권화한다. 또한 양성 모두에게 여성성과 남성성이 공존하는 것으로 보지만, 그럼에도 불구하고 여성성과 남성성을 애써 구분한다. '어머니에 해당하는 인물the mother figure'이라든가 젖가슴을 대체하는 젖병 같은 개념을

---

211 "A Socialist Reconsideration of Kleinian Psychoanalysis", *New Left Review*, 131(January–February 1982), p. 87.

인정하지만, 그럼에도 불구하고 이런 대체물은 뭔가 불편하고 확신 없는 어조로 다뤄진다. 이에 대한 러스틴의 결론은 특히 페미니즘과 관련해 중요한 정치적 함의를 담고 있지만, 어쨌든 아이들이 안전하고 안정적인 환경에서 자라야 한다면 가족은 그 외 다른 것으로 대체하기 힘들 것이라고 논의를 끝낸다.

엄마노릇의 중요성에 대한 이토록 상이한 재해석들을 우리는 어떻게 평가할 것인가? 초도로우는 자발적 행동을 강조하는 편이고, 러스틴은 현실주의적이라 볼 것인가? 혹은 초도로우는 역사가 같은 입장을 취하고, 러스틴은 생물학주의 입장을 취했는가? 두 사람 모두 정신분석적 논의를 사회·문화·이데올로기적 맥락에서 논의한다는 장점이 있으나 둘 다 충분히 나아가지는 못했다. 실제로 정신분석 접근 일반의 가장 주된 난점은 자신이 다루는 가족 과정에 대해 충분한 *사회*적 맥락을 제공하지 않는다는 점이다.

우리는 이 문제를 정신분석이 당대 주체들이 봉착한 현실에 대한 정확한 묘사를 제공할 수 있는가라는 문제로 바꾸어 좀 더 깊이 살펴보려 한다. 부성적 권위에 기반해 가족 내에서 이뤄지는 사회화가 이미 약해졌다는 명제는 일정한 합의를 얻고 있다. 아버지의 법the law of the father이란 점점 더 비웃음을 사는 이야기가 되었다. 다양하고 상이한 정치적 입장을 가진 사람들이 이러한 역사적 변화에 대해서는 인식을 공유하지만, 그 결과에 대한 논쟁은 가부장적 권위의 '붕괴'에 대한 도덕적 평가가 중심이 된다. 그러나 우리가 반드시 강조해야 하는 것은, 가족 내적인 과정에만 배타적으로 초점을 맞춰선 안 된다는 것이다. 왜냐하면 이러한 방식은 우리를 전적으로 오도해 '**가족**the family'이 쇠퇴한다는 잘못된 믿음을 맹목적으로 따르게 하기 때문이다. 우리가 이미 주장했듯이, 가족주의의 지배적 테마들―여기에는 정신분석이 확인한 권위관계도 포함된다―은 이데올로기에 절대적으로 스며들어 있는 것이 일반적이다. 달리 말하면, 제시카 벤자민이 말했듯이 가부장적 권위는 이제 '개인적'이기보다는 '일반화'되었다. 즉 문화의 정수가 되었다.[212] 이런 식으로 우리 사회가 훨씬 심대하게 '가족화'되었는데 가족의 죽음을 애도하는 것은 부적절한 일이다.

우리는 사회의 가족화가 정확히 가부장적 형태를 취한다고 보지는 않는다. 가족주의 이데올로기는 확실히 아버지됨fatherhood의 사회적 권력에 어느 정도 의지하지만, '가부장제'라는 용어로 정확히 동일시되지 않는 여러 주제도 포함한다. 여

---

212 "Authority", p. 56.

성의 의존, 일반화된 남성 권력, 확장된 성별분업에 대한 규범적 지지 등은 아버지에 대한 특수한 관심에만 한정되지 않는 가족주의 이데올로기에서 일정한 역할을 한다. 우리는 가족주의 이데올로기가 가진 가부장적 차원을 인정하지만, 그렇다고 해서 아버지를 특히 강조한 가부장제라는 개념이 가족주의 이데올로기를 적절히 요약할 수 있다고 보지 않는다.

정신분석은 특히 그 정치적 함의에 대한 숙고의 결과, 페미니즘에 대해 극도로 논쟁적인 이론임이 드러났다. 우리는 이로 인해 가족주의 이데올로기의 문화적 헤게모니가 갖는 영향력이 충분히 강조되지 못했다고 믿는다. 가족 내에서 아동 양육 관행을 통해 이뤄지는 젠더화된 주체성의 구성을 살펴보는 것도 중요하지만, 결정적으로 중요한 것은 젠더화된 주체성의 더 넓은 이데올로기적·문화적 구성을 인정하는 것이다. 앞에서 지적했듯이, **가족**the family'이란 단순한 경제적 단위도 아니고, 단순한 친족 구조도 아니다. 그것은 이런 협소한 정의를 뛰어넘어 넓게 공명하는, 하나의 이데올로기적 구성물이기도 하다.

이런 이유로, 가족주의의 문화적 재현에 대한 분석에 관심이 증대하는 것은 매우 중요한 발전이다. **가족**the family'을 '사회'의 대립항으로 보는 사회학적 접근은 가족주의의 이데올로기적 구성이라는 중요한 차원을 놓치기 쉽다. 이전에는 가족 사회학과 별개이던 영화학과 미디어 연구는 이제 이 주제에 기여할 만한 상당량의 업적을 쌓았다. 이를 보여주기 위해 우리는 샤를로트 브런스덴Charlotte Brunsden이 브리티시 방송국의 텔레비전 연속극 〈교차로〉를 분석하며 지적한 다음 요점을 인용하고자 한다.

> 소프 오페라Soap-Opera의 작용은 가족적 혹은 유사-가족적 제도에만 제한되지 않는다. 그것은 이른바 남성적인 공적 영역을 개인적인 영역의 관점에서 재현함으로써 남성적 공적 영역을 *식민화한다*.213

이 말은 정곡을 찌른다. 우리는 가족이라는 가설적인 사적 영역이 사실은 결코 사적이지 않음을 더 잘 분석할 방법을 찾아야 한다. 가족주의는 단지 '여성들의' 소프 오페라만이 아니라 사실상 모든 문화 장르에 침투해 있다. 텔레비전 뉴스는 이런 관점에서 쉽게 분석될 수 있을 것이고, 다른 공적 담론 역시 마찬가지다. 우리에게 필요한 것은 단지 제도-로서의-가

---

213 "'Crossroads'-Notes on Soap Opera", screen, vol. 22. no. 4. 1981.

족family-as-institution, 혹은 사회화-로서의-가족family-as-socialization에 대한 분석이 아니라 가족주의적 관점과 가족주의 이데올로기가 갖고 있는 철저하게 헤게모니적인 지위에 대한 분석이다. 그러므로 우리는 '**가족**the family'이 쇠퇴하고 있다고 논하는 사람들을 강력히 반대한다. 우리는 가족의 현재적 형태가 가진 반사회적 성격뿐만 아니라, 그것을 그토록 강력한 실체로 만드는 사회적 특권에 대해서도 강조해왔다. 다음 장에서는 가족주의가 취약해지기는커녕 지금도 매우 강력하다는 우리의 평가에 기초해서, 변화를 위해서는 어떤 전략을 취해야 할 것인지 논할 것이다.

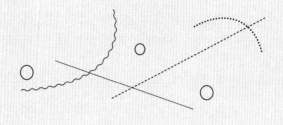

4장

변화를 위한 전략

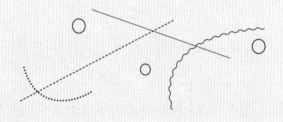

가족의 폐지! 가장 급진적인 사람조차도
공산주의자들의 이러한 악명높은 제안에는 분노한다.

– 공산당 선언*Communist Manifesto*

지금까지 우리는 수차례 가족이 특정한 사회적 맥락 내에서는 이득이 될 수 있다는 점을 강조했다. 즉 가족이 어떻게, 그리고 왜 현재와 같은 형태가 되었는지를 묻기보다는, 가족이 왜 지금처럼 대중적으로 수용되는 제도가 되었는지를 설명하고자 했다. 이 시도가 유용한 이유는 가족에 대해 생각할 때 기존 상황에 대한 사람들의 헌신과, 상황과는 다를 수 있는 분석적 지식을 구분하기 어렵기 때문이다. 우리는 흔히 분석되는 것과 같은 가족의 역사적 발전 과정과 기능에 대한 논의들은 잠시 유보했는데, 이런 논의는 현재의 가족형태가 채워주고 있는 현실적인 필요들을 보이지 않게 하기 때문이다. 그보다는 현재의 가족으로부터 누가 이득을 얻느냐는 질문에 대한 대답이, 지금의 가족형태가 어떻게 해서 그처럼 지배적인 것이 되었는지에 대한 질문에 새로운 시사점을 제공할 수 있을 것이다.

　가족을 분석할 때 이런 두 가지 측면이 혼재하는 현상은 매우 흔하며, 이것은 '기능주의'라는 이름으로 불릴 수 있다. 기능주의적 분석방식이 갖는 위험성은 음모이론이 그러하듯이, 직접적으로 특정 지배계급이나 성별 이해관계에 봉사하는 것으로 설명하기 어려운 가족 현상에 대해서는 간과하는 경향이 있다는 점이다. 바로 이런 약점 때문에 마르크스주의자와 페미니스트의 가족이론은 너무도 자주 공격 대상이 되는데, 그 약점은 단지 학문적 오류나 지적 조야함의 문제일 뿐만 아니라 중대한 정치적 결과까지 가진 문제다.

그간 마르크스주의 전통은 자본주의하 가족에 날카로운 비판을 제기해왔다. 마르크스주의에서 볼 때 가족은 사회화의 기관이며, 자본주의 이데올로기 및 자본주의 사회관계의 재생산을 위한 핵심 제도다. 그것은 사유재산 상속의 통로이며, 계급위치의 부여 기제다. 가족의 현재 모습은 신흥 부르주아 계급에 의해 계발되고, 그것이 내장하는 가정중심성과 의존성의 가치를 만들 수 없었던 프롤레타리아 계급에 부과됐던 매우 특수한 형태다. 우리 두 필자는 이런 주장들의 여러 부분에 대해, 그리고 이런 비판 중 많은 것에 동의한다. 그러나 '가족에 대한 급진적 비판'을 제창하는 사회주의자들은 자신들이 점점 더 고립된다는 사실을 깨달았다. 실제로 노동계급은 가족에 대해 조직적으로 상당한 지지를 밝혀왔고, 가족을 보호하고 그 생활수준을 향상하기 위해 싸워왔다. 노동계급은 아들이 아버지로부터 도제적 권리를 상속받는 것에 결코 한목소리로 반대 의사를 표명한 적이 없으며, 성도덕의 이중 기준에 대해 분노를 표시한 적도 없다. 이런 경향에 반대하는 사회주의자들은 노동계급이 '허위의식'의 문제를 겪는 것으로 생각할 수밖에 없었으나, 이러한 태도는 그들이 자신들을 노동계급의 보호자로 여기고 있다고 보여지게 했다. 그러므로 사회주의자들이 이런 비난에 직면해 가족에 대한 비판을 계속해서 후퇴시키는 경향을 보인 것은 별로 놀랍지 않다.

페미니즘도 이와 비슷한 운명을 겪었다. 페미니스트들은 가족을 남성이 여성을 통제하고 착취하는 장소라고, 그리고 이성애와 결혼은 남성 권력의 도구라고 주장함으로써 일반 여성들로부터 상당한 적대와 거부를 받았다. 그 결과 오늘날 많은 여성들은 여성의 권리와 독립 같은 일반적 요구들은 찬성하나, 정치운동으로서의 여성해방의 특징으로 생각되는 '반가족, 반남성'과 같은 극단주의와는 거리를 둔다.

그러므로 마르크스주의자로서, 그리고 페미니스트로서 우리는 어려운 선택에 직면해 있다. 비판의 원칙을 고수할 것인가, 아니면 좀 더 대중적인 호소력으로 타협하고 우리의 비판이 느린 속도로나마 현실화될 날을 기다릴 것인가? 일단은 가족생활에 대한 대중적 차원의 지지와, 가족을 억압적 이데올로기라고 보는 급진적·이론적 비판의 입장 사이에 등장하는 장애물을 밝히고 이를 분쇄하는 일이 필요하다. 그러기 위해서는 가족의 불공평성과 호소력이 상호 긴밀하게 연결되어 있다는 사실-그 두 가지는 동전의 양면이기도 하다-을 인식할 필요가 있다. 가족생활이 주는 이득은 가족에서 배제된 사람들이 겪는 고통에 달려 있다. 가족생활의 이상*ideal* 때문에 불행한 결혼과 실망하는 부모가 생긴다. 그러나 가족이 지금처럼 여러 만족을 제공하는 유일한 원천이 아니라면, 가족이 지금과 같은 엄청난 특혜를 받지 않는다면, 가족은 그렇게 매력적이지 않을 수도 있다.

우리가 말하는 필요와 만족감-애정, 안정감, 친밀성, 성애, 부모되기 등-은 허위가 아니다. 우리는 그것이 병리적 구성물이 아닌 인간적 욕구라고 본다. 그러나 현재 그것이 충족되는 방식은 만족스럽지도 않고 반사회적이다. 우리가 이런 '반사회적 가족'을 비판하는 목적은 동즐로가 걱정했을지도 모르는, 이데올로기적 주입을 받은 개인들의 어리석음을 보이려는 것이 아니다. 또한 정치적으로 올바른 삶을 살아가는 사람들에게서 따뜻함이나 정서적 충족감을 제거하려는 것도 아니다. 우리의 목적은 그런 필요와 욕구가 좀 더 사회적인 맥락에서 충족될 수 있는 사회적·정치적 변화의 필요성을 보여주는 것이다.

　이런 종류의 변화는 하루아침에 이루어질 수 없다. 장기적 관점에서 보면, 우리는 가족에게서 도덕적·물질적 지원의 유일하고도 특권적인 제공자라는 책임을 벗겨내고, 이런 선한 역할이 지역사회로 널리 퍼질 수 있도록 근본적인 사회 변혁을 추구해야 한다. 그러나 단기적 차원에서 우리는 궁극적으로 반사회적이기는 하지만, 당장 현실적 필요를 충족시키기도 하는 이 제도의 즉각적인 폐지를 요구할 수 없다. 이런 모순의 좋은 예는, 여성의 남편에 대한 의존을 종식시키는 문제다. 남편은 더 이상 아내를 부양하지 말아야 하며, 남편과 사별한 부인에게는 연금체계[214]가 적용되지 않아야 하고, 이혼한 여성은 전남편에게 부양받을 권리를 갖지 말아야 한다고 주장해야 할 것인가? 장기적으로는 그렇다. 그러나 현재와 같이 여성이 가사와 자녀돌봄의 책임에서 빠져나올 수 없는 한, 게다가 가정 밖의 직장을 갖는다고 해도 가사책임은 똑같은 상황인 한, 여성은 남성만큼 벌지 못한다. 그러므로 우리의 제안이 그나마 현재 여성들이 얻는 약간의 보상을 상실케 하는 것이

214　〔역주〕 유족연금.

어선 안 된다. 그런데도 우리는 여성의 의존을 종식하기 위해 노력해야 한다. 개인적 의존은 단지 부분적 해결책이고, 만족스럽지 못하며, 누구에게나 가능한 것도 아니기 때문이다.

이와 유사한 갈등이 아이들에 대한 사회의 전면적인 책임문제에서도 나타난다. 현재로서는 자녀양육을 위한 노동과 비용의 대부분을 부모가 맡기 때문에 부모들은 아이들의 성장 방향에 결정 권한이 있다고 기대되며, 사람들은 이를 부모됨의 자연스러운 특징으로 생각한다. 아동에 대한 사회적 통제 증가는 프라이버시 침해로 여겨지며, 실제로 현재 취해지는 통제의 형태는 그러하다. 지방정부의 사회서비스 부서나 지역주민의 건강 체크를 위한 방문인력, 학교의 복지공무원들은 사회주의자들이 아이에 대한 사회적 책임 증대를 요구할 때 생각했던 그런 모습이 아니다. 그럼에도 불구하고 우리는 부모권이라는 손쉬운 논리 채택을 거부해야 하며, 아이에 대한 사회적 돌봄과 지원 증대를 위해, 그리고 개인적 통제보다는 사회적 통제 증대를 위해 노력해야 한다.

1. 두 가지 일반 목표

가족에 대한 정치적 전략에는 다음의 두 가지 일반 목표가 있다. ① 선택^{choice} 가능성을 확장하는 즉각적인 변화를 위해 노력해야 하는데, 이는 기존에 선호되던 가족생활 유형의 대안들이 실현 가능하고 사람들이 원하는 것이 될 수 있도록 하는 것이다. ② 현재 사적 가족생활에 할당된 영역에서 개인주의가 아닌 집단주의^{collectivism}가 실현되도록 노력하는 것으로, 특히 소득 유지나 식사준비 노동, 청소나 살림, 아이·노약자·장애인에 대한 돌봄노동 등에서 그러하다.

이런 원칙이 다양한 영역의 가족정치학 실천에서 무엇을 의미하는지 다루기 전에 '집단주의'와 '선택'의 개념에 내포된 철학적 문제들을 언급할 필요가 있다. 이를 위한 좋은 방식은 임신중단권을 둘러싼 페미니스트와 사회주의자의 논쟁을 살펴보는 것이다.

선택권 확대 주장은 페미니스트들이 비판받아 왔듯이 부르주아 개인주의의 소지가 있는 것으로 여겨진다. 예컨대 직업 경력을 추구할 것인지, 집에 남아 아이들을 돌볼 것인지 사이의 선택권 요구는 부르주아 여성에게나 해당하는 말이고, 무슨 일이든 가리지 않고 집 안팎에서 지치도록 일해야 하는 노동계급 여성이나, 취업이 개인적 성취라기보다는 필요악인 사람들에게는 무의미한 것이라는 지적이 있었다. 또 임신중단 선택에 대한 '여성의 선택권'은 임신중단을 할지, 출산할지를 자기 선택에 따라 결정할 수 있는 부르주아 여성에게는 필요할 수 있다. 그러나 임신중단에 대한 법률적 권리뿐 아니라 실제로 자유로운 임신중단을 하기 위한 수단이 없는, 혹은 아이를 출산하는 선택을 할 때 필요한 시간과 돈, 조력자, 거처할 방이 없는 가난한 여성에게 선택권 요구란 적절한 주장이 되지 못한다는 지적도 있다. 데니스 라일리Denis Riley 는 (임신중단 논의가 갖는 복합성에 대해 -역자 추가) 이렇게 지적한다.

> '선택권'은 반드시 아이를 가질 권리(단순히 아이를 갖지 않을 권리가 아니라)를 포함해야 하는데, 이 권리는 아이를 인간적으로 키우는 데 필요한 수많은 대책이 희박한 상황에서는 형이상학적 주장에 불과하다. 또한 그 대책은 어떤 사람들에게는 더욱 희박하다. 선택권의 '적극적' 측

면을 강조하기 위해서는 선택 관념의 현실화에 필요한 폭넓은 개혁 조치들이 있어야 한다. 또한 이를 호소할 수 있는 맥락과 연결되는 이슈들을 일반화하는 등 다각적인 캠페인이 진행되어야 한다. (그러나 그녀는 계속해서 다음과 같이 말한다.) 그럼에도 불구하고 완전하지 못하다는 이유로 해서, 전략적으로 매우 중요한 위치를 갖는, 근본적으로 방어적 구호 수준에 불과한 선택권 주장을 비판하는 것은 내게는 잘못된 일처럼 보인다.[215]

분명한 것은 우리가 선택에 대해 말할 때 그것은 순전히 형식적인 법적 자유 이상의 것을 의미해야 하며, 그것은 또한 현실적인 가능성을 의미한다.

그러나 사생활에서의 '선택권'이라는 단순한 요구에는 부르주아 개인주의라는 근본적인 위험이 도사리고 있는 것이 사실이며, 그것은 공과 사, 생산과 재생산이라는 부르주아적 구분을 수용하는 문제다. 임신중단권 소유를 위한 캠페인 글에서 수 힘멜바이트Sue Himmelweit는 이렇게 묻는다. "사회주의, 혹

215　Denise Riley, "Feminist Thought and Reproductive Control: the State and the 'Right to Choose'", Cambridge Women's Studies Group, eds., *Women in Society: Interdisciplinary Essays*, London 1981, p. 191.

은 어떠한 이름이든 우리가 추구하는 사회에서 생산은 이전보다 훨씬 민주적으로 전체 이익을 위해 계획되지만, 재생산은 여전히 사적이고 개인적인 결정사항이자 권리인 채로 남아 있다면 우리는 그것을 인정해야 하는가?" 데니스 라일리의 입장과 비슷하게 그녀도 계속해서 이렇게 부연한다. "나는 오늘날 정치적 환경이나 위협 아래 실제로 선택권을 갖고 있다고 믿기에 이 문제를 제기하는 것이 아니라, 현 체계가 부분적이지만 한때 허용했던 것을 빼앗으려는 상황에 처해, 작은 자유의 영역이나마 지키고자 방어적 투쟁으로 문제를 제기하는 것이다."[216] 맬더스 인구론에 대한 마르크스의 비판[217]을 받아들인다 해도, 우리는 사회주의 사회 역시 인구 규모나 성장 속도를 통제하려 할 것임을 인정해야 한다. 그 통제방식으로, 예컨대 마오쩌둥 시대 중국의 반反출산 정책에서처럼 로컬 여성집단들의 집합적 의사결정 참여 사례는 그나마 나은 경우다. 최악의 통제는 1966년 루마니아의 친親출산 정책에서처럼 여성이 임신중단에 접근하는 수단을 철저히

---

216 Sue Himmelweit, "Abortion: Individual and Social Control", *Feminist Review*, no. 5, 1980, p. 66.

217 〔역주〕 맬더스는 인구가 기하급수적으로 증가하나 식량은 산술급수적으로 증가하기 때문에 인류의 빈곤은 피할 수 없다고 주장했지만, 마르크스주의는 이것을 자본증식의 욕구, 계급관계에서 파악했다.

제거하는 방식일 것이다. 그 중간이라면, 여성의 선택에 영향을 미칠 수 있는 경제적 유인책이나 복지 및 보육시설을 구축하는 일일 것이다. 어떠한 형태로든 사회주의는 재생산문제와 관련해 개인적 관심보다는 집단적 관심에 더 긍정적인 가치를 부여하게끔 되어 있다. 그러나 사회주의 사회에서도 개인의 권리는 존재하며, 심지어 번성할 수도 있다. 따라서 사회주의자들이 반드시 해야 하는 일은 개인권의 존재를 부인하지 않는 것이지만, 부르주아 사상의 권리 개념에 귀속된 *사적 속성*private content은 공격해야 한다.

그러므로 선택권과 관련해 정치철학은 선택의 자유라는 요구가 갖는 한계, 그리고 순수한 자유주의적 개인주의에 근거해 분석할 때 발생하는 위험성에 주의를 기울이도록 촉구한다.**218** 또한 정신의 철학philosophy of mind이란 주제는 순수한 선택이란 무엇인지, 자유로운 선택 주체라는 개념이 지닌 함의는 무엇인지를 논의할 때 발견되는 심층적인 문제들에 세심한 주의를 기울여야 함을 보여준다. 다시 데니스 라일리의 지적으

---

218 자유주의자들 가운데서도 가장 고도화된 이론을 가진 측에서는 이 문제를 잘 알고 있다. 예컨대 마샬T.H. Marshall은 형식적으로 동등한 시민권의 개념은 오히려 실질적인 불평등을 심화했다는 점을 인지했다(*Citizenship and Social Class*, Cambridge 1950). Juliet Mitchell, "Women and Equality", Mitchell and Oakley, eds., *The Rights and Wrongs of Women*, pp. 379–399도 볼 것.

로 돌아가보자.

그럼에도 불구하고 '권리'의 철학이라는 불확실한 언명은 설혹 결함이 있다손 치더라도, 사회 개혁이나 혁명을 위한 '어떠한' 요구이건 그것을 틀 지우는 데 필요한, 우리가 물려받은 주요한 담론이다. 그리고 권리와 선택에 대한 요구는 그것이 정부든 병원 의사든 간에 결정 권한을 외부 권위에 맡기는 것에 대한 심대한 거부 표현이다. 또한 그때의 거부는 고립된 '선택'이라는 관념론하에 아무런 상황 제약 없는 공간에서 움직이는 자유로운 개인이라는 슬로건이 갖는 표피적 의미에만 초점을 두고 진행되는 '선택권' 반대라는 입장은 분명히 넘어서야 한다는 정치적 의미가 있다. 왜냐하면 '선택'은 복합적인 개념이고, 법과 사회정책 분야에서 '선택할 수 있는' 권리란 절대 완벽한 접근법은 아니지만, 그럼에도 불구하고 권리라는 작은 개념은 그 자체만으로도 핵심적인 중요성이 있다.[219]

미셸 푸코Michel Foucault의 이론은 외적 억압에 종속된 성적 존

---

[219]   위의 책, pp. 191-192.

재라는 발상에 근거한 순진무구한 성해방 접근이 갖는 한계를 지적하는 데 사용되어왔다. 이에 대하여 아타르 후세인Athar Hussain은 다음과 같이 서술했다. "성해방을 정치혁명과 연결하는 고상하고 세련된 프로젝트는 –섹슈얼리티에 대한 좌파의 글에서는 드문 일이 아닌– 결국 한물간 조롱거리가 되었다. 푸코에 따르면, 성해방이란 성에 관련된 잘못된 권력 개념이 창조한 환상이다."[220] 권력의 작동방식은 이보다 훨씬 복잡해서 단순히 억압 대對 자유, 억압 대對 저항적·복합적 성본능과 같은 방식으로 이해될 수 없다는 것이다. 그럼에도 불구하고, 해방이란 인식은 방어할 필요가 있다. 억압이란 관념은 지난 두 세기 동안 발전한 성에 대한 담론방식일 수도 있으나 분명 어떤 상황은 좀 더 억압적이고, 또 다른 상황은 훨씬 자유롭다. 예컨대 동성애를 개인적 정체성으로 귀속시키는 것은 종종 '반동성애적'이라 불리는 문화의 현상일 수 있으나, 그러한 정체성을 주장하고 동성애 행위에 참여할 권리, 즉 동성애의 해방이란 여전히 획득해야 할 주요한 자유이기도 하다.

---

220   Athar Hussain, "Foucault's *History of Sexuality*", *m/f*, nos. 5&6, p. 169.

2. 개인적 정치학: 선택의 문제

　보다 폭넓은 차원의 선택권을 증대하기 위해 우리가 싸워야 할 법과 제도상의 많은 변화들이 있다. 그러나 우선 검토해야 할 것은 현재 선택 가능한 범위에서 해야 할 일이 무엇인가다. 왜냐하면 '생활양식의 정치학life-style politics', 그리고 적대적인 사회 한가운데서 미래적 형태의 협동행위를 계발하기 위한 투쟁들은 우리의 정치적 전통에서 중요한 지류를 이뤄왔으며, 그것은 옳았기 때문이다. 누누이 언급해온 바, 페미니스트 사유는 평생 지속되는 일부일처제, 특히 결혼법이 부과하는 일부일처제를 거부해왔다. 초기 여성해방운동가들은 멀리는 1920년대의 보헤미안, 가장 직접적으로는 1960년대의 히피들로부터 등장한 발상들에 기반해 부르주아적 도덕 관습을 거부하는 기구를 만들었고, 공과 사의 경계를 깨뜨림으로써 개인생활의 가치를 복원하고자 했다. 1970년대 초에 이르면, 집안의 모든 문을 없애고 여분의 침대가 있는 방이면 아무 데서나 자는, 그리고 그저 손에 잡히는 옷을 입고 사는 페미니스트 가구들이 생겨났다. 최근 남성과의 관계 개혁에 실망한 일부 페미니스트들은 분리주의로 선회해 가급적 남성의 도움이나 남성 동반자 없이 살아가기도 한다. 물론 우리 대부분은 이런 방식의 삶을 원하지 않으며, 그런 주장에 호의적이지도 않다. 그러나 우리는 그들이 그렇게 살 수 있는 권리를 지켜줘야 한다.

불운하게도 그들의 시도는 그 시도 자체를 부담스럽게 만드는 도덕적 정의라는 것에 의해 유지되곤 했다. 분리주의자들은 남자와 사는 여자들을 '적을 사랑하는' 사람이라고 비난한다. 또한 복수의 성관계를 지지하는 사람들은 안정적 파트너의 필요성을 느끼는 사람들을 정치적으로 후진적인 인간이라고 비웃었다. 생활양식의 정치학은 종종 자기들 방식만이 유일한 것이라고 주장해 비난을 샀다. 그들은 모든 사람이 혁명을 일으킬 새로운 생활방식을 채택해야 하며, 각 개인의 실천을 통한 변화가 필요한 전부라고 주장한다. 런던의 적색공동체The Red Collective는 이런 두 가지 주장에 분명히 반대한 몇 안 되는 집단 중 하나다. 집단 내 성관계가 있던 5명의 남녀로 된 이 집단은 일대일 관계의 성격을 파기하려 했다. 그러나 그들은 단지 개인의 의지적 행위로써만 새로운 생활방식이 시작된다고 생각하지 않았다. "이 집단에서 우리가 맺는 관계의 특정한 구조는… 우리가 성취하려는 목표 자체로 인식되어선 안 되며, 우리 나름의 방식으로 변화를 수행해온 맥락에서 이해되어야 한다."[221] 그들은 친밀관계의 유형이 우리 내부에 깊숙이 자리잡고 있으며, 자신들과 맞지 않는 부르주아 도덕에 대한 단순한 순응적 습관이 아니라 어릴 때 형성되는 욕구와 방어벽에 관련된다는 사실을 인지했다. 그러나 동시에 그들은 가족의 고립화와 커플관계의 형태는 더 광범위한 사회적 맥락에 의해 구조화된다고 믿었다. 이들 적색공동체는 다음과 같이 일반화해 이를 표현했다. "자본주의는 상품 생산 영역과 소비·가구 경제 영역 간의 분리를 설정하기 때문에, 개별 가족 단위에서도 경제적 관계와 감정적 관계는 특수한 방식으로 작용한다."[222] 또한 역으로, 주택 공급이나 임신중단을 위한 법, 보육시설 및 여성의 고임금 소득 기회와 같은 구조 변화가 가구 경제와 성적 관계 영역에서의 변화 가능성을 증대할 것이라는 점도 인정했다. 아무리 제도적이라 해도 가족형태를 변화 불가능한 것으로 고정하지는 못한다. 그들은 핵가족이 자

---

221 Red Collective, *The Politics of Sexuality in Capitalism*, London 1978, p. 41(원래는 1973년 팸플릿 형태로 발간됨)

222 위의 책, p. 61.

본주의 발전 맥락에서 생긴 비이론적 실천^{untheorized practice}이라고 주장한다. 의식적이고 이론적인 실천은 자본주의의 개인적·사회적 관계를 공격할 수 있으며, 광범위한 대중투쟁의 가능하고도 필수적인 부분이다.

자기 입장만 주장하는 독선적인 도덕주의의 비생산적 입장을 피해야 하는 것과 마찬가지로, 가족의 변화가 너무 어렵다거나 가족이 자기 힘만으로는 변화할 수 없다는 이유로 기존의 가족 도덕과 결탁하는 패배주의적 입장 역시 피해야 한다. 더 나은 생활방식을 향한 관념을 공유하려는 노력이 중요하다. '개인적인 것이 정치적이다'라는 구호의 다양한 의미 중 가장 중요한 하나가 개인생활에 대한 공적 토론이라는 관념이다. 이것은 우리의 사적 관계가 공적 무대에서 시연되어야 한다는 의미가 아니라, 그 관계가 형성되는 원칙과 관계를 둘러싼 조건이 일반 정치토론의 정규 부분이 되어야 한다는 의미다.[223] 우리 두 필자가 개인생활에서의 일상적 정치투쟁에 대한 몇 가지 기본 원칙을 제안하는 것은 바로 이런 정신에서다.

---

[223] 이러한 우리의 생각은 최근 두 명의 좌파 노동당 활동가가 작성한 두 개의 팸플릿 작업의 아이디어가 되었다. Chris Knight, *My Sex Life*; Ann Bliss, *Our Sex Lives -Our Strength*, London Labour Briefing, 1980.

(1) 다양성을 격려할 것

슐라미스 파이어스톤은 여성억압이 '재생산의 생물학이라는 폭정tyranny of reproductive biology'에 뿌리를 두고, 여성과 어린이의 남성에 대한 경제적 의존 및 사회적 고립이라는 자양분을 먹고 자란다고 보았다. 또 사람들이 자신의 생애 시기별로 가장 적합한 것을 선택할 수 있도록 생활양식의 다양성을 보여주거나 복수의 선택지를 가진 프로그램이 필요하다고 주장했다.224 파이어스톤은 '싱글 직업single professions'225과 같은 진부한 방식이긴 하지만 싱글로 살 수 있는 가능성을 늘려야 한다고 생각했으며, 혹은 성관계 여부에 구애받지 않은 채 결혼없이 사는 "동거"의 방식, 그리고 아이들이 함께 자랄 수 있는 상대적으로 큰 규모의 '가구'와 같은 발전된 체계 등을 제시했다. 가구들에 대해 그녀의 청사진이 담고 있는 내용은 자녀양육 공유, 집안일 같이 하기, 아이들의 집단 구성원으로서의 철저한 권리 보장, 아이에 대한 소유권 부정, 다른 가구로의 이전 가능성에 대한 약간의 제한 등이다. 이런 가구형태는 독신

---

224 *The Dialectic of Sex*, London 1979, pp. 212-221.

225 [역주] 저임의 여성적 직업이 아닌, 그래서 가정과 출산 역할을 선택할 수밖에 없게 하는 일이 아닌 다양한 직업들을 의미한다. 주로 남성들이 점유해왔다. *The Dialectic of Sex*, NY: Bantam Books, 1972, pp. 227-228.

생활이나 집단생활의 비재생산적 생활양식과도 공존할 수 있어서 선택의 폭을 넓히고 있다. 파이어스톤의 가구 개념은 '코뮌commmunes'이라고 알려진 것과 유사하지만, 전 사회를 코뮌 연합체로 전환하려는 영국 코뮌들이 지향하는 목표에는 동의하지 않는다.

'개방결혼the open marriage'226이나 '개방가족the open family'227과 같이 가족생활의 억압적 측면을 제거하려는 다양한 방식이나 대안적 가족들을 꿈꾸기는 쉬울지도 모른다. 그러나 그보다 더 쉬운 일은 다른 사람의 꿈을 조롱하는 일이다. 예컨대 분리주의 여성들은 남성과 함께 잘 맞춰가지 못하며, 마치 유아원과 같은 공간에서 안락하고 퇴행적인 방식으로 살고 있다고 한다. 코뮌은 젠더관계 변화에 기여한 바가 없으며, 모자녀 결합의 고리를 깨는 것과는 더더욱 무관하다.228 개방가족은 자녀의 권리를 보호한다고 큰소리치지만, 여전히 부모의 변덕

---

226 Nena O'Neill and George O'Neill, *Open Marriage: New Life-styles for Couples*, New York 1972.

227 L.L. Constantine, "Open Family: A Life-style for Kids and Other People", *The Family Coordinator*, April 1977, pp. 113-121; reprinted in Michael Anderson, ed., *Sociology of the Family*, second edn. Harmondsworth, 1980.

228 Philip Abrams and Andrew McCulloch, "Men, Women and Communes", in Diana Barker and Sheila Allen, eds., *Sexual Divisions and Society*, London 1976.

에 좌우된다.[229] 동성애 커플은 거주지만 공유할 뿐, 섹스는 집 밖에서 추구하거나, 혹은 동물처럼 난잡한 성관계를 맺는 결혼(혹은 두 가지 모두)이다. 결국 새로운 생활양식 실험은 프티부르주아적 저항의 형태에 불과한 것으로, 직장에서의 소외와 교외 거주 중산층 핵가족이 겪는 문제에 대한 대응이라는 것이다.[230]

이처럼 다른 사람들의 시도와 노력을 조롱하기는 너무나 쉽다. 사실 그들의 노력은 관념적이고 유아적이며, 내적으로는 반동적이고 충분히 급진적이지 못할 수밖에 없다. 그러나 이런 비판의 목적은 대체 무엇인가? 이는 변화를 향한 정치적 기여를 만드는 소중한 시도가 될 수도 있다. 물론 그것은 젊은 시절의 실험적 삶 이후 다시 전통적 가족양식으로 정착하면서 갖다붙이는 자기 정당화일 수도 있다. 필립 에이브럼스

---

229 콘스탄틴Constantine(앞글)은 파슨R. Farson[*Birthrights: A Bill of Rights for Children*(New York 1974)]이 자신에게 끼친 영향력을 다음과 같이 묘사한다. "그 책은 진실로 내 의식을 깨우쳐주었다. 나는 조안에게 우리가 아이들의 권리를 박탈했으며, 우리가 아이 대신 너무 많은 것을 해왔다고 말했다. 지금 생각하면 우습지만, 그때 우리는 아이들에게 잠자리에서의 새로운 원칙을 제안하기 위해 몇 달이나 토론하기도 했다." 그러나 그는 여전히 아이들을 '내 새끼들'이라고 부른다.

230 Abrams and McCulloch; 콘스탄틴은 고든T. Gordon의 *Parent Effectiveness Training*(New York 1970)에 대해 '개방가족'이 프티부르주아 가족에서 전형적으로 나타나는 권위문제에 대한 환상적인 해결책fantasy solution이 될 수 있음을 보여주는, '부모 자녀 관계의 쌍방 비손해 모델no-lose model'이라고 언급했다.

Philip Abrams와 앤드류 맥컬로치Andrew McCulloch가 쓴 "여성, 남성, 코뮌"[231]과 같은 사려깊은 글조차 가족을 넘는 모든 시도를 무가치하게 하는 데 이용된다. 그러나 코뮌운동이 프티부르주아 중심의 저항 형태라면, 사회주의자들은 프티부르주아의 저항이 이처럼 진보적 방향을 취했다는 사실만으로도 기뻐해야 할 것이다. 우리는 이러한 운동을 환영해야 하며, 그것에 참여하고 계급적 성격을 이해하도록 노력해야 함과 동시에 그 한계를 넘어 발전할 수 있도록 도와야 한다.

여성해방운동 주변에서 활동하는 우리 대부분은 결혼하지 않거나 전통적 가족모델을 따르지 않고 사는 방식을 선택한다. 이제는 그런 삶이 갖는 여러 문제들에 충분한 경험도 있다. 실제로 가사와 요리, 아이 돌보기 등을 공유하기란 어려우며, 특히 이 모든 일을 한 여성이 책임지는 가족 안에서 자란 사람들의 경우 더욱 그렇다. 통제의 상실, 정해진 규범이나 신뢰 유형의 부재는 불안정성을 산출하기도 한다. 누가 권리를 누리고, 누가 책임질지 불분명한 상황에서 아이를 임신하는 결정을 해야 하기도 한다. 후회와 상호 비난 속에서 실험 가구들은 결렬될 수 있다. 그러나 가족을 공략할 다양한 방

231　Abrams and McCulloch.

식을 살아본다는 것은 보람있고 즐거운 일이다. 남들보다 집단적인 상황에서 자라난 아이들은 최소한 자기 또래들만큼은 정신적으로 건강하고 독립적이다. 우정과 애정관계는 명확히 나뉘지 않고, 훨씬 오래 지속되며, 서로를 지지해준다. 이성애적 삶과 동성애적 삶이 융합되면서 서로에게 배운다. 물론 우리 자신은 개인생활에서 급진적으로 혁신적인 선택을 원하지 않을 수도 있고, 그렇게 할 수 없다고 생각할 수도 있다. 그러나 우리는 그렇게 사는 사람들을 지원함으로써 다양성을 격려해야 한다. 만약 코뮌적 삶이나 자녀양육과 가사 공유, 독신주의, 부모 안 되기(non-parenthood를 표현할 적당한 말이 없어 우습게도 아이 없음childlessness이라는 단어를 사용해야 한다는 게 얼마나 이상한 일인가?)232, 이성애적 유형을 닮지 않은 동성애 등을 위해 노력하는 사람들이 있다면, 우리가 할 수 있는 최소한은 그들을 지원하는 일이다. 우리는 그들의 노력을 손상해서는 안 되며, 건설적으로 함께 참여해야 한다.

---

232 〔역주〕 논리적으로 부모되기parenthood의 반대말은 부모 안 되기non-parenthood일 것이나, 그런 단어는 거의 쓰이지 않는 현실을 고려해야 할 것이다.

(2) 억압적 관계에 참여하지 말 것

사랑이 무엇인가에 대한 대답은 여러 가지다. 사랑이라는 이름으로 평소 이성적이고 사회적 능력이 있는 사람들도 주문에 걸린 듯이 행동한다. 우리는 남자선생이 제자와, 의사가 간호사와, 상사가 타이피스트와 관계를 맺으면서 "우리 관계는 사람들이 생각하는 그런 게 아니야. 그녀는 정말 강하고 성숙한 사람이지. 우리는 신분 차이를 넘어섰고, 전적으로 평등해"라고 하는 말을 흔히 듣는다. 물론이다. 사랑에서는 평등하다. 그러나 그들 관계의 다른 모든 면에서, 즉 파티나 토론, 돈 문제, 논쟁 등에서 그들은 불가피하게 불평등하며, 위계에 의해 성역할이 강화된다. 사람들은 자주 "당신이 날 정말 사랑한다면, 이론적이나 원칙적으론 결혼을 반대하더라도 나와 결혼하는 걸 마다하지 않을 거야. 종잇조각 한 장[233]이 우리 관계에 무슨 해를 끼치겠어? 그건 우리 감정에 우표 한 장 붙이는 일에 불과해"라는 말에 승복한다. 물론이다. 그러나 그 행위는 자신들의 관계에 사람들의 존경과 사회적 특권을 부여하게 하며, 그럼으로써 그렇지 않은 다른 관계의 가치를 저하한다. 그것은 세금, 사회보장, 복지 혜택 측면에서는 여성의 경제

---

233 〔역주〕 결혼증명서를 의미한다.

적 자립의 종착역이다. 그리고 사랑이 끝났을 때도 그 관계의 껍질은 지속되어 그것을 깨뜨리기 위해서는 모든 법률 기제가 동원되어야 한다. "나는 아기 보는 일이 너무 즐거워. 육아휴직이 끝나자마자 직장으로 돌아갈 것 같지는 않아"라고 말하는 아기 엄마(아빠가 그렇게 말하는 일은 거의 없다)들은 또 얼마나 많은가. 물론 육아는 기쁨이다. 그러나 대개 그녀들은 그때부터 가사노동과 요리까지 떠맡게 된다. 그리고 다시 직업을 구할 때가 되면 자신에게 돌아오는 직업이 이전보다 좋지 못함을 깨닫는다. 여성들은 자주 "남편이 종일 일해야 하는 직업이라 내가 시간제 일을 하면서 집안을 돌봐야 해"라고 말한다. 혹은 "시아버지가 갑자기 뇌출혈로 쓰러져 우리가 모시게 돼서 직장을 포기했어. 벌써 12년 전 일이야"라고 말한다. 물론 배우자와 그의 가족을 사랑으로 돌보는 일은 좋다. 그러나 그 때문에 여성은 집안에 갇히고, 더는 자신을 부양할 수 없다. 때로 우리에겐 다른 선택지가 없을 때도 있지만, 그것이 어떤 결과를 낳을지 고려하지 않은 채 그저 순응하곤 한다.

자기가 무엇을 하는지 직시하고, 자기가 맺는 관계와 가구에 대해 재삼 생각하려고 노력하는 것도 필요하지만, 자기가 하는 일이 어떤 사회적 영향을 끼치는지도 알아야 한다. 남성에게 교태를 부리는 여성이나 아이에 과도한 관심을 쏟는 여성들은 다른 여성들이 남성과 아이에게서 오는 압박에 저항하는 것을 어렵게 한다. 개인생활은 순전히 당사자에게만 해당하는 완전한 사적 문제라는 문화적 관념에도 불구하고, '인간은 혼자가 아니다.'

결혼은 기혼자, 비혼자 모두에게 억압적인 제도이며, 현재의 가족형태에 법률적 지지를 제공한다. 우리는 사회주의자와 페미니스트는 결혼해선 안 되며, 가족에 대한 우리 비판의식을 알만한 사람들의 결혼에 참석하거나 그것을 지원해서도 안 된다고 생각한다. 다만 이민 제한 규정을 피하기 위한 '서류상' 결혼은 예외가 될 수 있다. 그러나 소득세와 상속세에서 이득을 보기 위한 결혼은 정당화될 수 없다. 그것은 전복이 아니라 공모의 형태다. 친척어른들의 압력 역시 이유가 될 수 없다. 20년 전만 해도 영국에선 어느 계층에나 결혼 압력이 심각했지만, 많은 젊은이들이 용감하게 자신의 신념을 지켜 이제 결혼이란 다소 약화된 제도가 되었다. 이제 영국 사회의 어떠한 문화권에서도 젊은이들이 이런 태도를 보여선 안 된다고 하는 경우는 없다. 다이애나 레오나드 바커^{Diana Leonard Barker}는 이렇게 말한다. "'동반자적 관계'의 성적 자유지상주의 커플이 (결혼) 예식을 거행한다는 것은 최소한 부모와 지역사회, 교회, 사회적으로 구조화된 성역할로부터 인정받는다는 것을 의미한다… 우리 페미니스트들은 그 의식의 시대착오성에 분노할 것이 아니라 그것이 결혼제도의 전통적 특성을 확인하고 공표한다는 사실에 분노해야 한다."[234] 물론 결혼 형식에 대한 저항이 결혼의 관계 유형으로부터 우리를 해방시키는 것은 아니다. 예컨대 스웨덴에서는 젊은이들의 동거가 보편화됐지만, 함께 살림을 차릴 때만 주택권household presents을 제공해 결과적으로 기존 결혼관계 유형에 동화된다. 이와 유사하게 남녀 간 역할 교환조차 기존 유형을 공격하기보다는 강화하는 거울상 커플을 만들 수 있다.

누구에게도 가정주부가 있어선 안 된다. 남자, 아이, 환자, 여자, 그 누구도 장기적인 '주부'가 필요하지 않으며, 주부를 둘 권리도 없다. 무임 가사 서비스는 원칙적으로 사회보장제도보다 열등하다. 여유만 있다면 누군가에게 돈을 지불하고 집 청소와 요리를 하게 하는 것이 가족 중 한 명의 의무로 하는 것보다 낫다. 흔히 사회주의자들은 확실한 이유를 밝히지도 않으면서 그런 방식을 역겨워한다. 그것이 잘못된 이유는 누군가가 당신 스스로 해야 할 더러운 일을 대신 한다는 데에 있지 않다. 만약 그 일이 사회화되어야 한다고 믿는다면, 당신

---

234 "A Propper Wedding", p. 77.

은 그 일이 *자기*의 사적 책임이라고 생각하지 않을 것이다. 잘못된 진짜 이유는 누군가가, 보통은 여자가 극도의 저임금을 받고 일하며, 그것이 안주인과 하녀 간의 관계와 같다는 데 있다. 그것은 고장난 하수도를 고치기 위해 수리공을 부리는 일과 유사해야지, 하녀를 두는 것과 유사해선 안 된다. 모두가 똑같이 집안일을 하는 한, 여성이 남성보다 집안일에 더 능력이 있을 이유가 없다. 남성은 집안일에서 빠져나오기 위해 스스로 탈숙련화되어 왔으며, 여성은 자신의 열악한 상황에 대해 보상을 얻고 약간의 긍지라도 획득하기 위해 공모해왔다.

똑같은 논리로 여성이 남성보다 천부적으로 강한 자녀양육 자질을 타고났다고 할 수 없다. 그러므로 자녀양육은 남녀가 함께 해야 하며, 남녀가 대조적인 방식으로 수행해서도 안 된다. 남성이 아이를 볼 때도 여성이 하는 것처럼 —남성이 자주 그러듯 아이와 떠들썩하게 뛰어논다거나 너스레를 떠는 것이 아니라, 아이들이 자신의 허약함을 내보일 수 있게 하고, 아이를 달래거나 꼭 껴안아주는 것처럼— 따뜻하고 친밀한 방식이어야 한다. 여성 역시 아이와 함께 있을 때 아이를 '돌보기'만 할 것이 아니라 그것을 재미있게 느낄 수 있어야 한다. 남성도 아이를 돌본다는 게 책임을 의미한다는 사실을 깨달아야 한다. 그러면 남성도 무작정 아이를 데리고 외출할 계획 같은 건 세우지 못할 것이다. 그러나 그 책임은 현재의 고립된 작은 가족에서처럼 그리 부담이 될 필요는 없다. 이것이 바로 여성해방론자들이 왜 그토록 오랫동안 돌봄의 사회적 형태를 주장했는지에 대한 이유다. 기존 가구 내에서 기존 역할을 재분배하는 방식은 물론 중요하지만, 그것에만 의존할 수는 없다. 우리는 그 일을 사회화하도록 노력해야 하며, 대안적인 수행방식을 발견해야 한다. 현재 이러한 접근법이 가진 문제는 당장 실현이 어렵거나, 그리 호소력이 있지도 않고, 비용이 많이 든다는 점이다.

여성운동은 여성의 주부·어머니 역할에 대한, 때로는 우아한, 사퇴행위 이면에 존재하는 분노를 보여주었다. 이제 더 많은 여성들이 주부이자 어머니가 된다는 것이 어떠한 희생을 의미하는지 깨닫고 있다. 주부를 둔 남성들은 자기 직업에 헌신하고 더 많은 시간 동안 사회적 노동을 할 에너지를 가질 수 있다. 그들은 그렇게 해서 잘 살지만, 그것은 그들을 위해 집안일을 하는 주부, 그리고 대신 집안일을 해줄 누군가를 갖지 못한 다른 여성들을 희생함으로써 가능한 것이다.

이런 관념은 인생을 불행하게 만드는 생각이 아니라 더 행복한 삶을 위한 생각이다. 이것은 남성 특권의 보루를 공격하는 데 주목적이 있지만, 동시에 관계된 모든 사람들에게 보상을 주는 새로운 가구의 길을 개척할 것이다.

(3) 가정중심주의domesticity를 경계할 것

적색공동체는 "남성이 바깥 세계에서 활동하게 하는 근거가 되나 여성을 커플관계로 흡수하는 기초"가 되는 재구성에 실패한 관계에 관해 썼다.**235** 관계 재구성 시 개인생활의 정치학 the politics of personal에 전념할 경우 우리는 모두 커플이나 가구에 흡수될 위험이 있다. 이런 위험은 다른 성인 없이 커플로만 살 경우 더욱 발생하기 쉽다. 이 문제의 해결 방법은 각기 집 안에서 자기만의 공간-'자기만의 방'-을 갖는 것이다. 좁은 집에서는 불가능하겠지만, 공간적 여유가 있고, 난방할 경제적 능력이 있는 사람들도 여전히 늘 붙어 지내는 방식으로 공간을 사용한다. 대체로 아이들이 보는 텔레비전은 거실에 있고, '여분의 침실'로 지정된 방이 2층에 있어도 여성은 바느질할 때 식탁을 이용한다. 일반적으로 부부는 한 사람이 심하게 코를 골든지, 불면증이나 다른 불편한 데가 있는지에 상관없이 반드시 한 침실을 사용해야 한다고 여겨진다. 활짝 트인 거실 구조는 가족의 '유대감'을 높인다고 인식되며, 구성원들이 상당한 정도로 가족생활에 동참하기를 요구한다. 또 집에 친구를 들인 경우 그는 반드시 그 집 식구들과 함께 해야 한다.

---

235   Red Collective, p. 41.

우리는 개인생활이나 사생활권을 반대하는 것이 아니라 공과 사의 더 나은 균형을 요구한다. 또한 너무 많은 요구로 사람을 지치게 하지 않고, 그것만이 절대적 중요성을 갖지 않는 사적 생활을 주장한다. 많은 경우 사람들은 직장일이 너무 보람이 없어 집을 삶의 중심에 둔다. 집을 장식하거나 가구를 들이고, 다양한 용품을 갖추는 일이 주요 활동이 되었다. 가족 여가와 아이 중심적 생활양식만이 진정한 기쁨의 원천이 된다. 공적 공간은 쇼핑 구역의 의미만 가지며, 사람들은 사생활에서 소비할 것을 비축하기 위해 그곳에 간다. 사회주의자들 모두가 깨달았듯이, 이제 품위 있는 대중을 공적 회합에 끌어모으는 일 자체가 불가능해졌다.

그 해결책은 일정 정도 노동의 성격을 바꾸고, '공적 생활을 재활성화revitalizing public life'**236**하는 것과 관련된다. 알렉산드라 콜론타이Alexandra Kollontai가 썼듯이, "집단이 강할수록 공산주의적 생활방식은 튼튼히 자리잡는다. 커뮤니티 성원 간의 감

---

236 마샬 콜먼Marshall Colman의 *Continuous Excursions*(London 1982)에 나온 표현이다. 그러나 그는 그것을 생활양식의 정치학에 대한 대안으로 여겨서 "개인적 정치학personal politics은 소수적 생활양식과 동일시됐으며, 때로는 너무 특이해서 보통 사람의 생활에 영향을 끼칠 것으로 기대하기 어렵다. 따라서 공적 생활의 재활성화가 대안이 되어야 한다. 극소수가 살아가는 방식에 제한되기보다는 대부분의 사람들이 살아가는 방식에 주목하여 공적 생활의 재활성화로 관심을 돌려야 한다"고 주장했다.

정적 연대가 강할수록 결혼의 외로움으로부터 피난처를 찾을 필요성은 적어진다."[237] 그러나 일상생활에서도 가구 단위의 안락한 자족성과 가정생활이 갖는 특혜에 저항할 방법들은 많다. 물론 문제가 없지는 않는데, 가정생활 방식이 남보다 덜 관습적일수록 그들은 일반 사람들로부터 단절되고 거부당하기 때문이다. 하지만 그럴지라도 우리는 꽉 찬 살림살이, 사회와의 고립, 인격의 위축과 같은 문제들로 인한 심리적인 파선破船을 겪지 않으면서도 가전제품과 주택 보수, 안전성이 가져올 수 있는 암초를 피해 갈 수 있다. 우리는 토론을 시작한다는 뜻으로 세 가지 원칙-다양성을 격려할 것, 억압적 관계에 참여하지 말 것, 가정중심주의를 경계할 것-을 제안했다. 하지만 모든 사람에게 도덕적 올바름의 엄밀함을 설교하려는 생각은 없다. 그러나 우리는 각자의 생활 속에서도 변화가 가능하며, 모든 사람이 우리가 제기한 종류의 문제들과 씨름해야 한다고 믿는다.

---

237   Alix Holt, ed., *Alexandra Kollontai: Selected Writings*, London 1977, p. 231.

3. 쟁취할 사항들

사회정책에 대한 현재의 제안들이 가족에 영향을 미칠 것인지의 여부에 대해서 페미니스트들과 사회주의자들이 판단을 내려줘야 하는 것은 선택 자유의 확대, 집단주의로의 전진이라는 두 가지 기본 목표와 관련해서이다. 현재는 우리 모두, 특히 가난한 사람들은 가족으로 개별화되는 형태의 개인생활에 갇혀 있다. 현실화할 수 있는 대안은 거의 없으며, 그나마 존재하는 대안들도 보잘것없거나 낙인찍힌 것들이다. 다른 생활방식을 선택하고 유지한 사람들은 경제적으로 윤택하거나, 혹은 심각한 정도의 물질적 궁핍도 마다하지 않는 사람들이다. 그러므로 핵심 전략은 다른 종류의 생활방식들을 희생시키는 대가로 '**가족** the family'에 특권을 부여하는 모든 국가정책을 변화시키는 것이어야 한다.

이는 가족, 혹은 가족 안에서 사는 사람들에 대한 공격을 의미하지 않는다. 그것은 가족을 '사회의 기초 단위'라거나,

'안정성과 가족생활의 질을 강화할' 필요성을 말하는 상투적 정치 구호들에 절단선을 내는 것을 의미한다. 실제로 가족의 유기체적 역할을 열렬히 설교하는 사람들은 가족성원을 도울 권력을 획득했을 때 거의 아무 일도 하지 않는다.[238] 그들이 옹호하는 것은 스스로 돌볼 수 있는 가족이며, 배려나 지원을 요청하지 않는 자기충족적·자립적·이기적인 가족의 성원들이기 때문이다.

여기서는 가까운 장래에 우리가 쟁취해야 할 주요한 변화라고 생각하는 것만을 제시한다. 그중 일부는 페미니스트들과 사회주의자들의 요구로 이미 잘 정리되어 있다. 또 다른 일부에 대해서는 충분한 동의가 없었고, 토론의 여지가 있다. 우리의 제안은 사람들을 핵가족 가구로 살거나 눌러 있게 하는 모든 종류의 압박을 약화하는 일인데, 여기에는 재정적 필요나 돌봄의 필요에 대한 압박만이 아니라, 도덕적이고 문화적인 압박도 포함된다.

(1) 임금

임금이 사람들의 필요를 충족시키는 핵심 수단이 되는 체

---

238 Jean Coussins and Anna Coote, *The Family in the Firing Line*, Poverty Pamphlet No. 51, London 1981.

계에서 사는 한 임금은 그 체계를 위해 일하는 사람들을 부양할 만큼 충분해야 한다. 이는 여성들과 청년들이 한 가구의 피부양자로 살지 않아도 될 만큼 임금을 벌 수 있어야 한다는 의미다. 여성들에게 이는 '동일노동 동일임금'보다 훨씬 더 많은 것을 의미하며, 노동이 조직되는 전체 방식을 변화시킬 특정 종류의 적극적 행위를 뜻한다.[239] 즉 여성들은 더는 '여성 직업'에 제한되지 말아야 하며, 여성 직업은 남성 직업보다 덜 숙련된 것으로, 자격 요건이 더 낮은 것으로 정의되지 말아야 한다. 여성들도 동일한 기술훈련 기회와 승진 기회를 가져야 하며, 연장근무를 하거나 기타 부가소득을 올릴 동일한 기회가 있어야 한다. 자녀돌봄을 위한 공백으로 가장 열악하고 불안정한 직업으로 떨어져서도 안 된다. 육아휴직은 낮 동안 어린 자녀를 돌보는 누구에게나 적용되게끔 확대되어야 한다. 그러나 어떤 것도 남성의 상황을 바꾸지 않고서는 이루어질 수 없다. 남성들은 약간의 특권을 잃겠지만, 자녀양육을 위한 유급휴가를 사용할 수 있으며, 경력에 손상을 받지 않고도 쇼핑이나 요리를 위해 단축근무를 신청할 수 있다. 그들은 아내와 자식을 부양하는 '가족임금'을 벌어야 한다고 가정할 권

---

239 Angela Weir and Mary McIntosh, "Towards a Wages Strategy for Women", *Feminist Review*, no. 10, 1982.

리를 잃을지 모르나, 밥벌이하는 사람의 의무로부터는 해방될 수 있다.[240]

만약 젊은이나 여성이 개인으로서 생활임금을 번다면, 그들은 경제적 필요에 의해 더는 부모나 남편에게 묶여 있지 않을 것이다. 그들은 자유롭게 오가며 돈이 목적이 아닌 관계, 더 많은 발언권을 가질 수 있는 관계를 형성할 것이다. 그러나 더 이상 밥벌이하는 사람이 아니게 된 남성은 아버지와 남편으로서 가진 권력 일부를 잃게 될 것이다.

(2) 사회보장

모든 사람이 임금을 벌 수 있는 건 아니다. 아이들이 그러하며, 충분히 예측 가능한 미래에 여성들은 남성들보다 더 높은 실업을 겪을 것이다. 여성들은 남편에게 의존할 필요가 없어야 한다. 사회보장 급여는 가족성원들이 서로를 부양한다는 전제에 기반해서는 안 된다. 이러한 것들이 심각한 불평등을 낳는다. 대체로 자녀가 있는 가족은 그렇지 않은 가족보다 가난하며, 가족 중 한 사람만 버는 가족도 그렇지 않은 가족보다 가난하다. 엄마가 가정 밖에서 일하는 것이 가

---

240 Michele Barrett and Mary McIntosh, "The Family Wage: Some Problems for Socialists and Feminists," *Capital and Class*, no. 11, 1980.

장 어려울 때는 아이가 어릴 때다. 따라서 적절한 아동수당, 즉 현재 아이를 키우는 데 드는 비용에 상당하는 정도의 수당이 요구된다. 영국에서는 보편주의적 아동수당제가 원칙상으로 존재하나, 현재까지는 아이들에게 들어가는 실제 비용만큼은 아니다.

그러므로 우리에게 필요한 것은 여성의 취업 여부에 상관없이, 남성과의 동거 여부에 상관없이 그들에게 적정한 소득을 보장하는 일이다. 영국에서는 현재 여성도 남성과 유사한 수준의 국민보험권National Insurance rights을 가지고 있다(물론 여성들이 남성들과 똑같은 기준에 근거해 자녀부양수당을 요구할 수 있는 것은 1984년 이후에야 가능하다).**241** 그러나 비보험 급여non-insured benefits에서는 (그리고 보험으로 처리되는 질병수당이나 실업수당이 소진되고 나면) 기혼부인 및 동거여성은 남편의 피부양자로 취급된다. 그들은 직장일뿐 아니라 집안일도 할 수 없을 정도가 되지 않고서는 장애인연금을 받을 수 없다. 또한 요양등급을 받지 못한 피부양 친척을 돌보려 집에 머물 때는 수당을 신청할 수 없다. 한편 자산검증 급여의 경우, 여성들의 자원과 요구는 남편의 것에 '통합되는' 방식인데, 만약 남편의 소득이 있으

---

241 〔역주〕 이 책의 초판 발간 연도는 1982년이므로, 집필 당시에는 미래의 일이었다.

면 여성들은 거의 아무런 급여를 받을 수 없다. 우리는 '분리 disaggregation'242를 지향해야 하며, 기혼여성에게도 다른 사람과 마찬가지로 독립적인 사회보장권이 있어야 한다. 똑같은 원칙이 소득세에도 적용되어야 한다(또한 부부에게도 증여세capital transfer tax가 예외 없이 적용되어야 한다). 자산검증을 요구하는 사회보장제도와 세금제도에서 남편과 아내를 '통합aggregation'하는 것은 결혼체계를 떠받드는 가장 중요한 국가정책이지만, 동시에 기혼자들에게 불이익을 준다. 분리제도는 여성들의 의존 상황에 막대한 영향을 끼칠 수 있다. 현재로서는 수많은 실직 여성들이 주부가 되어 남편의 부양에 의지한다. 만약 여성들이 자신들의 독자적 권리로 급여권을 신청할 수 있다면, 그들은 실업자로 분류되어 직장을 구하면서 생계보조금으로 생활할 수 있을 것이다.

그러나 자산검증 방식의 급여제도는 애초 잔여적residual 안전망으로 만들어진 것이다. 그러므로 아이나 다른 보호대상자를 돌볼 책임 때문에 소득 능력이 단절된 사람들을 지원하는 제도로서는 적절치 않다. 돌봄으로 인해 임금노동을 할 수

---

242 Women's Liberation Campaign for Legal and Financial Independence and Rights of Women, "Disaggregation Now! Another Battle for Women's Independence", *Feminist Review*, no. 2, 1979; Mary McIntosh, "Feminism and Social Policy," *Critical Social Policy*, no. 1, 1981.

없었던 기간은 국가 보험이 커버해야 할 위험으로 인정되어야 한다. 오랫동안 페미니스트들은 여성이 자녀양육수당을 받아야 할지 논쟁해왔다. 일부는 모든 여성이 '가사노동 임금wages for housework'을 받아야 한다고 주장하기까지 했다. 다른 한편에서는 어린아이나 노인, 장애인을 돌보기 위해 집에 있는 사람은 남녀를 불문하고 '가정책임수당home responsibility payment'을 받아야 한다고 주장한다. 이런 논의는 지금까지 중요성이나 유용성이 거의 인식되지 못한 집안일의 노고를 인정한다는 점, 그리고 만약 수당이 지급된다면 많은 여성들이 경제적 의존 상태에서 벗어날 수 있다는 점을 보여준 장점이 있다. 반면 단점은 가족을 통한 개별적인 자녀돌봄에 특혜를 부여하기 때문에 여성들이 가정과 가족에 대한 '여성적' 임무라는 덫에 걸려들 수 있다. 만약 먹고살 만큼의 수당이 보장된다면, 여성들이 직업을 갖는 게 별 의미 없을 것이며, 특히 아이 보육비로 추가 비용을 써야 할 경우 더욱 그러할 것이다. 지금까지 논의된 대안 중 가능성이 있는 한 가지는 전체 학령 전 아동 (혹은 아동 전체)을 대상으로, 집에 머무르는 부모나 어린이집, 혹은 보모에게 아이돌봄수당을 지급하는 것이다. 이것이 의미하는 바는 여성해방운동이 주장해온 것처럼 어린이집이나 아이돌봄이 공짜가 아니라는 점이다. 물론 그러한 서비스는 누구나 이용할 수 있어야 한다. 아이돌봄수당 지급은 선택의 기회를 넓히는 방법이며, 많은 엄마들이 집단적 방식의 자녀 돌봄을 택할 것은 의심의 여지가 없다. 아이돌봄수당은 새로운 어린이집과 유치원을 실험하는 모든 종류의 가능성을 열어놓을 것이며, 반성차별적이고 민주적인 양식이 발전할 수 있을 것이다.

이와 유사한 방식이 의존이 필요한 장애인 돌봄에도 적용될 수 있는데, 가정이나 주간 돌봄센터, 기간을 정한 시설돌봄 서비스를 위한 현금 수당 지급이 그것이다. 영국에서는 최소한 국가의 '간병수당attendance allowance'이라는 원칙이 수립되었으나, 더 확장할 필요가 있다.

(3) 돌봄

어린 자녀와 장애인을 돌보는 일에 수당을 지급하라는 제안은 자급자족적 가족이라는 전통적인 가족관과 정면으로 충돌한다. 그것은 돌봄이 집단의 책임이자 진정한 사회적 기여이지, 단지 사랑과 의무의 자연적 표출이라고 보지 않기 때문이다. 그러나 그보다 중요한 것은 돌봄활동이 집단으로 조직되어야만 하며, 가능한 한 생동적이고 어울림이 있는 환경에서라야지, 고립된 아파트나 주택에서 단절된 채 전개돼서는 안 된다는 점이다. 우리는 더 많은, 더 좋은 유아원과 방과 후 놀이기관을 요구하는데, 이는 단지 난감해하는 엄마들을 돕기 위한 것만이 아니라 그것이 훨씬 효율적이고 더 많은 사회적 자극을 주며 내용으로도 풍부하기 때문이다. 또한 급성환자뿐 아니라 만성질환자와 회복기 환자를 돌볼 수 있는 더 나은 건강서비스제도가 필요하다. 우리에게는 스스로 돌보기 어려운, 혼자 집에 남겨진 사람들을 돌볼 수 있는 주간 보호센터나 입주 보호시설이 필요하다. 그리고 이런 서비스를 이용하는 사람들은 운영방식 결정에 주요한 발언권을 가짐으로써 자신들의 요구가 충실히 충족되도록 해야 한다.

우리에게는 또한 가사노동이나 요리, 세탁 등 여성이 매일 집에서 하는 돌봄활동의 상당 부분을 커버할 집단적 방식들이 필요하다. 학교나 직장에는 적절한 음식이 제공되어야 한다. 사람들이 외식하거나 큰돈을 쓰지 않고도 여가를 즐길 만한 공동 사회센터가 있어야 하며, 맥줏집이나 레스토랑은 아이를 데리고 가도 따뜻하게 맞아주는 장소가 되어야 한다. 공동 세탁 및 건조 설비가 있어야 하며, 집안일과 정원 손질을 쉽게 할 수 있도록 산업용 진공청소기나 재봉기계, 잔디깎이 등 기계류의 공동화도 필요하다.

(4) 주거

현대적 주거시설은 자질구레한 집안일의 양을 줄이거나 용이하게 만들 수 있다. 물론 그것은 위험 요소도 있어서 가정중심적인 삶의 기준을 높이거나 더 정교한 관리를 필요로 하는 계기가 되기도 한다.[243] 그러나 최소한 그것은 주거방식에 좀 더 풍부한 선택권을 부여한다. 현재 수많은 좋은 주거방식은 핵가족의 삶에 맞춰져 있다. 주택정책 관리자들은 가장 좋은 공영주택council housing을 아버지가 안정적으로 밥벌이하는 '훌륭한' 가족에게 할당하고, 한부모나 기타 '바람직하지 못한' 가족에게는 질 낮은 거주지를 배정하는 경향이 있다.[244] 주택 담당 기관들은 가장을 제외하고는 모기지 제공을 꺼리며, 가족이 아닌 성인들로 구성된 가구나 심지어 맞벌이 가구에게도 호의적이지 않다. 최근에는 주택 협동조합이나 결사체들이 독신자에게도 입주권을 제공하고 있지만, 재정 압박을 겪고 있다. 이는 '독신 홈리스'가 주거문제의 가장 심각한 대상

---

[243] 맥신 몰리노는 슬럼이나 여행자 숙소, 판자촌 등에 사는 가장 가난한 사람들이 실은 가사노동을 가장 적게 하고, 상업적인 재화와 서비스 구입에 주로 의존해야 하는 사람들이라는 점을 지적한다. ("Beyond the Domestic Labour Debate", *New Left Review*, 116, 1979, pp. 10 11).

[244] 이 항목의 아이디어 대부분은 아래에서 구한 것이다. Helen Austerberry and Sophie Watson, "A Woman's Place: A Feminist Approach to Housing in Britain", *Feminist Review*, no. 8, 1981.

이라고 인정받게 된 현실에서도 마찬가지다. 민영이나 국영 임대주택 분량을 감축하면서까지 자택소유권owner-occupation을 증대하려는 정책은 특별히 가족과 가정생활에 대한 헌신을 지지하기 위해 고안된 것이다. 현재 주택시장에서는 집의 소유가 가장 안정적인 형태지만, 그것은 돈과 시간의 엄청난 투자를 뜻하며, 사람들을 감정적으로 가정에 구속한다. 자가주택은 거주자에게 더 많은 통제권을 주기는 하지만, 집안의 남성, 즉 모기지를 받을 수 있고 상환할 능력이 있는 사람에게 주어지곤 한다. 이혼 시 이제 여성들도 모기지 상환에 참여하지 않았더라도 집에 대한 권리를 주장할 수 있게 되었지만, 여성이 그 집을 유지할 능력이 없는 경우가 비일비재하다.

민간임대 영역에서 사회주의자들은 오랫동안 임대차 안정성을 위해 투쟁해왔다. 그러나 그것은 심각한 주택 부족 현실에서 양날의 칼일 수 있는데, 그 안정성이 가족집단에 남아 있는 한 보장되기 때문이다. 남편을 떠나려는 여성은 아이가 있더라도 주택 재배치의 우선순위 대상으로 고려되지 않는다. 그러나 임차인인 남편은 주택임차 안정성을 확보하고 있으며, 따라서 주택위원회는 배우자 양쪽에게 각기 주거를 제공할 책임을 지려 하지 않는다. 별거나 이혼 후 주택을 얻는 것은 지금까지도 쉽지 않지만, 새로운 주택 법령으로 더욱 어려워졌다. 그러므로 임대차 안정성 확보는 사회주의자들만의 구호가 될 수 없다. 그것은 가구를 구성하고 변화시키는 데 더 많은 자유와 융통성을 제공할 정책들과 함께 가야 한다.

(5) 가족법

이혼과 한부모의 증가는 가족법의 전 영역을 새로운 문제 분야로 등장시켰다. 최근 몇 년간 영국의 법은 상당히 발전했다. 가정폭력방지법(1976)은 여성들이 폭력적인 남편으로부터 보호받도록 했다. 또한 그것은 ─최종적으로는─ 결혼 내 강간까지도 강간으로서 취급되어야 하며, 범죄로서 처벌받아야 한다고 천명했다. 1969년 이래 이혼은 상호 동의에 의해, 혹은 별거 이후에 취득할 수 있었는데, 일방은 책임이 없고 다른 일방은 간통이나 학대, 유기와 같이 결혼관계를 파기했다고 하는 유책사유를 달지 않아도 가능해졌다. 이러한 개혁은 이혼이나 별거 후 한쪽(대부분 남편)이 다른 한쪽에 져야 하는 부양의무에 질문을 제기했다. 이혼남들은 '오늘날과 같은 여성해방 시대'에 여성이 결혼을 '평생 식권bread ticket for life'으로 기대해서는 안 된다고 주장하며 로비 활동을 벌였다. 반면 일부 페미니스트들은 남편이 결혼 기간 아내를 무보수 노동에 이용했으며, 그 결과 여성은 노동시장에서 불이익을 받았기에 남편이 이혼 후 부양료를 지급해야 한다고 주장한다. 공적인 견해들도 매우 분열되었는데, 최근 입법위원회는 이혼 후 재정 정착을 위한 일곱 가지 모델에 관해 찬반을 정리한 보고서[245]를 제출했다. 한 가지 분명한 사실은, 이혼한 부인이 다른 대안이 없어서 국가 지원을 요청해야 할 상황이 되면 남편은 반드시 전前부인을 부양해야 한다는 점이다. 이 문제는 간단치 않은데, 어린 자녀가 있을 때는 훨씬 더 복잡해진다.

이 논의는 너무나 추상적인 도덕 원칙 용어로 쓰여 있어 이혼 후 현실생활을 제대로 설명하지 못한다. 예컨대 보충급여위원회the Supplementary Benefits Commission가 실시한 조사에 따르면, 많은 여성들이 급여를 신청한 이유는 법원이 지정한 이혼 부양료 자체가 국가의 연금 수준 이하인 데다가, '법원 결정인 부양료 40%'라는 명령은 실제 정규 생활비의 10%도 안 되는 수준'이기 때문이라고 한다.[246] 만약 남편이 부인에게 부양료를 지급할 수 없거나 지급 의사가 없어서 결국 여자들이 국가 지원을 요청해야 한다면 부양료를 지급하라는 명령은 좋은 해결책일 수 없다. 근본적으로 불평등한 관계에서 정의가 실

---

[245] *The Financial Consequences of Divorce: A Discussion Paper*, London 1980.

[246] *Report of the Committee on One-parent Families*(Final Report), London 1974, vol. 1, pp. 99-100.

현될 방법은 없다.

물론 우리는 법이 기혼여성의 의존을 가정해선 안 된다고 믿지만, -그렇게 가정하는 것 자체가 그런 관계를 강화한다- 법은 이혼과 새 가구 형성을 쉽게 할 모든 조처를 해야 한다고 생각한다. 그러므로 우리가 선호하는 대안은 가능한 한 빨리 모든 재산이 분할되고, 아이들이 일할 수 있기 전까지의 보조를 제외하고는 일체의 부양 의무가 없도록 하는 '완전한 단절the clean break'이라는 이혼모델이다. 그러나 많은 경우 여성들은 스스로를 부양하기 어렵다. 특히 오랜 결혼생활 동안 집안일만 했거나 집 밖의 일이라고는 간헐적 또는 시간제로만 참여한 경우 더욱 그렇다는 사실도 인정해야 한다. 그럴 경우 법정은 정착을 도울 수 있는 기준이 있어야 한다. 한편 집 처분 문제는 부양료와 다른 문제점이 있지만, 최근에는 그 두 가지가 함께 다뤄지는 경향이 있다. 원칙적으로 우리는 남녀 불평등-임금과 직업 기회의 차별-이 개별적인 이혼정착제도로 교정될 수 있다고 생각하지 않는다. '기사도적' 이혼 부양 판결 사례로 유명한 데닝Lord Denning경의 경우처럼 개별 여성을 위하는 판결방식이 꼭 모든 여성들의 이해와 일치하는 건 아니다. 『동거 핸드북』The Cohabitation Handbook에 나온 표현처럼, "문제를 개선하는 데는 바람직할 수 있으나, 그것이 꼭 문제를 해결하는 길은 아니다."[247]

아이 친권에 대한 논의도 이와 같은 방식으로 사유되어야 한다. 그러나 현재 그 논의는 균형을 잃고 다른 데로 가고 있다고 보인다. 우리가 궁극적으로 추구하는 건 남녀가 똑같이 아이돌봄에 참여하는 사회이며, 그것은 부모 중심성이 훨씬 약화된 사회일 것이다. 그러므로 아버지든 누구든 자녀돌봄에 실제로 똑같이 참여한 사람은 엄마와 마찬가지로 친권을 가져야 한다. 그럼에도 불구하고 우리는 어머니에게 친권을 주는 현재의 법정 관행이 옳다고 생각한다. 여성들은 늘 주요한 부모역할을 해왔으며, 또한 모성 이데올로기가 너무 강해 아이와 떨어질 경우 남성보다 훨씬 큰 상실과 패배감을 느끼기 때문이다. 그러나 우리는 법관이 다음 기준에 의해 판단하는 것은 받아들일 수 없다. 아이들은 원래 엄마가 있어야 잘 살 수 있다거나, 아빠가 새 부인을 얻거나 자기 어머니와 산다면 대리 엄마가 있다는 이유로 아빠의 친권 주장이 정당화된다고 생각하는 것, 레즈비언은 '정상적인' 환경을 제공할 수 없기에 친권의 정당성이 약하다는 것 등이 그것이다.[248] 그러

---

247 Anne Bottomley, Katherine Gieve, Gay Moon and Angela Weir, *The Cohabitation Handbook: A Woman's Guide to the Law*, London 1981, p. 117.

248 Julia Brophy and Carol Smart, "From Disregard to Disrepute: the Position of

나 우리는 부모 성별을 무시하고 '성과 무관한sex-blind' 고려를 하는 것이 더 유익한 단계로까지는 아직 도달하지 않았다고 생각한다. 그러므로 최소한 당분간은 아버지가 친권을 주장하기 위해서는 모권에 대한 강력한 일반적 가정을 넘어설 정도로 자신을 정당화할 수 있어야 한다. 혈족에 상관없이 누구든 아이 친권을 주장하려면, 실제로 아이 돌보는 일을 해왔는가가 근거가 되어야 한다.

(6) 부모의 권리

우리는 임신중단과 피임의 정치학에서 이 문제를 일부 다뤘으며, 지금은 부모(특히 어머니)가 아이를 갖거나 갖지 않을 수 있는 선택권을 방어하는 것이 매우 중요하다고 주장한다. 왜냐하면 자녀를 '갖는' 것, 혹은 자녀를 지원하고 돌보며 양육하고 훈련하는 일을 사적 책임으로써, 그리고 많건 적건 자기 힘으로 맡아야 하는 게 부모이기 때문이다. 출산이 순전히 개인적인 결정인가에 대한 질문은 양육이 지금보다 더 집단 과제가 됐을 때 비로소 시작할 수 있을 것이다.

어느 정도는 위의 주장이 아이에 대한 부모 권리라는 문제

Women in Family Law", *Feminist Review*, no. 9, 1981, p. 13

에도 적용될 수 있다. 원칙적으로 아이는 부모의 소유물이 아니며, 우리는 아이 인생에 대해 부모 개인의 사적 특권보다 사회적 특권을 지지해야 한다. 그러나 어머니의 가정 운영방식을 인정할 수 없다는 이유로 정부의 청소년 담당 부서가 부모의 자녀 보호권을 박탈할 권한이 있어야 한다거나, 학교가 아이들에게 민족별 고유 의상을 입지 못하게 하거나, 체벌에 복종시킬 권리를 가져야 한다는 말은 아니다. 현재 정치적 문제는 이같은 논란이 언제나 부모 권리 대 국가 권리라는 용어로 진행된다는 점이다. 현실에서는 부모 권리라는 이념은 국가가 필요로 하는 아동을 양육한다는 부모 책임의 이념과 함께 발전해왔다. 그러므로 부모는 유아가 학교 교육을 받을 수 있도록 준비하거나, 학령기 아동을 돌보며 동기를 부여하고, 일탈과 마약 복용을 예방하고, 근면하고 준법적인 시민을 만드는 책임을 지고 있다. 미리암 데이비드Miriam David는 국가정책이 사회적 분업, 성적 분업을 재생산할 '가족교육 부부family-education couple'에 의존한다고 주장한다.249 이런 맥락에서 우리는 토론 영역을 권리문제로부터 책임문제로, 누구의 책임인가로부터 무엇에 대한 책임인가로 전환하도록 노력해야 한다.

---

249 *The State, the Family and Education*, London 1980.

일례로 교육에서의 '선택권'에 대한 우익의 주장을 보면, 그것은 부모가 어떤 종류의 공립학교를 선택할지, 혹은 자녀를 사립학교에 보낼지의 여부를 선택하는 권리를 의미한다. 우선 이러한 의미의 '선택권'은 외부 간섭에 대한 반대로 제시되고 있으나, 사실 그것은 어린이에 대한 사회적 통제 대신 부모 통제라고 할 수 있다. 그러므로 부모권 대 국가권이 되는 토론은 적절치 않다. 그보다는 부유하고 기대치가 높은 부모의 자녀들은 '명문' 학교에 보내지고, 가난한 계층의 자녀들은 집에서 가장 가까운 학교에 다니는 것이 과연 좋은 정책인지, 아니면 지자체의 교육 담당 부서가 계획을 세워 각 학교가 다양한 사회적 배경과 능력을 갖춘 아동들을 고루 섞이게 하고, 누구에게나 최선의 교육 기회를 제공하는 것이 더 좋은지에 관한 토론이 되어야 한다.

이와 마찬가지로 체벌에 대한 토론도 학교가 *내* 아이를 때릴 권리가 있느냐가 아니라, 학교 안팎에서 매를 사용하는 게 바람직한가에 대한 토론이 되어야 할 것이다. 선생님들은 아이들을 다룰 때 부모보다 전체 지역사회에 대한 책임을 느껴야 한다. 부모가 자식이 학교에서 체벌받지 않도록 요구할 권리가 있다는 최근 유럽 법정의 판결은 영국 학교에서도 체벌을 폐지하는 효과를 낳을 것이다. 우리는 최종 결과에 찬성하지만, 이것이 아이의 몸에 대한 부모 권리라는 개인주의적 수사(修辭)가 아닌 사회적 의미를 가진 결정으로 취급됐다면 훨씬 더 진보적이었을 것으로 생각한다.

아동 학대나 사회사업가의 역할이라는 주제는 더 까다로운 질문거리들을 내포한다. 어린 자녀가 부모에 구타당한다는 걸 알면서도 지자체의 사회사업 부서는 아이를 집에서 데리고 나오기를 꺼린다. 우리의 집단주의적 입장에 따르면, 아이가 부모와 같이 있는 게 최선은 아니며, 필요할 경우 정부기관의 보호로 이관되어야 한다. 그러나 동시에 사회사업은 사람들의 삶-특히 노동계급의 삶-에 침투하는 것이기도 하다. 국가는 사회복지사나 전문가들을 통해 가족생활을 규제하며, 강제적 보호 명령이라는 위협을 유일한 통제 수단으로 둔다. 여기서 우리는 다시금 집단성이라는 기존 계급적 형태가 갖는 결코 편치 않은 특징과 직면한다. 그러나 다시 주장하건대, 우리는 '가족 the family'이라는 개인주의로 후퇴할 수는 없으며, 더 나은 집단주의를 확보하기 위해 싸워야 한다. 우리는 현재로서는 자녀를 곁에 두려는 부모 권리를 옹호하고 싶다는 점을 인정하기는 한다. 그러나 동시에 우리는 자기 집에서는 불행하다고 느끼는 아이가 스스로 '보육시설'에 가기를 선택할 수 있도록, 혹은 부모가 어떤 두려움이나 오명 없이 일정 기간 자녀를 그곳에 보내기를 선택할 수 있도록, 어린이집의 질을 개선하고 시설을 개방하도록 노력해야 할 것이다.

4. 가족의 자리에 무엇을 둘 것인가?

가족에 대한 비판은 언제나 '대안은 무엇인가?'라는 질문을 받는다. 지금까지 논의를 통해 우리 두 필자가 가족의 자리에 다른 무엇도 채워 넣지 않으려 한 점이 분명해졌으면 좋겠다. 주변 세계가 그대로 있는 이상 그 *자리에* 들어갈 어떤 것도 현재 우리가 **가족** the family'이라고 알고 있는 가구의 유형이나 이데올로기와 다를 수 없다. 여타의 심리적 안정책과 물질적 지원 수단을 제공하지 못하는 사회는 사람들을 다시금 방어적 소집단들[250]으로 몰아넣거나, 그러한 집단을 구성하지 못하는 사람들을 고립과 박탈의 상황에 놓이게 한다. 남성이 지배하는 사회는 남성이 특혜를 받고 권력을 갖는 형태의 사생활을 양산할 가능성이 크다. 우리에게 필요한 것은 대안적 가족-오늘날 가족이 수행한다고 여겨지는 모든 욕구들을 충족할 새로

---

250 [역주] 우리가 '가족'이라고 알고 있는 것을 의미한다.

운 형태의 가구-을 건설하는 것이 아니라, 사람들의 욕구를 충족하는 다른 모든 종류의 방식, 즉 '피는 물보다 진하다'라는 가정에 근거한 방식보다 덜 취약하고 덜 부적합한 방식을 구축함으로써 가족이 조금은 덜 필수적이게 하는 일이다.

'가족'이 별다른 역할을 하지 않는 세상을 상상하기 어려운 이유는 혈연적 친족, 사랑, 음식을 먹는 일이 자연적으로, 그리고 불가피하게 묶여 있다는 신념 때문이다. 이 신화적 통일성은 반드시 하나씩 분해되어 따로따로 갈래가 잡혀야 한다. 그래야만 신화적 통일성의 힘을 이해할 수 있으며, 그 통일성 내의 각기 독립된 요소들의 요구를 더욱 완벽하게 충족시킬 수 있다. 이 작업은 부분적으로는 우리가 이 책에서 노력한 것처럼 분석과 토론을 통해 달성할 수 있다. 그러나 그것은 또한 새로운 생활방식의 실험을 통해, 그리고 가족 변혁이 아닌 가족을 필요로 하는 사회를 변혁시키는 정치운동을 통해 달성되어야 한다.

제2판 저자 후기

『반사회적 가족』이 세상에 나온 지 10년이 지났다. 그 10년은 어느 때보다 이 책의 논의가 적절하게 된 시기였다. 당시 결론에서 우리는 선택의 정치, 그리고 개인적 삶에 대한 관용적이고 다원적인 접근을 요구했다. 지금 그 부분을 다시 읽으면 어조나 문체가 요즘 익숙한 것보다 훨씬 설교적인 게 눈에 띈다. 그러나 그 속의 모럴리즘moralism은 단순히 사회주의적이거나 페미니스트적인 정통성의 선포가 아니다. 우리가 설파한 것은 훨씬 더 자유주의적인 신념이다. 개인들은 다양성을 북돋우고 억압적 제도들에 도전하는 힘이 있으며, 따라서 우리는 기존의 도덕성 및 엄격한 규범 코드와 공모하지 않을 의무가 있다. 지금 영국에서 우리는 가족의 정치학에 관해 더 실용적이고 덜 교조적인 접근이 나타날 조짐을 목도하고 있는데, 이러한 변화는 대처리즘이 지배한 지난 시기가 얼마나 억압적이었는지 보여준다.

다양성과 선택에 대한 이 책의 강조는 '반사회적' 가족에 연관된 개인주의 및 민영화론privatism에 반대하고, 개인의 욕구를 충족하기 위한 집합적이고 사회적인 수단을 촉구하기 위한 것이었다. 그러나 동유럽의 전환은 그러한 어휘들을 문제삼게 한다. 소비에트 블록에서 '집단주의collectivism'와 '연대solidarity'는 옛 권위주의 정권과의 연관성으로 신용을 잃었다. 일부 서구인들은 동유럽에서의 실패로 사회주의라는 발상 자체를 의심하기까지 한다. 그러나 역설적이게도 같은 순간에, 서유럽의 녹색정치와 환경주의의 출현이 이러한 오래된 관념 중 일부에 새 생명을 불어넣었다. 시장은 분명, 지구 온난화는 물론 런던의 교통문제조차 해결할 수 없다. 집단주의와 사회적 책임의 감각은 이런 맥락에서, 글로벌 차원에서의 장기적 희생이야 어떻든 국지적 이익만을 추구하는 자본주의의 파괴적 논리에 대한 굴복에 맞설 유일한 대안으로 보이게 되었다.

가족들과 사회적 불평등

『반사회적 가족』의 주요 주제는 2장에서 윤곽이 드러난다. 어른들과 아이들을 위해 복지를 제공할 책임을 개별 가족들에 지우는 것은 사회적 불평등이 재생산되는 주요 방식이다. 이는 여전히 사실이며, 지난 10년 동안의 변화가 상황을 악화시킨 사례로 다음 두 가지를 들 수 있다.

교육에서 '부모의 선택'이 증가하고, 지자체 교육당국에서 개별 학교로 책임이 이양된다는 것은 부모들이 자녀를 위한 최고의 학교를 직접 찾아야 함을 의미한다. 풍족하고 이동성이 높은 사람들은 더 나은 교육 선택권을 따라 집을 옮기며, 부동산 가치도 이에 따라 오르내리고 있다. 그러나 이런 식으로 교육시장을 노릴 여력이나 정보가 없는 부모들은 자신이 겪은 교육적 불이익을 자녀에게 물려줄 가능성이 높다. 하지만 이제는 자녀가 가난한 학교에 다녀 좋은 성과를 내지 못하는 것조차 '부모의 잘못'이 된다. 학교들, 특히 대도시 중심가 빈곤지역 학교들은 자원 압박이 커져서 학교 재정이나 기금 모금뿐 아니라 자녀의 학업에도 부모를 더 참여시키는 것이 하나의 대응책이 되고 있다. 진보적 교육 계획, 가령 부모가 집에서 아이의 책 읽기를 정기적으로 들으며 선생님과 연락을 취해 (아이의) 동기 유발을 돕는다는 프로그램도 계급적 효과가 있다. 이런 정책은 영어를 쓰고 잘 교육받았으며, 한두 명의 자녀가 있고, 그들과 함께 보낼 시간이 충분한 부모들에게는 좋을 수 있지만, 그렇지 않은 사람들에게는 압박과 죄책감의 근원이 될 수 있다. 어떤 사람들은 이로 인해 완전히 소외되기도 한다. 이런 정책들은 규모가 너무 큰 학급을 맡아 업무가 과중한 교사들을 돕기 위해 고안되었으나, 그 스트레스를 개별 가족에게 던져주었으며, 사회 전체적으로 볼 때 다음 세대에 더 큰 불평등을 재생산한다.

두 번째 사례는 자택소유권home ownership의 연장이다. 이제 영국 가구의 3분의 2가 자기 집에 산다. 이는 표면적으로는 자기 집에서 안전하게 살게 해주고 자녀에게 물려줄 자산을 축적할 수 있게 함으로써, 부의 재분배와 가족 부양을 지원하는 진보적 변화처럼 보인다. 그러나 자택 소유가 주는 혜택은 지역적 요인, 주택 가격 및 대출을 고려한 구매 시기, 퇴직이나 노후 생활비 지출로 발생하는 자산가치 상실 등에 크게 영향을 받는다. 게다가 자녀들에게 상속해줄 집이 없는 전체 가구의 3분의 1은 어쩔 것인가? 물려받을 것이 없는 집단은 언제나 있는데, 그것이 오늘날에는 세입자들의 자녀다.[251] 상속세율과 과세 구간은 과거에는 부유층에만 관련이 있었으나, 1세대 주택 소유자의 사망이 늘어날수록 정치적으로 중요한 문제가 될 것이다. 이런 이슈에는 가족과 계급, 특권의 영속, 사적인 것the private의 특권화 같은 발상이 작동하기 마련이다.

『반사회적 가족』은 가족생활의 특권화가 사람들이 가족 밖

---

251 Chris Hamnet et al., *Safe as Houses: Housing Inheritance in Britain*, London 1990.

에서 사는 것을 더욱 어렵게 한다고 주장한다. 이는 10년 전보다 오히려 (지금) 더 적절해졌다. 영국의 독신자 중에는 홈리스가 상당히 증가했다. 모든 연령대의 사람들이 대도시 중심부에서 노숙한다. 부모의 집을 떠난 젊은이, '공동체의 돌봄'을 이유로 폐쇄된 병원의 정신질환자, 실직자, 이혼자 등은 자기 의존-'너의 가족에 의존하라'는 의미-을 강조하는 시스템의 희생자들이다. 홈리스는 가족 바깥에 있는 사람들에게 붙은 이미지 중 가장 냉혹한 것이다. 도움받을 친척이 없어 재가 서비스를 이용해야 하는 노인들은, 그것이 부적절하거나 기관의 감당 능력을 넘어선 것임을 알게 된다. 영국의 호텔과 병원에서 일하기 위해 가족을 떠난 이주노동자는 인종주의적 이민법의 희생자일 뿐 아니라 가장 끔찍한 착취 대상이 된다. 전남편이나 아이 아버지로부터 생활비를 얻으려 노력해야만 하는 싱글 맘들도 사정이 다르지 않다. 대안적인 생활양식으로 살겠다고 자발적으로 선택한 사람들이나 가족주의 헤게모니에 도전하려는 사람들 역시, 도덕적 보수주의와 연동된 시장개인주의적 풍토 속에서 점점 더 궁지에 몰리고 있다.

페미니즘, 인종주의 그리고 가족의 정치학

페미니스트 정치학은 『반사회적 가족』이 쓰인 이후 상당히 변화했다. '여성'은 더 이상 내부에 차이가 없는 단일한 범주로 간주되지 않으며, 일반적인 의미에서 '여성의 이익women's interests'이 손쉽게 식별될 수 있다고 생각하기도 어렵다. 이렇게 된 이유는 부분적으로, 젠더를 사회적·역사적 과정으로 인식하고 '여성'과 '남성'이라는 범주를 해체하려 한 이론상의 발전에 있는데, 이는 여성들 사이의 자연스러운 자매애의 기반을 약화시켰다. 또 다른 이유는, 적어도 영국에서는 인종주의와 종족 다양성ethnic diversity 인식을 제고한 정치적 실천들이 발전했다는 것이다.

우리는 『페미니스트 리뷰』Feminist Review에 게재한 한 논문에서252 『반사회적 가족』이 영국 백인 사회주의 페미니스트들에 의해 쓰인 책인 만큼 우리 자신의 경험을 담고 있으며, 자민족중심주의적인 가정假定에 기초한 분석이 수행됐다는 점을 더 명확히 인식했더라면 좋았을 것이라고 논의했다. 페미니즘에는 자신이 어디에 위치하든지간에 자신의 경험과 정치적 행동으로부터 이론을 생산하는 유구하고 훌륭한 전통이 있다. 그러나 백인 여성들이 자신들의 경험이 보편적인 것처럼, 혹은 다른 모든 영역의 투쟁이 그런 것처럼 글을 쓰는 것은 과거

---

252 "Ethnocentrism and Socialist-feminist Theory", *Feminist Review*, no. 20, 1985. For responses see *Feminist Review* nos 22&23.

에도 지금도 정당하지 않다. 흑인 여성들은 경험을 보편화하는 이러한 권력에 대한 접근성이 없으며, 이로 인해 페미니즘 운동에서 백인 여성들의 인종적 권력과 특권이 유지된다. 백인 여성들이 이것과 협상하기란 복잡하다. 우리 사회의 지배적인 목소리들-국가, 미디어, 예술 등의 목소리-은 백인들로 구성된 지배집단에서 나온 것이기 때문이다. 우리가 개인 백인으로서 경험한 성차별주의나 가장 익숙한 가족형태에 맞선 것은 동시에 사회의 지배 이데올로기, 서구 예술의 전통 등에도 맞서 싸우는 것이다. 더 중요한 것은, 이 지배적인 발상들이 사회보장 규칙, 이혼법, 세금 규정, 의료 서비스의 우선순위 결정 등 모든 사람들에게 영향을 미치는 국가정책들에 영향을 미친다는 점이다. 그렇기에 사회가 하나의 동질적인 억압 이데올로기를 가졌다고 보는 것은 지나치게 안이한 인식이다.

영국에서는 이주와 관련해 인종주의와 종족성 사이에 종종 복잡한 상호작용이 있어왔다. 인종주의가 이주와 연결되기도 했다. 아일랜드인은 어떻게든 아일랜드에 '속한다'고 여겨진다. 유대인은 대륙 유럽에 '속하고', 아시아인은 인도 대륙이나 동부 아프리카에, 아프리카계 카리브인은 카리브해 지역에 속한다고 생각된다. 영국의 문화는 기본적으로 잉글랜드 문화지만, 스코틀랜드나 웨일스 문화도 포함하는 것이다. 그런데도 '영국 문화'는 마치 메리여왕이 잉글랜드를 통치하던 시대 이래 변하지 않은 양 균질적인 한 덩어리로 알려져 있다. 그러나 영국은 *이제* (19세기에는) 아일랜드인으로부터, (20세기 초에는) 유대인으로부터, (20세기 중후반에는) 영연방국가로부터 온 이민자들에 위협받았다고 이야기된다. 좀 더 점잖아진 인종주의 언어는 위협받는 문화라거나 문화적 다양성이라는 어법을 취한다. 인종주의는 문화적 차이를 과장하고 고정관념으로 삼아 그것에 '종족적ethnic'이라는 이름을 붙인다. 즉 그것이 전통이라고, 조상으로부터 전해져 해당 종족집단에 적합한 것이라고 말이다.

인종주의에 반대하는 많은 사람들은 '종족성'이라는 용어가 인종주의를 은폐하기 때문에 피해야 한다고 믿는다. 그들은 수감률 차이, 주거와 노동시장에서의 불리함, 노상 구타, 학교에서의 괴롭힘, 방화나 폭탄 투척 등의 문제를 민족적 차이와 자민족중심주의 탓으로 돌리는 것은 이 문제의 중요성을 격하하고 사소화하는 것이라고 믿는다. 우리는 인종주의와 인종적 억압이 명명되고 폭로되어야 한다는 것에 전적으로 동의한다. 그러나 문제는, 문화적 차이가 명백히 존재하고, 실제로 새로운 방식으로 발전하며, 인종주의 맥락에서 새로운 의미를 얻기도 한다는 점이다.

오늘날 영국에 존재하는 상이한 여러 문화들은 전 세계 다른 지역에서 넘어와 새로운 토양에 이식된 전통문화들이라는 의미에서의 '종족'문화가 아니다. '종족'문화의 가장 가능성있는 변화 방향은 지배적인 선주민 문화로 동화되는 것이다. 그러나 종족문화들은 점점 더 인종주의에 대한 저항의 문화가 될 것이고, 그것은 관련 그룹들이 처한 당시의 경제적·사회적 위치에 따라 다를 것이다. 예를 들어 영국 무슬림 신앙의 사회조직 및 정치적 동원 형태는 파키스탄이나 방글라데시에서의 모습과는 다르다. 영국의 무슬림들에게 관심이 있는 것은 자기존중의 커뮤니티를 세우는 것, 젊은 세대가 자기 공동체에 충성하게 하는 것, 그리고 사회 전반적으로 법적 지위를 확보하고 사회적 인정을 요구하는 것이다. 전통 의상을 입고 전통 축제를 지내고, 방언*patois*을 사용하고 아이들에게 모국어를 가르치는 일은 전통적이거나 보수적인 용어로 표현될 수 있으나, 동시에 개인적 저항과 공동체 방어라는 진취적 전략으로 발전할 수도 있다. 영국에서 우리가 가진 것은 인종적 형태의 종족 다양성이며, 이는 인종주의에 대한 종족적 저항 형식을 포함한다.

이런 이유로 흑인 페미니스트들은 지배적인 백인 페미니즘을 비판할 때 두 가지를 동시에 말한다. 첫째, 우리는[253] 흑인 여성들이 겪은 인종차별의 경험을 무시함으로써 성차별주의를 억압의 주요 자원으로 특권화하게 되었다. 둘째, 우리는 종족적 차이를 무시했기에 그들이[254] 여성으로서 겪는 억압이 백인들과 매우 다른 형태임을 보지 못했다. 이 둘은 분석적으로는 분명히 구별되지만, 인종주의racism와 종족성ethnicity이 너무 얽혀 있기 때문에 실제로는 구별할 수 없는 경우가 많다. 우리가 『페미니스트 리뷰』에 썼듯이, "백인 페미니즘의 인종주의는 흑인 여성들이 갖는 종족적으로 다른 관점과 경험을 배제하며, 자민족중심주의의 형태를 취한다." 논문이 생산한 논쟁을 비추어 볼 때, 뒤늦은 깨달음일지라도 우리가 말했어야 하는 것은 자민족중심주의는 백인 여성의 인종주의가 취한 형태들 중의 *하나*라는 사실이다. 반인종주의 페미니즘은 단순히 반인종주의나 반성차별주의라는 의미가 아니다. 그것은 정치적 주체로서 항상, 그리고 모든 시대와 맥락에서, 과연 '우리'가 누구인지를 절실히 자각하는 것이다.

『반사회적 가족』 읽기에 있어서 이 모든 것들의 함의는 무엇인가? 분명히 우리가 (특히 2장에서) 제시한 많은 사례들과

---

253 〔역주〕백인 페미니스트들은.

254 〔역주〕흑인 페미니스트들이.

상세한 비판들의 일부는 영국 백인 가족 특유의 것이다. 예컨대 부모와 자녀 관계에 대해 우리가 쓴 내용들, 낭만적 사랑과 우애적 결혼에 대한 서술 등은 영국 백인 가족의 경험에 의지한다. 우리가 쓴 '감옥으로서의 사생활권'이나 핵가족 상자에 고립된 주부는 백인 여성들이 경험할 수 있는 많은 가능성들 중 하나이며, 풀타임으로 일하는 카리브해 지역 출신 흑인 여성들의 삶이나, 이웃에 여성 친척이 사는 아시아 여성들의 삶에는 부합하지 않을 수 있다. '가족임금' 이데올로기와 남성 생계부양자에 의존하는 가족은 백인 노동계급 이외 사람들에게는 이상이 아닐 수도 있지만, 사회보장과 이민에 관한 국가정책에 영향을 주어 모두에게 영향을 미친다.

이 특정한 비판들은 다른 가족형태들에는 적용되지 않는다. 그러나 이 사실이 다른 가족형태들이 억압적이지 않음을 뜻하지는 않는다. 그것들은 다른 방식으로 억압적이다. 대부분의 사회에서 페미니즘은 가족문제에 맞선 투쟁에 연루되어왔다. 인도의 결혼 지참금 살인, 남편 가족들에 혹사당하는 중국의 어린 신부들, 아일랜드의 미혼모 배척, 19세기 잉글랜드의 나이든 미혼여성 방직공의 곤궁 등에 대항해왔고, 당대 영국에는 가정폭력에 반대하는 아시아 페미니스트들의 투쟁이 있다. 대부분의 가족체계는 여성의 관점에서 볼 때 나쁜 측면이 있으며, 변함없이 여성억압의 중요한 구조로 발견된다. 자기가 속하지 않은 다른 사회의 모든 문화적 패턴을 존중하도록 요구하는 문화상대주의를 페미니스트들이 채택할 수 없는 것은 그래서다. 페미니스트들은 필요한 곳이라면 그 어떤 기존 문화도 반대할 준비가 되어 있는, 그런 형태의 페미니즘을 향해 나아가야 한다.

가족을 해체하기

3장에서 우리는 가족에 대한 '해체적' 접근을 주장했다. (문학 비평 방식처럼 정밀한 해체의 감각이 아니라 느슨한 개념을 사용하면서) 모든 사회에서 볼 수 있는 **가족**_the family_ 은 없다. 서구의 사회학자들과 인류학자들이 '가족'이라 명명한 전 세계의 제도들에서 확인할 수 있는 본질적 요소란 없다. 그러므로 존재하는 것은 단지 일종의 가족이라 부르는 게 차라리 나을, '가정적 배치_arrangement_'의 특정 유형들과 친족체계들뿐이다. 이 주제의 논의는 자크 동즐로가『가족의 감호』에서 제시한 비평적 숙고와 밀접하게 여결된다.『가족의 감호』는 가족을 필수적이고 단일한 범주로 취급하지 않고, "사회정치적 수준을 유지하는 관계들의 시스템을 연구함으로써만 파악될 수 있는 불확실한 형태"로 규정하기 때문이다. 우리는 동즐로의 책에 많은 비판을 제기했고 그중 일부는 논쟁의 여지가 있다고 간주되곤 했지만, 『가족의 감호』에는 불행히도 안티페미니즘적 편향이 있다. 실제로 영역본 서문에서 동즐로는 페미니즘을 (마르크스주의와 정신분석학도) '너무 반복되어 믿기 힘든 확실성certainties too repetitious to be credible'을 갖는 담론의 한 형태로 묘사하며, 이렇게 생각하는 한 그런 편향이 나타나는 것은 당연한 일이라고 덧붙이고 싶다. 마찬가지로 우리는 동즐로의 글에 나타나는 구체제Ancien Régime 가족의 본질주의적 성격도 지적했는데, 특히 그가 그런 관점 때문에 근대적이고 여성화된 변종인 가부장적 가족형태에 대한 비판과 해체에 실패한 점을 지적했다. 우리는 이 논점을 여전히 유지한다.

가족 (연구) 분야에서 페미니스트 사유에 끼친 미셸 푸코의 영향력을 어떻게 측정할 것인지는 이보다 더 복잡하다. 『반사회적 가족』은 동즐로의 일반적 테제에는 동의한다. 이는 그가 가정적·가족적 배치의 역사와 사회적 위치에 대해 해체적이고 반본질주의적 방식으로 이해하려 했을 뿐 아니라 사회성sociality이 가족적인 방식으로 구성되는 것에 무게를 두었기 때문이다. 『반사회적 가족』이 출판된 지 10년이 지나면서 가족에 대한 이러한 발상을 푸코의 작업에 연결하는 것이 좀 더

쉬워졌다.

　푸코는 자신의 모든 작업에서 사회학적 마인드가 만든 거
대 구성물들, 가령 '젠더' 등을 언급하지 않았으며, 마찬가지
로 **가족**the family'에 관해서도 다루지 않았다. 그러나 그는 섹
슈얼리티와 섹슈얼한 정체성에 관해 많이 이야기했으며, 신체
의 역사적 구성과 종속된 주체를 생산하는 정치적 과정을 중
점적으로 다루었다. 푸코의 일반적 관심은 주변성에 대한 것
으로, 그의 작업에서는 범죄·광기·섹슈얼한 정체성들에 대한
연구가 다뤄지며, 경제적 기능은 없지만 권력의 일반적 작용
에는 막대한 역할을 하는 사회적 과정이 중요하다. 한 인터뷰
에서 그는 이렇게 말했다.

　　간단히 말해, 심리치료적 구금internment, 개인들에 대한 정
　　신적 정상화, 그리고 형벌제도는 누군가가 단지 그것들의
　　경제적 의미를 찾으려 한다면 상당히 제한적인 중요성만
　　을 가진다는 것에 의심의 여지가 없다. 반면 이것들은 권
　　력의 수레바퀴the wheels of power의 일반적 기능에서는 확실
　　히 필수적이다. 권력에 대한 질문을 경제나 경제에 기여
　　한 이익체계에 종속시키는 한, 이러한 문제들은 별로 중

요하지 않은 것으로 취급되는 경향이 있다.**255**

　말에 의한 사물의 담론적 구성에 대해 특정한 시기에 말해질 수 있는 것들의 중요성에 초점을 맞춘 푸코의 논의는, 가족주의를 규범적 권력을 가진 담론으로 바라볼 수 있는 완벽한 프레임이다.

　푸코의 발상들은 성적 정체성 및 섹스화된sexed 주체들, 몸들의 사회적 구성 등의 주제를 주로 다루는 페미니즘 진영에서 널리 수용됐다. 이 영역에서는 푸코의 주장이 훨씬 더 직접 적용될 수 있었지만, 본질주의라는 지울 수 없는 색채를 띤 '**가족**the family'이라는 불만족스러운 범주를 재고하려는 시도에서는 별로 그렇지 못했다. 그렇기에 '**가족**the family' 연구에 대한 푸코의 반향은 오히려 간접적이고 부정적이며 동즐로의 책만 예외적으로, 푸코주의 사상은 사람들을 '**가족**the family'과 같은 실체 밖으로 점점 더 끌어내는 영향을 끼쳤다.

　누군가가 '**가족**the family'이 구성된 것이라는 데 대해 증거를 원한다면, 생식기술과 부모에 관한 현재의 논쟁만 봐도 된다. 인공수정, 체외수정과 그것의 다양한 적용, 대리모 등의 도입

255　Michel Foucault, "Truth and Power" in Colin Gordon, ed., *Power/Knowledge*, Brighton 1980, p. 116.

이후, 우리는 이러한 과정들이 갖는 정치학과 윤리학, 그리고 그것이 '가족생활'에 갖는 함의에 대해서 격렬한 논쟁이 전개되는 것을 목도했다. 여러 논쟁점이 있는데도 그 모든 것들이 쉽사리 가족 도덕성의 문제로 취급되는 모습은 가족의 자연주의적 개념이 갖는 약점들을 흥미롭게 드러낸다. 체외수정과 같은 기술은 (드문 상황이긴 하지만) 과거에는 불임이라 생각되던 부부에게도 부부 각자의 유전적 계보에 속하는 아이를 가질 수 있게 하는데, 이는 부모나 가족에 대한 가정假定을 불안정하게 만든다. 미셸 스탠워스Michelle Stanworth가 주장했듯이, 유전적으로 관련 있는 아이를 갖고자 하는 욕망에 굴복하는 동시에, 유전적 부모 지위를 손상시키는 역설적인 효과를 가져오기 때문이다.[256]

이러한 논쟁에서 분명한 것은 보수적인 가족 도덕성이 '자연스러운' 것에 대한 호소에 크게 의존했다는 사실이다. 어떤 것이 단지 자연스럽다는 개념과 직면하면 논의가 어디로 향할지 모른다. 대리모의 경우, 누가 '진짜' 어머니인가? 사회적 모성이 생물학적 모성을 초월할 수 있다는 인식은 입양에 대해 보인 관용적 시선을 넘어 분명한 공적 불안의 영역으로 옮겨갔다.

---

[256] Michelle Stanworth, ed., *Reproductive Technologies: Gender, Motherhood and Medicine*, Cambridge 1987, Ch. 1.

생물학적 재생산을 사회적 용어로 이해하는 사회학자들과 인류학자들에게는 이러한 상황은 그리 충격적인 일이 아니다. 다양한 형태의 대리모 행위가 오랫동안 실행되어 왔으며, 독특하게 결합한 어머니와 아이는 산업사회 중산층 특유의 창조물로 알려져 있다. 현재 자발적 미혼모의 비율은 핵가족 규범이 거짓임을 보여주기에 충분할 만큼 높다. 더 중요한 것은 현재 영국에서 이혼과 재혼, '재조합된 가족'들의 수가 크게 늘고, 어른들과 아이들의 관계가 변화했다는 것이다. 많은 사람들이 자발적으로 사회적 부모가 되기를 선택하며, 유전적·생물학적·사회적 부모됨이라는 당연시되던 규범은 이제 명확히 파열됐다. 가족중심주의가 유전적인 내용과는 상관없이 핵가족 규범의 사회적 이미지를 중심으로 재편될지, 아니면 좀 더 생물학적 반응이 일어날지 흥미롭게 살펴봐야 할 것이다.

가족주의와 개인적 삶의 정치학

『반사회적 가족』의 주요 테마는, 개별 가족들은 사랑, 보살핌, 상호 원조나 지지라는 이상an ideal에 근접할 수 있지만, 이러한 가치들은 사회 전체 시스템 어디에도 뚜렷한 근거를 두고 있지 않다는 생각이다. 사사화된 가족 집단주의는 더 넓은 차원의 사회적 집단주의의 힘을 약화시키는 경향이 있다. 따라서 가족이 더 강하고 보다 상호지지적이라고 기대될수록 가족 이외의 다른 지원제도들은 취약해진다. 국가와 지자체의 제도들이 그러한 한, 해당 사회의 모든 사람들이 영향을 받는다. 삶을 지지하는 기반의 가장 가치 있는 부분을 가정이 구현할 때, 거기서 생활할 행운이 없는 사람들은 자신이 고립되고 사회적으로 빈곤하다고 여기게 될 것이다. 물론 소수민족 거주지enclaves 등에서 더 강력한 형태의 집단주의와 연대하기 위해 노력하는 사람들도 있을 것이다. 예를 들어 일부 레즈비언들과 게이들은 이성애자들보다 서로 돕고자 하는 유대감이 강하다. 실제로 동성애자들이 에이즈 위기에 집단적으로 대응했던 방식은 그들에게 실질적인 내용이 담긴 '공동체' 타이틀을 주장할 권리를 주었다. 교전 중인 소수민족 집단도 종교적이든 세속적이든 간에 강력한 공동체 조직과 상호 원조의 네트워크를 갖는다. 하지만 이들 중 어느 것도 가족주의의 결과물은 아니다. 가족주의는 이런 형태의 공동체성communality을 풍요롭게 하기보다는 약화시키곤 한다.

1991년 5월

추천의 글

송다영 인천대학교 사회복지학과 교수

'가족'이란 무엇일까? 많은 사람이 가족이 무엇인지 안다고 생각하지만, 본격적으로 가족에 대해 논의하면 혼란스러웠던 경험을 한두 번은 했을 것이다. 가족의 실재들realities이 가족이 내포하는 이상이나 가족주의 이데올로기에 의해 어떤 부분은 은폐되고, 어떤 부분은 과대포장되기 때문이다. 『반사회적 가족』은 이성애 결혼과 성별분업에 기반을 둔 근대적 가족형태만을 '평균적 가족average family' 혹은 '이상적 가족ideal family'으로 전제한 사회 구조가 이 혼란을 만들어낸 핵심이라고 말한다. 또한 특정한 가족의 특권화(신성화)가 이 유형과는 다르게 사는 여타 많은 가족의 삶을 가치절하하거나 폄하하고 있음을 문제삼는다. 즉 남녀 간의 감정적 유대와 상호 의존은 결혼과 가족생활이 제공할 수 있는 긍정적인 부분임은 인정하지만, 인간이 필요로 하는 욕구가 단지 결혼관계로만 제한되고 이외 관계에서 이뤄지는 정서적 연대의 정당성과 가치를 부정하는 것은 문제임을 역설한 것이다. '가족'이 여러 다양한 삶의 방식, 또는 대체 가능한 생활양식으로 인정되지 않고 오로지 한 가지 유형만으로 특정되며, 더 심각하게는 신성시한 가족 유형만이 우리의 모든 사회적, 개인적 고통을 치유할 유일한 안식처이자 제도로 인지된다면, 가족은 잃어버린 파라다이스라는 이념형에 갇혀 다양한 현실적 실재를 왜곡하는 질곡에 빠지기 때문이다.

또한 이 책의 저자인 바렛과 맥킨토시는 페미니스트답게 사회제도로서의 가족의 반사회적, 더 구체적으로는 반여성적 실체를 비판한다. 즉 가족은 가족 구성원에게 정서적 안정과 사회적 재생산 기능을 수행하는 사회제도라는 명분과 달리 사생활 보호라는 미명하에 수많은 가족 내 폭력적 구조와 불평등한 노동을 엄호한다. 이를 통해 이 책은 가족이 마치 자연화된 실체이자 거부할 수 없는 사회적 생활의 근간인가를 집중적으로 반문하면서 '반사회적 가족'의 실상을 이해할 수 있게 한다. 2장과 3장은 가족의 억압적 실제와 가족 가치의 이데올로기화를 다루고 있어 꼼꼼히 읽으면 많은 통찰을 얻을 수 있다.

이 책을 읽으며 37년 전 영국의 상황과 현재 우리의 상황이 이토록 비슷하다는 것이 안타까웠다. 가족 내 성별분업이 갖는 권력체계는 시공간을 초월해 유사한 방식으로 나타난다.

여성의 재생산권과 몸에 대한 존중 없이 낙태를 사회적 관리와 통제 이슈로만 접근하고, 여성에 대한 폭력도 가족 내 사생활권 보호 차원에서 외면한다. 결혼 초기 가사노동을 분담하던 부부들도 아이가 태어나면 달라져 여성이 육아 때문에 일을 그만두면 당연한 듯 가사노동을 전담한다. 그러다 일터로 돌아가면 이전보다 좋지 않은 직업을 감수해야 하는 패턴이 거의 유사하게 재현된다. 명시적 부권과 남성적 권위의 강조는 없어졌으나 남성과 여성의 결합에 기반한 이성애 가족의 뿌리깊은 불평등은 강력하게 유지되고 있다. 저자들은 이러한 고민에 대답하듯이 결론에서 근대 가족 패러다임을 넘어설 수 있는 새로운 변화 전략을 여러 차원으로 제시한다.

이처럼 이 책은 명쾌하고 날카로운 분석과 함께 문제적 상황을 변화시키려는 연구자들의 갈망을 볼 수 있어서 좋다. 가족 관련 이상과 현실의 정합과 부정합을 오가며 일목요연하게 문제의 핵심 줄기를 찾아내 정곡만 짚는 것은 여성주의자 바렛과 맥킨토시가 아니면 해낼 수 없을 것이다. '삶의 안식처이자 휴식처'로 이상화한 가족 이데올로기가 여성의 삶 전반을 수면 아래로 가라앉혔지만, 억압과 전형성에서 벗어나 다른 방식으로 모여 살아가는 사람들이 있음을 밝히고, 이의 배제를 비판적으로 분석한 후 새로운 대안을 모색하는 책의 구성은 마치 줄기를 잡아가다가 뿌리를 찾은 듯한 후련함을 선사한다.

　이 책을 번역한 김혜경·배은경 교수는 한국 사회에서 오랫동안 가족과 여성의 불평등을 연구해온 깊은 내공의 학자로, 번역에 있어서도 깊이가 있다. 그래서 종전 번역서보다 껄끄러움 없이 읽을 수 있다. 가족과 여성학 분야의 고전이라 할 훌륭한 책을 이렇게 쉽게 읽을 수 있도록 수고해주신 두 분에게 진심으로 감사드린다. 이 책을 읽으며 줄곧 〈지금은 맞고 그때는 틀리다〉라는 영화 제목이 생각났다. 이에 맞춰 번역에 대해 논평하자면, "그때는 빨랐고 지금은 맞춤하다"일 것이다. 사실 이 책은 역자 중 한 분인 김혜경 교수가 1993년에 번역한 바 있다. 이 책은 비혼, 1인가구, 동거, 공동체로 살아가는 새로운 가족들의 주체화 전략을 함축한다. 우리 사회에서 이들은 1993년에 비해 양적으로 많아졌고, 사회적으로 자신을 드러내 인정을 요구하기 시작했다. 여기에 더해 가족, 섹슈얼리티, 몸, 모성 억압, 젠더 불평등을 중요한 정치적 의제로 삼는 시민단체와 정당들이 생겨났다. 이제 가족에 대한 논의는 보수주의자들이 가부장제 질서를 유지하고자 사용하는 카드가 아니라 개인, 가족, 사회 간 관계에 대한 새로운 사회학적 상상력과 결합해 '더 나은 삶'을 만드는 정치적 변화 전략의 하나로 자리잡고 있다. 또 이 책은 가족의 변화(가족 내 역동 포함), 가족에 대한 사회적 의식의 흐름, 편견, 잠재적 억압성을 보여주기 위해 다른 나라의 드라마, 소설, 사건들을 많이 언급한다. 물론 저자들이 주석을 붙였지만, 당시엔 이를 충분히 이해할 수 없었다. 인터넷을 통해 정보를 쉽게 얻을 수 있는 현재, 내용과 맥락을 더 깊이 알기 원하는 독자의 궁금증 해소가 쉬워졌다. 따라서 이 책은 두 번째 번역으로 더 세련된 문장들을 접할 수 있다는 강점 외에도 같은 내용을 더 폭넓게 이해할 수 있게 한다.

이 책은 1982년에 출간됐지만, 지금까지 나온 가족사회학 저서 중 문제의식이 가장 신선하다. 시간상 옛 분석일지라도 내용이 미래지향적일 뿐만 아니라 한국 사회에서 실천 가능한 대안에 관한 고민을 담고 있다. 이처럼 사회적 가족의 진단과 미래를 담은 이 책을 많은 깨어 있는 시민이 읽고 정책과 일상에서의 고민으로 나아갔으면 좋겠다. 가족의 대안적 지향을 고민하는 사람은 물론 가족 연구자, 가족정책 관련 법률과 제도를 공부하는 모든 사람에게 추천하고 싶다. 나, 가족, 사회 간 억압적 구조를 성찰하며 여러 방식의 개인적 삶을 '선택의 정치'로 포용해야 한다고 말하는 이 책은 주어진 틀에서 벗어나 주체적인 삶을 계획하는 젊은이들에게 실질적인 혜안을 줄 것이다. 비판적으로 읽고, 뜨겁게 토론하기를 권한다.

제2판 공역자 후기 (2019)

『반사회적 가족』을 다시 번역하여 내놓게 되어 대단히 기쁘다. 이 책은 1982년 영국에서 초판이 출간된 이래 최근까지 여섯 차례나 재간행된 스테디셀러로, 한국 학계에는 1993년 김혜경의 번역으로 처음 소개된 바 있으나 이미 오래전 절판되었다. 1991년판에 추가된 저자 서문이 포함된 이번 국역본은 버소Verso 2015년판을 토대로 하였으며, 재번역에는 배은경이 합류해 두 사람의 공역으로 나오게 되었다. 재번역 과정에서 두 사람은 이 책이 오늘/여기의 한국 사회에 더 높은 적합성을 갖고 있음을 깨달았고, 좋은 책을 번역하는 즐거움에 더하여 내용을 정확하게 전달해야 한다는 마음의 짐이 더해진 면도 있었음을 고백하고 싶다.

가족the family을 근본적으로 '반사회적인' 제도라고 보는 이론적 급진성과 선행 가족 연구 학술서들에 대한 깊이 있지만 신랄한 비판 때문에, 이 책은 출간 당시부터 문제적 텍스트로 여겨졌다. 그러나 그럼에도 불구하고 이 책이 30여 년이 넘는 기간 동안 생명력을 잃지 않고 가족 연구의 고전으로 받아들여지는 이유는 이론적·실천적·정책적 의의가 그만큼 크기 때문이다. 가장 최근의 영어권 출간은 2006년 이래 급진사상가들의 고전을 시리즈로 출판해온 버소가 2015년, 줄리엣 미첼의 『여성의 지위』 등과 함께 이 책을 아홉 번째 기획으로 선정함으로써 이루어졌다. 시리즈 선정 이유에서 출판사는 이 책을 마르크스주의 페미니즘의 고전으로 위치 지우면서, 후기 자본주의 사회의 가족형태를 구성하는 가구·친족·성적 관계 맺음의 네트워크가 어떻게 전체 사회의 불평등을 강화하는지를 잘 해부했다고 평가했다. 현재와 같은 가족의 존재는 그것이 충족시킬 것으로 여겨지는 개인적·사회적 필요들을 오히려 부정하고 있으며, 따라서 평등주의적인 돌봄 대안을 구축하기 위해서는 보다 적극적인 도덕적·정치적 실천이 필요하다고 본 이 책의 주장은 시간과 공간을 넘어 오늘/여기 한국 사회에도 유효하다.

한국의 역사 속에서 가족은 매우 정치적인 기제였다. 전통적으로 가족은 효孝라는 가치로 구축되어 왔으며, 식민지화·개발독재의 시기를 거치면서는 근대화의 암적 존재이자 극복 대상으로, 혹은 반대로 민족적 전통으로서 지켜나가야 할 수호 대상으로 호명되었다. 20세기말 이래 신자유주의 시대에 가족은 해체의 위기를 겪는 국가적 차원의 보호 대상으로 재부상했고, 저출산 위기론이 가족을 둘러싼 담론을 지배하게 되었다. 이러한 속에서 그간 한국의 가족 담론은 실제 가족 안에서 살아가는 사람들의 일상적 고통과 애증愛憎, 불평등의 현실과 정의의 가치를 설명할 언어를 개발하지 못했다. 본서에서 언급된 것처럼, 가족에 대한 연구들조차 "우리가 가장 알고 싶어 하는 것을 제외한 나머지 모든 것들"만 이야기할 뿐, "가족생활이 왜 이리도 고통스러우며, 결혼은 왜 깨지기 쉬운지, 부모-자녀 관계는 왜 이리도 적대감과 반목으로 가득 차 있는지"를 설명해주지 않는다. 경험을 담아낼 언어를 갖지 못한 채 현실에서 가족과 그에 결합된 가부장제를 체험해야 하는 젊은 세대 여성들이 비혼을 생애 전략으로 선택하기 시작한 것이나, 일부 SNS 담론에서 결혼 일반이 '가부장제에 부역하는 행위'로까지 치부되는 작금의 현상은 이를 반영한 것이다. 그러나 다른 한편 현실세계에서 가족의 위력은 여전히 강력하며, 많은 사람에게 경제적 생존과 사회적 인정의 근거로 작동한다. 최근 상류층 가정의 자녀 대학입시 문제를 다룬 TV드라마 〈스카이 캐슬〉(2018.11.23-2019.2.1. JTBC 방영)이 케이블방송 사상 최고의 시청률을 기록하면서 화제가 된 것은, 부와 사회적 지위의 재생산 기제로서 한국 가족이 가진 막강한 힘과 대중적 위상을 여실히 보여준다.

자연화된 사회제도로서의 **가족**the family에 대한 바렛과 맥킨토시의 비판은 무려 37년 전 영국의 사회 상황을 배경으로 한 것임에도 불구하고 21세기 현재의 한국 사회에 깊은 울림을 갖는다. 흥미롭게도 가족 관련 통계도 유사한 특징을 보인다. 당시 영국 사회에서 1인가구의 비율은 23%, 성별 임금격차는 63%였는데, 2017년 통계청 자료에 따르면 한국의 1인가구 비율은 27.2%, 성별 임금격차는 당시의 영국과 똑같은 63%를 기록했다. 남녀가 오래 사귄 경우 혼전 성관계는 수용되지만, "결혼할" 여자와 "헤픈" 여자 사이의 이분법은 여전히 존재하는 것도 비슷하다. 당시의 영국이 현재의 우리 상황과 다른 점은 사회주의 정당과 진보적 논객들이 정책적 주제로서 가족에 깊은 관심을 갖고 토론하고 있었던 점인데, 그럼에도 불구하고 좌파 역시 임신중단 같은 핵심 이슈에 있어서는 우파의 입장과 별다른 차이를 보이지 않았다. 가족은 일종의 "정치적 축구경기"가 되어서 각 정당들은 노동당이나 보수당을 불문하고 자기네 당이 더 가족 가치를 대변한다고 경쟁하는 추한 모습을 보일 뿐이었다(1장). 이 책이 출간된 1980년대 초반에는 영국은 물론 유럽 전역에서 가족 해체에 대한 우려의 목소리가 증대했다. "가족이 사회의 핵이라는 관념의 해체,

동거와 이혼의 확산, 가족관계의 불안정성 증대, 여성들의 달라진 사회적 지위와 높은 취업 욕구, 인구 대체 수준에 근접하거나 그보다 낮을 정도로 하락하는 출산율은 놀랍게도 유럽 여러 나라에서 공통적으로 나타나는 트렌드다. 이 나라들의 미래와, 어쩌면 생존 그 자체가 위기에 처해 있다"라는 언급은 마치 오늘날의 한국 가족 담론 같지만, 실제로는 당시 유럽의 회가 내놓은 가족정책 보고서에 나온 지적이다. 당시 영국은 대처정부 수립을 계기로 복지예산이 감축되는 등 신자유주의적 노선이 강화되며 가족과 여성의 책임 증대를 예고하고 있었으나, 소비주의와 대중문화의 발전 속에서 비판적 가족 담론의 입지는 더욱 좁아지고 있던 상황이었다.

그런 상황에서 바렛과 맥킨토시라는 두 명의 탁월한 페미니스트 이론가가 등장하여 당시를 지배했던 가족 관념에 문제를 제기했던 것이다. 두 사람은 모두 명실공히 사회주의 페미니스트였으며, 특히 맥킨토시는 열렬한 게이인권운동 실천가이기도 했다. 이들은 당시 유럽 사회에서 가족을 둘러싼 이론과 실천의 퇴보를 이끈 핵심 고리를 가족주의 이데올로기(familialism)에서 찾는다.[257] 가족주의는 "섹슈얼리티, 재생산,

---

[257] 가족주의(이데올로기)는, 정치적으로 친가족적인 발상들을 선전하는 것, 그리고 가족 그 자체를 강화하는 가족중심주의familism와 달리, 가족 가치라고 여겨지는

교육에 대한 당대 정책의 모든 요소가 연결되어 있는 동력 기관차"로서, 이성애적 성관계의 특권, 출산의 자연화 및 혼인관계 내에 국한된 출산, 양육과 교육의 배타적 책임자로서의 가족, 그리고 남성 가장과 여성 주부라는 이분법적 성역할 등이 모두 가족주의라는 동력원에 매달려가고 있다고 지적된다. 더욱이 대처정부가 내놓고 있던 신자유주의적 정책들은 사회적으로 취약한 집단, 즉 빈곤층과 실업자, 홈리스, 장애인 등에 대한 사회적 보호와 연대의 책임에 의심의 눈길을 보내면서 개인의 책임을 강조했는데, 이 책을 쓴 두 사람이 보기에 이 논리는 사실 그 개인들이 속한 '가족이' 알아서 책임져야 한다는 것에 불과했으며, 이 또한 가족주의에 기댄 것이었다.

그러나 가족주의의 가장 큰 한계는, 가족을 하나의 통일된 실체unity로 파악함으로 인해 발생하는 논리적·실천적 결함에 있다. 이 책의 이론적 핵심을 담은 3장에서 언급되었듯이 역사상 가족이 하나의 모습으로, 그런 게 가족일 것으로 당연시될 그런 종류의 모습으로 등장한 적은 한 번도 없었으며, 이는 여러 가족사가家族史家들의 연구를 통해 증명된 바다. 그럼에도 불구하고 소위 진보적 가족연구자들조차 가족의 쇠퇴

것들을 모델로 해서 만들어진 이데올로기들, 그리고 다른 사회현상들을 가족들과 비슷하게 보이도록 그려내는 담론과 정책, 제도까지를 포함한다.

를 우려하는 담론을 양산해내고 있던 현실을 보면서 저자들은, 그 존재가 불분명한 가부장적 전근대 가족의 상懼을 암암리에 전제하며 현재의 가족 변화를 위기로 규정하는 것은 가짜 진보이론이라고 지적했다. 그리고 그 대표적 사례로 푸코주의 철학자인 동즐로의 계보학적 가족 연구, 그리고 역사가이자 문명비평가인 라쉬의 정신분석적 논의를 들어 신랄하게 비판하고, 자신들의 사회구성주의 입장을 정립하는 동시에 페미니즘적인 새로운 정신분석 논의를 도입하고 있다. 저자들은 여성이 양육을 담당하는 가족 구조가 여성성·남성성의 성별화된 주체성subjectivity을 생산하는 핵심적 역할을 하고 있다고 보며, 모성역할과 부성역할 둘 다가 극복되어야 한다고 주장한다. 이러한 점에서 모성motherhood은 이들의 가족 연구에서 키워드의 자리를 차지하고 있다고 할 수 있는데, 그러나 핵심은 슐라미스 파이어스톤이 주장한 것과 같은 생식의 독재tyranny of reproduction가 아니라 모성의 독재에 있다고 본다(2장).

물론 이 책의 미덕이 가족 연구의 급진이론을 정립하는 데만 있지는 않다. 4장 '변화를 위한 전략'에서 저자들은 구조 변화와 다양성 확보를 양면 전략, 즉 집단적 실천과 개인적 선택의 결합을 위한 방향을 제시한다. 거기에는 오늘날 우리 사회에도 큰 시사를 주는, 예컨대 낙태 이슈를 둘러싼 선택권 논쟁도 포함된다. 즉 자유주의적 의미에서의 개인 '선택권'이 갖는 가치는 살리되, 그것을 실현할 집단주의적 지지체계의 필요성과 같은 점이 그러하다. 한편 다양한 법제도적 투쟁 방향이 제시되고 있는데, 가족 관련 사회보장제도와 주택정책, 가족법과 이혼 시 양육문제와 관련한 정책적 토론이 그것이다. 물론 필자들은 이러한 정책이슈들을 그간 사회주의자들이 간과해온 개인적 선택과 생활양식의 정치와 연결시키고 있는데, 가령 비혼의 독신생활, 공동체, 동성 가구와 같은 다양한 실험과 같은 것들이다. 저자들은 이러한 제안을 통해 "피는 물보다 진하다"라는 가족주의로 퇴행하는 대신, 가족이 덜 필수적인 것이 되어도 괜찮은 사회에 대한 상상을 그려낸다. 그리고 이런 실천 전략은 이 책 전체를 관통하는 저자들의 독특한 가족 규정, 즉 친족관계와 성별분업, 가구구성을 구조화하는 사회경제적 제도로서의 가족과, 그리고 그러한 원리가 가족을 넘는 사회 전반의 현상에까지 확장되는 이데올로기로서의 가족의 차원을 포괄하는 "가족-가구 체계family-household system"라는 이론적 틀과도 부합하는 것이다. 결국 가족의 신화와 현실이 서로 맞물리면서, 언제라도 부서질 수 있는 카드로 만든 집house of cards이 바로 우리가 살아가는 가족의 실상일 수 있다.

한편 진보정당과 정책의 역할, 개인적 차원의 생활양식 정치 등에 대한 저자들의 제안은 초역됐을 때보다 오히려 오늘/여기의 한국 사회에 더 적합한 듯하다. 1987년의 민주항쟁 이래 지난 30여 년간 한국 사회는 제도적·절차적 민주주의를 발전시켜 왔으나 여전히 진보적인 정책들은 표류하고 있으며, 성평등한 노동·재생산권·생활동반자법 등에 대한 요구가 거세다. 한편 신자유주의적 생존 경쟁이 가져오는 불안은 역설적으로 집단주의collectivism나 연대solidarity, 사회적 책임의 요구를 확장시키고 있다. 이러한 상황에서 이 책의 논의는 대안적 가족 연구의 이론적·정책적 방향을 모색하는 연구자들에게, 그리고 일상의 성평등을 실천하면서 자기 삶의 진정한 주체로 거듭나고자 하는 모든 사람들에게 하나의 길잡이가 되어 줄 수 있을 것이다. 그러나 다른 한편, 바렛과 맥킨토시의 이 고전적 논의 역시 시대적 제한 속에 있었다는 점에 유의할 필요가 있다. 이 책은 지구화와 국제 이주가 본격화되기 전인 1980년대 초반에 저술됐고, 그만큼 인종적·종족적 다양성을 중요한 축으로 하는 21세기 사회의 특성을 담아내지 못했으며, 영국 백인 여성의 경험을 주로 반영한다. 예컨대 2장에서처럼, 남성가장과 전업주부로 이루어진 핵가족을 기본 가족형태로 보고 전개한 비판과 같은 것이 그 예다. 초판 발행

후 약 10년이 지나 출간된 2판의 후기(1991)에서 저자들은 자신들의 자민족중심주의적인 가정假定의 한계를 인정한다. 그러나 백인 핵가족에 초점을 둔 비판이 다른 인종적·종족적 가족 내 여성의 삶은 괜찮다는 면죄부를 주는 것은 당연히 아니다. 바렛과 맥킨토시는 대부분의 가족체계는 "여성의 관점에서 볼 때" 변함없이 억압적이며, 따라서 종족성ethnicity의 차이에 과도한 중요성을 부여하는 문화상대주의가 페미니즘의 대안이 될 수 없다는 점을 명확히 한다.

저자들이 어떤 사람이었는지 궁금해 할 독자들을 위해 그들의 삶에 대해서도 간단히 소개하려 한다. 논의의 급진성이 주는 선입견과는 달리, 바렛과 맥킨토시는 오랫동안 대학에 자리잡고 있던 교수들이었다. 미셸 바렛은 이 책을 펴내기 전 이미 『현대 여성의 억압』Women's Oppression Today(1980)의 저자로 유럽 전역에서 유명세를 떨쳤는데, 1970년대 중반부터 런던시립대학교 사회학과에서 강의를 시작하여 1989년부터는 교수로 재직했다. 애초 버지니아 울프 연구자였던 그는 2000년에 런던대학교 퀸 메리 칼리지로 이적하여 현재 현대문학 및 문화이론 교수로 제1차 세계대전의 사회문화사 등에 대해 활발한 연구 활동을 지속하고 있다. 메리 맥킨토시와는 1979년에 창간된 여성주의 저널 『페미니스트 리뷰』의 편집진으로서 함께 작업했다. 맥킨토시는 1975년 에식스대학 사회학과에서 시간 강사로 강의하기 시작하여 1996년 퇴직 시까지 그곳에 재직했다. 사회학자인 동시에 마르크스주의 페미니스트로서 영국 공산당 당원이었으며, 게이인권운동가였던 그는 1968년 동성애(범주)가 생물학이 아닌 사회적 구성의 결과물이라고 하는 선구적인 연구를 학술지 『사회문제』Social Problems에 발표해 주목받기도 했다. 또한 맥킨토시는 범죄학 분야의 전문가이기도 했는데, 동성애 연구를 통해 전통적인 범죄학의 관점을 급진화시키는 데 기여했다고 평가된다. 특히 런던의 게이해방전선 Gay Liberation Front 활동에 적극적으로 참여하는 한편, 포르노 검열에 반대하는 입장sex positive에서 성해방운동을 전개하는 등 생애를 통틀어 마르크스주의자로, 그리고 게이해방운동과 여성운동·레즈비언운동 사이의 연결을 심화시키고자 노력한 이론가이자 실천활동가로서의 삶을 살았다.

책에 대해 여기 논의된 것보다 더 자세히 알고 싶은 독자는 이 책에 실린 초역판 역자 서문(1993)을 참고하길 바란다. 다만 초역 당시 역자의 지식 부족, 혹은 편견으로 인해 일부 정확치 않은 평가도 있었음을 밝혀야 할 것 같은데, 특히 급진주의 페미니즘을 보는 저자들의 입장에 대한 평가가 그러하다. 다시 번역하는 과정에서 확인된 바, 저자들은 급진주의 페미니즘이 갖고 있는 가족제도 자체에 대한 거부가 가족을 보는 진보적인 관점을 대중화하는 데 장애가 될 수 있다고 보았으나, 실제 논의 속에서는 레즈비언 가구와 같은 섹슈얼리티 차원의 실천이 갖는 중요성을 결합해내고자 노력하고 있었음을 확인할 수 있었다. 관련하여 초역 당시의 지식사회학적 상황을 돌아보자면, 1990년대 초반은 1980년대를 지나며 한국 사회에서 대안적 사회과학 이론으로 부상했던 마르크스주의 이론들이 동독·소련 등 현실사회주의의 붕괴를 맞으며 새로운 사회이론 모색으로 대체되던 시기였다. 가족 연구 분야에서도 이러한 상황은 유사했으며, 이때 발견된 바렛과 맥킨토시의 이 책은 경제적 토대만 중시하던 가족이론에 머물지 않고 이데올로기 차원, 라이프스타일의 정치 등과 같은 새로운 접근을 보여준다는 점에서 새로운 대안으로 여겨졌으나, 초역자를 포함, 당시의 지적 스펙트럼은 이들의 논의를 충분히 수용할 만큼 넓지 못했던 것 같다.

이 책의 두 번째 국역 작업은 2017년 여름 무렵부터 논의됐는데, 직접적으로는 최근 급진화되고 있는 여성운동의 흐름 속에서 좀 더 깊이 있는 가족이론서의 출간 기회를 엿보고 있던 나름북스의 제안으로부터 비롯된 것이다. 여러 논의 끝에 두 명의 역자가 함께 번역하게 됐고, 2018년 여름 본격적으로 작업이 수행됐다. 김혜경은 2장과 4장을, 배은경은 1장과 3장을 맡아 번역한 후 함께 읽으면서 여러 번 수정하는 과정을 거쳤으며, 이를 통해 이번 국역본은 여러 크고 작은 오류들을 개선하고 현대적 언어 감각에 부합하는 새 옷을 입게 되었다. 책의 번역을 제안하고 읽기 좋게 만들어준 조정민 편집자와 나름북스 여러분께 감사드린다. 마지막으로, 일찍이 김혜경의 가족사회학 수업을 수강하면서 이 책을 알게 된 후 '인생 책'으로 선정해 두었다고 하며, 버소출판사의 소식에 신속히 판권을 구입하고 재번역을 결정해준 김삼권 편집자에게 깊은 감사를 드린다.

2019년 5월

공역자 김혜경·배은경

반사회적 가족

2019년 6월 28일 초판 1쇄 발행
2019년 7월 7일 초판 2쇄 발행

지은이　　미셸 바렛 메리 맥킨토시
옮긴이　　김혜경 배은경
편집　　　조정민 김삼권 최인희
디자인　　이경란
인쇄　　　도담프린팅
종이　　　타라유통

펴낸곳　　나름북스
펴낸이　　임두혁
등록　　　2010.3.16. 제2014-000024호
주소　　　서울 마포구 월드컵로15길 67 2층
전화　　　(02)6083-8395
팩스　　　(02)323-8395
이메일　　narumbooks@gmail.com
홈페이지　www.narumbooks.com
페이스북　www.facebook.com/narumbooks7

ISBN 979-11-86036-46-4 03330
15,000원

이 도서의 국립중앙도서관 출판예정도서목록(CIP)은 서지정보유통지원시스템 홈페이지
(http://seoji.nl.go.kr)와 국가자료종합목록 구축시스템(http://kolis-net.nl.go.kr)에서
이용하실 수 있습니다. (CIP제어번호 : CIP2019022081)